LGBT
をめぐる
法と社会

谷口 洋幸 編著

日本加除出版株式会社

は じ め に

本書の背景

　本書は 2018 年 5 月から 12 月にかけて中央大学で開催された連続公開講座「LGBT をめぐる法と社会—過去，現在，未来をつなぐ」の一部を発展させたものである。全 8 回のこの講座は「LGBT とアライのための法律家ネットワーク」（以下 LLAN）と中央大学の共催で文京区の後援を受けて行われ，谷口洋幸と長島佐恵子がコーディネーターとして企画運営に携わった。

　中央大学で連続講座を実施することになったそもそもの契機は，2016 年に訴訟が起こされたことで広く報道された一橋大学法科大学院でのアウティング事件であった。中央大学法学部を卒業した学生が，念願の法科大学院で法曹を目指して学びながらそこで命を落とすことになったという報道に接し，関係者間には強い衝撃と悲しみ，不安が広がった。個別の教育機関に限らず広く法曹教育の現場が，基本的人権の保障や擁護を核とするべき法曹の責務について，生きた人間の切実な状況に呼応するものとして共有できていないのではないか，私たちはそこに向き合ってこなかったのではないか。一連の事件の経緯は，大学という場が法学教育，中でも法曹養成の教育に携わる上で果たすべき社会的責任を深く省みさせる機会となった。

　こうした中で LLAN の佐々木弘造氏から連携可能性について打診を受けたのが翌 2017 年である。LLAN は企業法務の観点から日本での婚姻平等の実現を目指しており，その活動を若者を含め広く社会に伝えるためのチャンネルを求めて大学との連携を模索していた。これを好機とし，同年公表した「中央大学ダイバーシティ宣言」の後押しもあって，LLAN と中央大学の共催で「LGBT」と「法」をテーマに専門的知見を大学から広く発信する連続講座の企画が生まれた（一回完結のシンポジウムや講演会ではなく約 1 年間に渡る連続講座としたのは，継続的な取り組みを通して学内外にこのテーマの重要性を浸透させる目論見であった。その成果は 2019 年度の連続講座「LGBT をめぐる社会の諸相」として継続している。）。

　連続講座においては「学術研究」と「実務」を両輪に置き，研究と法律・

i

はじめに

行政の実務それぞれの現場で「LGBT」関連の課題に真摯に取り組んできた者たちの可視化を目指した。毎回，研究者と法曹や政治家，行政関係者が複数名登壇し，互いに対話をしながらテーマを深めていくスタイルはおしなべて好評であった。講座の参加者は学生や大学関係者，LGBT 関連のアクティビスト，ダイバーシティ推進に取り組む企業関係者，また地域からの参加者など多岐にわたり，一部では参加者同士の交流も生まれたようである。講座の実施にあたっては中央大学の中で中島康予氏，河谷清文氏，宮澤俊人氏をはじめ，非常に多くの方々に様々な形で尽力いただいた。なお，講座全 8 回の動画は中央大学のウェブサイトから視聴可能である。[※]

本書の構成

本書は連続講座に引き続き，『LGBT をめぐる法と社会』をタイトルに冠した。「法」と「社会」は切り離せるものではない。法は社会の現実や必要性に応じて作られると同時に，法は社会のあり方に──ときに暴力的なほど──大きな影響を与える。法は，第一義的に国家権力の作用であり，現状を批判的に読み解く力が，社会を構成するわたしたち一人ひとりに求められる。何を法とするのか，法をどう使うのか，問題をどのように解決するのか。これらを判断する原理として，わたしたちは何に依拠すべきか。本書は全 9 章の中で，これらの問いに一定の解を提供する。

はじめに，日本における初の LGBT 裁判として注目された府中青年の家事件を取り上げた。この事件の経緯と内容に関する詳細な解説（第 1 章「LGBT と裁判」（中川重徳））と，事件の背景や社会の捉え方の分析（第 2 章「LGBT と差別」（風間孝））の 2 編が収録されている。なぜ，このような事件が起きたのか，裁判を起こすことに社会はどう反応するか。現在にもなお共通する課題の多さに気付かされる。

府中青年の家事件によって浮き彫りになるのは，法と社会のあり方がLGBT という存在を想定せず，暗黙裡に排除してきた事実であった。このよ

※　https://www.chuo-u.ac.jp/aboutus/efforts/diversity/activity/lecture/llan/

うな法と社会のあり方について，国家権力は何をすべきか。そこで，立法・行政・司法それぞれのあり方を問う3編の論考を収録した。まず，LGBTに関連する唯一の現行法である性同一性障害者特例法は多くの問題をはらむ。同法以前の日本の状況から新たな立法提案まで，考えるべき視点が提供される（第3章「LGBTと法律」(三橋順子)）。一方，国の行政機関や地方自治体のLGBT施策は着実に成果をあげつつある。行政がなぜ，何に取り組まなければならないか，ある自治体をケースとした実践的分析が展開されている（第4章「LGBTと行政」(鈴木秀洋)）。もうひとつの国家権力である司法については，判決内容ではなく，裁判官を含む法曹のあり方に焦点をあてた。LGBTの問題に司法が果たす役割が大きいにもかかわらず，その準備が不足している現状が明らかになる（第5章「LGBTと司法」(石田京子)）。

　立法・行政・司法の果たすべき役割を確認した上で，さらに3つの具体的なテーマを取り上げた。まず，企業におけるLGBT関連の取り組みの分析である。雇用機会均等法等にLGBTが可視化されつつある昨今，これに並行する企業の取り組みはすでに効果測定の段階に入っている（第6章「LGBTと企業」(東由紀)）。また，多様化する家族形態のひとつに同性カップルが含まれるようになった今日，婚姻平等の流れは日本にも大きな影響を与えている（第7章「LGBTと家族」(石田若菜)）。大学における取り組みも進展が目覚ましく，本書を編纂する契機となった連続講座もその好例といえる（第8章「LGBTと大学」(長島佐恵子)）。

　日本初のLGBT裁判から，立法・行政・司法のあり方，そして具体的なテーマへと論考を重ねたとき，私たちはひとつの共通項に気づく。人権という視点の重要性である。世界人権宣言から70年を経たいまもなお，LGBTを等しく人間とみなさず，法や社会は性的指向や性自認（SOGI）を理由に分断されている（第9章「LGBTと人権」(谷口洋幸)）。LGBTの権利は人権であり，人権はLGBTの権利保障なしに実現しえないことを，本書を通して，繰り返し確認していただきたい。

　なお，今回本書をまとめるにあたっては，連続講座の内容のうち学術研究

はじめに

の方に焦点を当てる方向で編纂を行なった。これは講座の原点となった法学教育という文脈での読者を第一に想定しての方針であるが，ここに収録されていない講座内容を提供いただいた登壇者の存在なくしては本書は誕生しなかった。高山寧氏，田中太郎氏，別府理佳子氏，稲場弘樹氏，森倫洋氏，阿部嘉一氏，服部咲氏，渡邉泰彦氏，前田くにひろ氏，上杉崇子氏のご協力に感謝する。また，LLAN の佐々木氏と藤田直介氏には，講座の運営チームとして，また登壇者として，佐々木氏には毎回の写真撮影に至るまで，講座構想の当初から共に歩んでいただいた。特に厚く御礼申し上げる。

　最後に，講座にも足を運び本書の刊行にご尽力くださった星野将慶氏および日本加除出版に心よりの感謝を捧げたい。

2019 年 9 月

執筆者を代表して

長島佐恵子

谷口　洋幸

目　次

第1章　LGBT と裁判 ———————————————— 1
府中青年の家裁判を振り返る

　1　はじめに ……………………………………………………… 1
　2　府中青年の家での出来事 ………………………………… 2
　3　事件との出会い …………………………………………… 4
　4　教育委員会の不許可処分 ………………………………… 5
　5　勝訴に向かって …………………………………………… 7
　　⑴　男女別室ルールの脱構築　8
　　⑵　原告と傍聴席　10
　　⑶　医学・精神医学の知見の紹介　11
　　⑷　社会を変えていきながら　12
　　⑸　トム・アミアーノ証人　12
　　⑹　全国の青年の家の実態調査　13
　6　東京地裁判決（判例タイムズ 859 号 163頁，判例時報 1509号 80頁）…… 14
　7　東京高裁判決（判例タイムズ 906 号 206 頁）………………… 15
　8　府中青年の家裁判の意義 ………………………………… 16

第2章　LGBT と差別 ———— 20
（男性）同性愛者への「からかい」に抗議の声をあげること

　1　はじめに ……………………………………………………… 20
　2　府中青年の家事件における「からかい」…………………… 21
　　⑴　メンバーへの嘲笑　21
　　⑵　抗議を諦念させる「からかい」の構造　23
　　⑶　青年の家所長との交渉，そして東京都教育委員会の利用拒否決定　26
　3　マスメディアの報道 ……………………………………… 28
　　⑴　都教委決定と裁判提訴の報じられ方　28
　　⑵　報道がもつ意味と効果　29
　4　ゲイメディアにおける裁判の取り上げ方 ………………… 32

v

目次

　　(1)　裁判を支援した『アドン』　33
　　(2)　裁判に異を唱えた『薔薇族』　33
　　(3)　ゲイの処世観への注目　36
　5　おわりに ……………………………………………………………… 37

第3章　LGBT と法律
　　日本における性別移行法をめぐる諸問題　———————40

　1　はじめに ……………………………………………………………… 40
　2　「GID 特例法」以前の戸籍の続柄（性別）訂正事例 …………… 41
　　(1)　布川敏の事例　42
　　(2)　永井明子の事例　44
　3　「GID 特例法」制定の経緯と批判 ………………………………… 45
　　(1)　「GID 特例法」制定の経緯　45
　　(2)　「GID 特例法」の概要　47
　　(3)　「GID 特例法」への批判　50
　4　「新・性別移行法」の制定に向けて …………………………… 52
　　(1)　「GID 特例法」の問題性　52
　　(2)　新たな「性別移行法」の必要性　56
　　(3)　「新・性別移行法」の制定のポイント　57
　5　おわりに ……………………………………………………………… 59

第4章　LGBT と行政
　　具体的な施策実現過程　——————————————60

　1　はじめに ……………………………………………………………… 60
　　(1)　問題提起　60
　　(2)　これまでの LGBT にかかる法令等の環境整備の状況　61
　2　行政が取り組む根拠 ……………………………………………… 62
　　(1)　LGBT の諸問題を憲法上どう位置付けるか　62
　　(2)　LGBT の諸問題を解決していくための法的思考（リーガルマインド・体系的思考）　66
　3　自治体の施策実現の過程・手法
　　　—文京区が LGBT 差別禁止条項を定めるまで ………………… 72
　　(1)　自治体行政として取り組むべき課題か否かの検証（庁内及び住民の理解増進）　73
　　(2)　条例制定のためのエビデンス考察・収集　74

vi

　　　　　　　　　　　　　　　　　　　　　　　　　　　　　　　　目次

　　⑶　文京区条例の考え方・哲学・内容の主な特徴　　76
　　⑷　当時のマスコミ報道・新聞等の取り上げ方　　78
　4　自治体の施策実現の過程・手法―文京区の条例制定後の取組 ……………… 79
　　⑴　相談窓口の設置及び周知の徹底　　80
　　⑵　職員向け研修・啓発　　80
　　⑶　庁内(職員啓発)推進体制の取組・職場の推進委員と推進リーダー(要綱制定)　82
　　⑷　直接当事者に届ける出前授業・講座　　83
　　⑸　住民向け啓発：カラーリボンフェスタ・シンポジウム　　83
　　⑹　様々な会議・研修の場で　　84
　5　担当者変更その先へ―文京区の条例制定後の取組 ……………………………… 86
　6　まとめ（おわりに・展望）……………………………………………………… 87

第5章　LGBT と司法
法曹に求められているもの
　　　　　　　　　　　　　　　　　　　　　　　　　　　　　　　　　　　90

　1　はじめに ………………………………………………………………………… 90
　2　裁判の公共性と法曹の役割 …………………………………………………… 90
　　⑴　性別二元論に立脚した法制度と法曹　　90
　　⑵　裁判のインパクトと法曹　　92
　3　なぜ，法曹の LGBT 理解が必要か …………………………………………… 93
　　⑴　法曹がジェンダーバイアスを持つことの危険性　　93
　　⑵　LGBT 当事者の法的権利を支援する法曹の倫理的責任　　97
　4　いかにして法曹の LGBT 理解を促進させるか …………………………… 100
　　⑴　日本の法曹養成教育・継続教育に求められること　　100
　　⑵　アメリカにおける取組　　102
　5　まとめ ………………………………………………………………………… 104

第6章　LGBT と企業
職場に LGBT アライが存在する効果と多様性を活かす企業施策
　　　　　　　　　　　　　　　　　　　　　　　　　　　　　　　　105

　1　はじめに ……………………………………………………………………… 105
　2　LGBT を取り巻く企業の状況 ……………………………………………… 108
　3　組織における「沈黙の螺旋」の負の影響 ………………………………… 112
　4　「沈黙の螺旋」を断ち切るアライの役割の先行研究 …………………… 115

　　　　　　　　　　　　　　　　　　　　　　　　　　　　　　　　　　　vii

目次

5 アライを育成する LGBT 研修の効果の先行研究 ……………………… 116

6 職場に LGBT アライが存在する効果の実証分析 ……………………… 118

7 国内企業における LGBT 研修の効果測定 ……………………………… 121

8 まとめ—マジョリティを動かすことによる多様性を活かす組織改革 ……… 131

第7章　LGBT と家族　————————————140
同性婚の禁止は憲法に違反するか

1 はじめに ……………………………………………………………………… 140

2 アメリカにおける同性婚の実現経緯 …………………………………… 141

   (1) 概説　141

   (2) ウィンザー判決（2013 年）　144

   (3) オバーゲフェル判決（2015 年）　145

3 連邦地裁及び連邦控裁における議論 …………………………………… 146

   (1) 連邦地裁判決　147

   (2) デボア控訴審判決　149

   (3) 整理と検討　155

4 日本における同性婚の禁止の合憲性 …………………………………… 161

5 おわりに ……………………………………………………………………… 165

第8章　LGBT と大学　————————————167
LGBT/SOGI 対応の現状と課題

1 はじめに ……………………………………………………………………… 167

2 LGBT/SOGI と大学 ……………………………………………………… 168

   (1) LGBT/SOGI から見る大学　168

   (2) 「LGBT/SOGI と大学」について学ぶためのリソース　168

   (3) フェミニズム，ジェンダー研究から LGBT/SOGI へ　169

3 大学における LGBT/SOGI 課題の可視化の流れ ……………………… 170

   (1) 学生からの提言と大学の変化　171

   (2) 教育と研究をつなぐ試み　172

   (3) 学生支援の具体的な取組　173

4 社会を動かした二つの事件 ……………………………………………… 175

5 今後の課題 ………………………………………………………………… 177

	目次

(1) 研究・教育内部での制度化　178

(2) 言語・概念への意識　181

(3) 「割合」の扱い方　182

(4) 「ダイバーシティ」の枠組みを問う　182

(5) 大学改革との関連　183

6　おわりに ……………………………………………………………………… 184

第9章　LGBT と人権
世界人権宣言 70 周年を迎えて
186

1　はじめに ……………………………………………………………………… 186

2　なぜ国連が取り組むのか ……………………………………………… 187

(1) 国際関心事項としての人権　188

(2) 取り残された LGBT の人権　189

3　どのように取り組むのか ……………………………………………… 191

(1) 権利内容の明確化　191

(2) 履行監視制度の構築　192

(3) LGBT について　194

4　日本に対する改善勧告 ………………………………………………… 196

(1) 自由権規約委員会　196

(2) 社会権規約委員会　200

(3) 女性差別撤廃委員会　200

(4) 子どもの権利委員会　202

(5) 国連人権理事会 UPR　203

5　改善勧告の実施に向けて ……………………………………………… 206

(1) 差別禁止について　206

(2) 同性間パートナーシップ／同性婚　208

(3) 性同一性障害者特例法　210

6　おわりに―国際人権を使いこなす ……………………………… 212

おわりに ―――――――――――――――――――――――― 215

第1章

LGBT と裁判

府中青年の家裁判を振り返る

1 はじめに

　1991年（平成3年）2月，同性愛者の団体「アカー（動くゲイとレズビアンの会）」とその3人のメンバーが，東京都を被告として国家賠償請求訴訟を提起した。前年4月26日，東京都教育委員会が，都立「府中青年の家」の宿泊利用申込みを不承認とした処分を違法とし損害賠償を求める裁判だった。同性愛者の人権が正面から問われたこの裁判がどうして起こされ，どのように闘われたのか，原告代理人としての体験に基づき紹介したい。

　日本には，同性間の性的行為を処罰する法律は明治初期の数年を除き存在しない。しかし，大正期に流行した通俗的性欲学によって，同性愛を「変態性欲」とする考えが広く社会に浸透し，この裁判が起こされた1990年代初めでも，代表的な国語辞典である『広辞苑』（岩波書店）の「同性愛」の項目には，「異常性欲の一種」と記載され，家庭用辞典『イミダス』（集英社）に至っては，「男性ホモの場合には強迫的で反復性のある肉体関係がつきまとい，対象を変えることが多い」など偏見に満ちた記載がなされていた。心理学や精神医学の教科書でも，同性愛は性的異常とされ，文部省（当時）の

1　霞信彦「鶏姦規定をめぐる若干の考察」法学研究58巻1号1頁，1985
2　前川直哉『〈男性同性愛者〉の社会史―アイデンティティの受容／クローゼットへの解放』（作品社，2017）28頁
3　第3版（1983）では「同性を愛し，同性に性欲を感ずる異常性欲の一種」とされていたが，アカーの申入れにより，第4版（1991）では「同性を性的愛情の対象とすること」となった。

第 1 章　LGBT と裁判　府中青年の家裁判を振り返る

「生徒の問題行動に関する基礎資料（中学校・高等学校編）」（昭和 57 年 4 月）は，同性愛を性的問題行動の一つとなし，「社会道徳に反し……是認されうるものではない」と記していた。マスメディアからは「ホモネタ」が垂れ流され，社会には，同性愛に対する偏見が空気のように充満していた。

　このように，日本の社会には，男女の性愛だけを正常と考える「異性愛規範（異性愛中心主義）」と，固定的な男らしさ・女らしさを強調する「性別規範」が強固に存在し，性的指向が異性以外に向く者や，身体的・法的な性別と性自認が異なる者など，性的少数者は，異常・逸脱として偏見の対象となり，社会的，また法制度上存在しないものとして扱われてきたのである。

　「アカー」は，1986 年（昭和 61 年）3 月，当時高校生だった三人のメンバーによって設立された。規約には，会の目的として，同性愛者の相互協力を基礎として，①同性愛者相互のネットワークづくり，②同性愛に関する正確な知識の普及，③同性愛者に対する社会的な差別や偏見の解消のための活動を行うことが掲げられている。

　アカーのメンバーは，同性愛者をはじめとする患者・感染者の人権を軽視したエイズ予防法に反対するために市民集会に参加したり，テレビの討論番組に出演するなど活発な活動を行う一方で，電話相談や「マスコミチェック」，英会話サークルや合宿などの交流イベントなど多彩な活動を展開し，1990 年の時点で，約 200 名の会員を擁していた。

2　府中青年の家での出来事

　この裁判の発端は，1990 年（平成 2 年）の 2 月 11 日から 12 日にかけて，アカーが府中青年の家で合宿をした際の出来事に遡る。

　この合宿も，スポーツをしたり，社会の差別について勉強し，ライフヒストリーを語り合う等の内容だった。合宿は，若い会員たちにとっては，好き

4　二宮周平「家族法—同性婚への道のりと課題」三成美保編著『同性愛をめぐる歴史と法』（明石書店，2015）123 頁

なタレントや恋愛，自分の将来，家族との関係等について，周囲を気にすることなく安心して話せる大切な機会であった。

ところが，そこで事件が起きた。

「青年の家」では，毎夕，宿泊団体のリーダーを集めてリーダー会が行われる。アカーは，そこで，「自分たちは同性愛者の団体である」「同性愛者に対する差別のない社会を実現するための活動をしている」と自己紹介した。実はこの自己紹介は悩んだ末のことである。合宿の会場として府中青年の家が候補として挙がった時，リーダー会で自己紹介をせねばならないことが問題になった。アカーの活動内容をありのままに話せば，嫌がらせや差別を受けるのではないかと心配した。しかし，アカーの面々は，公共施設でも自分たちの活動を隠さねばならないのは不本意極まりない，万一いやがらせ等があったときには社会教育施設である以上，施設側も相応の対応をしてくれるはずだと話し合い，上記の通り自己紹介をしたのである。

しかし，アカーの心配は現実となった。廊下ですれ違ったキリスト教団体のメンバーがアカーのメンバーに対して『こいつらホモなんだよな。ホモの集団なんだよな』と聞こえよがしに言う，食堂で並んでいるとサッカークラブの子どもが『一番後ろにならんでいる人ホモ！』とはやしたて引率の大人も一緒に嘲笑した。別の場所でも『またオカマがいた』と言われ，アカーメンバーが大浴場で入浴すると，入浴していた子どもが出て行ったかと思うとほかの子どもを連れてきて笑ってゆく，会議をしていると何者かが部屋のドアをドンドンと叩く，ドア越しにキリスト教団体の者がことさらに覗き込んでゆくといった具合であった。

これらの嫌がらせにどうすべきか？　アカーメンバーは夜を徹して話し合い，青年の家側に事実を伝え，他団体との話し合いの場を設けてもらった。ところが，キリスト教団体は，事実を認めないばかりか，同性愛を非難する聖書の一節を読み上げ，施設側も，途中からは，アカーが無理難題を求めているかのように言い出した。後日，アカーは，青年の家所長宛てに書面を提出して所長との交渉を持った。しかし，同年3月24日に行われた交渉で，所長はあらかじめ用意した文書を読み上げ，「青少年の健全育成を目的とす

第 1 章　LGBT と裁判　府中青年の家裁判を振り返る

る教育機関の長としてアカーの主張や『内在する行為』を支持することはできない」「他の青少年の健全育成に正しいとは言えない影響を与える」から次回利用はお断りすると述べたのである。

3　事件との出会い

　1990 年（平成 2 年）4 月 7 日，弁護士「三年生」になったばかりの私は，中学以来の同級生で銀行勤めのN君から電話をもらった。その 1 年ほど前，私は，N君からカミングアウトを受けていた。N君は，「高校の時自分は同性愛者だとはっきり自覚したが誰にも相談できず，大学時代もずっと悩んでいた」と言った。そして，「今は，社会を変えて前向きに生きていこうというグループに出会って毎日がとても充実している」と話してくれた。それがアカーだった。

　当時の私は，人の性の多様性について，全く無知だった。N君は大学時代も将来のことなどを語り合うことがある仲であり，N君から真摯な話しをされれば，さすがにひどい言葉を発することはなかった。しかし，帰りの電車では，「男で男を好きって，セックスもするのかな？」等，ことさらセックスのことが気になるなど，混乱した思考が頭の中をかけまわっていた。

　数日後，N君から雑誌のコピーが届いた。それは，大塚隆史氏が月刊宝島1979 年 12 月号に執筆した「君たちはぼくら「ゲイ」を知らない」という記事だった。そこには，同性愛も異性愛も人間の性の自然な在り方の一つにすぎず，同性愛者は学校や職場に当たり前に生活していること，同性愛の原因は解明されておらずそれは異性愛も同様であること，本人が簡単に選んだり変えたりできるものではないこと，社会は異性愛だけを正常とするルールで出来上がっており，当事者は孤立しがちであること等がわかりやすく説明されていて，私は，自分が同性愛について，そして，N君の悩みについて何も知らなかったことに改めて愕然とした。

4 教育委員会の不許可処分

　話しを 1990 年 4 月に戻そう。

　N君からの電話は，まさに府中青年の家と所長との交渉で起きていること
の相談だった。私は，さっそくアカーのメンバーと面談し，所長等とはこれ
以上話し合っても無駄と考えた。同性愛についての正しい情報を突きつけれ
ば，さすがに教育委員会は考えを改めるに違いないと考えた。

　4 月 9 日，私は教育庁（教育委員会事務局）に電話をかけた。応対した担当
課長に対し，アカーやアカーの活動について，規約等資料を持参して説明す
るので話を聞いてほしいと申し入れた。ところが，電話口のその課長は，
「規約ってこれから作るんですか？」「（規約を持って来られても）本当は何をし
ている団体かはわかりませんよね」，「同性愛者が一緒にいるだけでほかの子
どもたちは悪影響を受けます」「風呂場のことも，アカーの側が何かおかし
なことをしていたのではないか」などと言い出し，私は耳を疑った。

　私は，教育庁の課長でさえ悪意や偏見に満ちたことを言うことに心底驚
き，東京都教育委員会宛てに請願書を提出することにした。教育委員会の正
式の会議にかけてもらえば，今度こそ判断が覆ると信じ，請願書では，同性
愛が今や病理とはされていないこと，性的異常とする偏見には根拠が無いこ
と，同性愛も異性愛も性的意識が同性に向くか異性に向くかの違いだけであ
ることに紙幅を割き，偏見に基づいて同性愛者を公共施設から排除すること
は許されないことを強調した。

　こうして，1990 年 4 月 26 日，私はアカーの中心メンバーらとともに，教
育委員会定例会を傍聴した。アカーの利用申請については，本人及び代理人
に意見陳述をさせるようあらかじめ書面で申し入れていた。ところが，教育
委員たちは，代理人である私にだけ 15 分間の意見陳述を認めそれ以降を非
公開で審議し，フタを開ければ不許可処分だったのである。

　教育委員会がアカーの利用を不承認とした理由は，東京都青年の家条例 8
条 1 号「秩序を乱すおそれがある」及び 2 号「管理上支障がある」に該当す
る」というものだった。さらに，教育委員会側は，同時に，以下の内容の都

第1章　LGBT と裁判　府中青年の家裁判を振り返る

教育長のコメントを発表した。

> 　東京都教育委員会は，この団体の目的や活動について問題にしているのではないので一般的に公の施設の使用を拒むものではない。
>
> 　しかし，施設にはそれぞれ設置目的があり，又使用上のルールがある。
>
> 　青年の家は，「青少年の健全な育成を図る」目的で設置されている施設であることから，男女間の規律は厳格に守られるべきである。
>
> 　この点から，青年の家では，いかなる場合でも男女が同室で宿泊することを認めていない。このルールは異性愛に基づく性意識を前提としたものであるが，同性愛の場合異性愛者が異性に対して抱く感情・感覚が同性に向けられるのであるから異性愛の場合と同様，複数の同性愛者が同室に宿泊することを認めるわけにいかない。浴室についても同様である。

　読者の皆さんはこの決定を見てどのような思われるだろうか。コメントは，同性愛を異常とか不健全とは述べない。しかし，「同性愛の場合，異性愛者が異性に対して抱く感情・感覚が同性に向けられる」というこちらの請願書の記載を引用しそれを不許可の理由としている。極めて手の込んだ理由づけであり，わずか一時間たらずの教育委員会の議論でこれが考え出されたとは到底思われない。なんとしてもアカーの利用を認めたくないという強い意思から，考えに考えてひねり出されたものであることは一見して明白だった。

　しかし，その時の私は不承認の結果に打ちのめされていた。東京都教育委員会に正しい情報を提供し，世間の大半が共有している同性愛についての認識は偏見そのものであることを突きつければ教育委員会は利用を認めざるをえないと信じていたのである。若い弁護士の正義感は，この悪意に満ちた不承認処分によってたたき潰された。そんな私に，ずっと若いアカーのリーダーは，「中川さん，同性愛者をこんなふうに扱うのが世の中なんです」と

6

言うと，教育庁の部長に向かって「いいですか，絶対にこんなことでは済ませませんから。覚えていてください」とにらみつけていた。

5　勝訴に向かって

　アカーのメンバーは，何度も何度も話し合いを重ね，裁判を起こすことを決意していった。なぜ，裁判をするのか。彼らが目的としたのは，「同性愛者の問題が『芸能ネタ』ではなく人権の問題であることを社会に訴える」，「裁判を通じて，孤立を強いられている同じ世代の同性愛者にエールを送る」ということだった。弁護団には，私と司法修習同期の森野嘉郎弁護士が加わった（高裁段階の 1995 年，伊東大祐弁護士も参加）。

　しかし，提訴までの道のりは長く，たくさんのことにつまずいた。

　弁護団は訴状作成にかかったが，言葉使い一つとっても，つい「普通の異性愛者は」という表現を使うことがあり，「それでは同性愛が『普通』ではないというのか」と指摘された。教育委員会宛ての請願書も改めて議論の的となり，アカーの面々曰く，中川弁護士の請願書は「同性愛は異常ではない」「異性愛者と変わらない」という「弁明」に大半が割かれており強い違和感があるというのである。私は，「問題にされるべきなのは同性愛（者）の側ではなく，差別をしている東京都の側なのに」という彼らの直感に舌を巻いたが，ではどうすればいいのかと言えば答えは簡単ではなかった。同性愛者の運動や人権としての議論が進んでいると聞いたアメリカであれば参考になる資料があるのではと最高裁判所の図書館にも通ったが，アメリカでも，1986 年，連邦最高裁判所がソドミー法（同性間の性的行為を処罰する法律）を合憲とする判決を出し（Boweres v. Hardwick, 478 U.S. 186 (1986)），ことはそう単純でないことを思い知った（この判決が覆されたのは 2003 年。Lawrence v. Texas, 539 U.S. 558 (2003)）。

　アカーのメンバーたちも，自分たちの置かれた状況や思いを的確に表現する言葉をまだ十分に持たない中，一つ一つ議論し獲得していく日々だった。例えば，人が同性・異性どちらに惹かれるかを表す sexual orientation の語

も，当時は適切な訳語が確定しておらず，もっとも中立的で原語に忠実な「性的指向」を提唱しようということになった。

また，アカーでは，人権問題として同性愛者の存在を社会にアピールするためには，原告は顔と名前をオープンにしようと話し合っていたが，原告に決まった3人も，全員が家族にカミングアウトしていたわけではなく，提訴までに意を決してそれぞれに家族にカミングアウトし，その泣き笑いの報告をみんなで聞いた。

(1) 男女別室ルールの脱構築

ア　訴訟提起に向け，最大の壁は，「男女別室ルール」だった。アカーにとっては，この事件が「同性愛者に対する無知と偏見，同性愛者が存在することを無視した日本社会のあり方が引き起こした事件である」（訴状37頁より）ことは自明であったが，教育委員会は，巧妙にも，同性愛自体を問題とすることを回避し，男女別室ルールというもっともらしい理由を持ち出していた。訴状の段階でこれを完全に批判しておかなければ勝訴はおぼつかないと思われた。

弁護団は，当初，「そもそも男性・女性で宿泊等を分けるルールそのものを批判しよう」と考え，「トイレや浴場はなぜ男女別なのか，それが絶対のものなのか」を論じようとした。しかし，アカーのメンバーは言った。「ぼくらの人権を正面から問う裁判なのに，なぜ異性愛者のトイレの話を延々しなければいけないのか」と。議論はまた振出しに戻り，弁護団，アカー側それぞれ文案を出してはボツになることを何度も繰り返した。

ようやく光が見えたのは，都教委決定からちょうど半年後，10月26日の会議だった。この会議で，私たちが思い至ったのは，「複数の同性愛者が同室に宿泊するといかなる不都合が発生するのか」という問題の基本に立ち返り，それを徹底して問うことの重要性であった。その日のレジュメによれば，本件で本来論じられるべきは，複数の同性愛者が同室に泊まるといったいどういう不都合があるのか，それが明らかにされ，その不都合と青年の家を利用する権利の重要性とを比較衡量することである。不都合

の大きさや蓋然性，施設利用権を一切否定しないといけないものなのか，それが問われなければいけない。ところが，教育庁コメントは，これを正面から問うことを回避し，同性愛者の問題を異性愛男女の問題に置き換え，その結論をそのままスライドさせる。しかし，異性愛男女では，性別で部屋を分けさえすれば，性的意識が向き合う者を分離する要請と施設を利用する要請とを両立することができるが，同性愛者の場合，性的意識が向き合う者を分離することにこだわれば，個室でも無い限り，施設利用そのものが否定されてしまう。ここに大きな利益状況の違いがあるのに，同性愛者の問題を男女の問題へ置き換えることを認めてしまうと，性的意識が向き合う者を分離することだけにこだわることがいかにも当たり前であるかのように見えてしまう。この点で，教育庁コメントは実に巧妙なすりかえ論法だったのである。

　訴状では，教育庁コメントは施設利用権という重要な権利を否定する理由とはならないこと，被告は，同性愛者が同室に宿泊した場合の不都合とその重大性やLRA（Less Restrictive Alternative）の不存在等を具体的に主張すべきことを強調した。裁判でも，求釈明申立書を繰り返し提出し，徹底的に追求した。

　被告は，当初，「男女について同室での宿泊を認めると，そこで実際に性行為が行われているか否かにかかわらず，他の青少年との間に無用の混乱や摩擦を招き，それが，秩序を害することとなり管理上の支障となる。複数の同性愛者の場合も同様である」といった調子で（1991年7月22日付被告準備書面(1)）なんとか男女別室ルールに逃げ込もうとしていた。

　しかし，1992年10月の第10回口頭弁論期日で，ついに裁判所が，被告に対し，①東京都教育委員会は，どのような資料に基づき事実経過等本件処分の前提事実を認定したのか，②その資料を基にどのような前提事実を認定したのか，そこにはサッカークラブの少年たちとのトラブルも含まれるのか，③認定した前提事実から，どのような理由で不承認処分を行ったのか，④上記の資料，認定事実，処分理由と離れて事後的に当時の客観的理由を基に主張する事実があるかの諸点を明らかにするよう，書面で求

めるに至った。

その結果，被告の主張は，①複数の同性愛者が同室に宿泊すれば，性的行為が行われ，あるいは行われる可能性があり，これは青年の家の設立主旨に反する。②他の青少年が同性愛者間の性的行為を目撃し，あるいは，同性愛者の同室宿泊の事実を知って性的行為が行われるものと考え，これを想像することは，その青少年の健全な成長にとって有害であり，青年の家の設立主旨に反する。③複数の同性愛者が同室に宿泊していることを青少年が知った場合，その同性愛者に対して嘲笑，揶揄，嫌がらせ等の言動に出るおそれがあり，青年の家の秩序が乱され管理運営上の支障が生じ，これは青年の家の設立主旨に反する。④青年の家で複数の同性愛者を同室に宿泊させることについては未だ国民のコンセンサスが得られていない，という形に整理され（一審判決），被告は，男女別室ルールで煙にまくことは断念せざるを得ないこととなったのである。

(2) 原告と傍聴席

同時に，私たちは，原告ら同性愛者が自らの意見と思いを自分の言葉で語る場面をできるだけ多くすることを追求した。当時は現在以上に同性愛者をはじめ性的少数者に対する情報が乏しく，本件処分が重大な人権侵害であることを裁判所に理解してもらい，公正な判断を得るためには，同性愛者が語り，受け答えをする姿に間近に接してもらうことが何より重要であり有効であると考えたからである。

1991 年 5 月 20 日，裁判の第 1 回期日が開かれた東京地方裁判所 713 号法廷は，全国から傍聴に訪れた若い当事者でいっぱいになり，特別に立ち見が認められる中，二人の原告が，意見陳述を行った。

原告の一人である風間孝氏は，父親や家族が見守る前で，自らのライフヒストリーや裁判を決意した理由を述べ，「同性愛者が青年の家を利用できないという決定は，『公共施設すら使えない人間』というレッテルを貼られたに等しいと思います。その意味でも，この裁判は，日本の同性愛者にとって大きな意味を持っているといえます。何年か前に私がアカーを初めて見た時に勇気づけられたように，多くの同性愛者に勇気と希望を与える意味でも，

この裁判の持つ意味は大きい」と結んだ。

　また，当時アカーの代表を務めていた原告の永田雅司氏も，「高校3年の夏休みにアカーがあることを知り，メンバーになりました。……実際にアカーに行ってみると，自分と同年代で，同じように自分が同性愛者であることを悩んでいる人たちがたくさんいました。その時は本当にうれしくて……自分の感情に素直に正直になることはとても大切なことだということがわかりました」と述べ，「この裁判は，日本中の苦しい立場に置かれている同性愛者たちの熱い注目を浴びています。同性愛者として背筋を伸ばしてまっすぐ生きていこうとする時に，差別はその気持ちを暗くするでしょう。日本の同性愛者たちが，将来，希望をもって生きていけるように，公平な裁判をよろしくお願いします」と締め括った。

　裁判終了後の報告集会も様々なグループから幅広い世代の当事者が応援にかけつけ，回を重ねるうち，メンバーの親も報告集会で応援のスピーチをしてくれるようになり，当事者や私たちを大いに感激させた。

　毎回の裁判がこのような真摯で熱い視線の中で進められ，その中心に原告らがいたことは裁判官にこの訴訟の意味を実感し理解してもらう上で大きな役割を果たしたはずである。

(3)　医学・精神医学の知見の紹介

　前述のとおり，府中青年の家事件が起こった1990年の時点で，欧米では，同性愛を病理とする考えは専門家の間で完全に否定されていた。

　すなわち，1973年，アメリカ精神医学会は，同性愛そのものを精神障害と扱わないことを決定し，同学会の「精神疾患の診断・統計のマニュアル第二版（DSM-Ⅱ）」7刷以降から，同性愛自体を精神疾患とする記述は削除された。アメリカ心理学会は，1975年1月，「同性愛そのものは，判断能力，安定性，信頼性及び一般的な社会的能力や職業能力における障害を意味しない。」との代議員大会決議を採択し同性愛をめぐる論争に決着をつけ，「長きにわたり同性愛的性的指向に結びつけられてきたスティグマ（筆者注―社会が押しつける否定的評価ないし劣等の烙印）を率先して取り除くことを全ての精神保健専門家に促」した。心理学・精神医学が同性愛を病理としてきたこと

で，その認識は，同性愛者等に対する社会の差別や偏見を支えた。上記の決議は，このようなスティグマの成立と維持に大きく加担してきた自らの歴史を直視し，今後は，社会的偏見の除去のために先頭に立つべきことを呼びかけたのである。さらに，WHOによる「国際疾病分類（ICD）」でも，ICD-10の1988年草稿から同性愛は削除され，「性的指向それ自体は障害とみなされない」と明記された（ICD-10は1992年に正式に発効）。

このように，1991年に裁判が起きた時点で，同性愛を精神的病理とする考えは世界的には完全に否定されていたが，日本では，そのような動向が全くと言っていいほど紹介されていなかった。そこで，アカーと弁護団は，上記DSMやICDの各バージョン，アメリカ心理学会の決議等を翻訳し次々に証拠として提出した。

(4) 社会を変えていきながら

アカーは，裁判と並行して，『広辞苑』，『イミダス』の記載の改訂，『生徒の問題行動に関する基礎資料』からの同性愛の削除を求めてねばり強く交渉し，実際にその是正を勝ち取るとそれを証拠として提出していった。

(5) トム・アミアーノ証人

さらに，被告の不許可理由を打ち破る上で決定的役割を果たしたのは，トム・アミアーノ氏の証言である。

同氏は，カリフォルニア州のサンフランシスコ学区教育委員会の教育委員に，ゲイであることを公言して選出され，当時は，教育委員会の委員長を務めていた。

社会の認識を変えながら

私たちは，当初は，トムの証言によって，東京都教育委員会によってもっぱら厄介者として扱われているアカーのメンバーらが，本来，等しく社会教育施設のサービスや社会教育行政の恩恵を受ける立場にある主体なのだという点を浮き彫りにし，この点を置いてきぼりにする東京都の主張の偏頗性，差別性を明らかにすることだった。事実，トムは，この点について，サンフ

ランシスコでは，今で言うLGBTの子どもたちが安心して学校生活を送れないことが問題とされ，これらの子どもたちをサポートするプログラムを教育委員会が積極的に行っていることを具体的に証言してくれた。

しかし，トムの証言はそれにとどまらなかった。トムは述べた。「アメリカでもキャンプ等で男女が一緒に宿泊することはあるし，教育の場で性的行為が行われれば厳しく対処する。その生徒はキャンプから帰らねばならない。しかし，大切なことは，子どもたちにルールを守るチャンスを与えることである。しかも子どもたちは，ルールを伝えれば，キャンプから追放されたくないのでルールを守るものだ。それが教育であり，ルールを守るチャンスを与えず排除することは教育ではない」と。裁判長らが大きくうなずきながらこの証言を聞いているのを見て，私たちは大きな手応えを感じたのである。

(6) **全国の青年の家の実態調査**

男女別室ルールをめぐっては，意外な展開が待っていた。

前述のとおり，東京都は，青年の家は青少年の健全育成のための施設であり，夫婦といえども同室での宿泊は認められないと強調していた。しかし，「全国青年の家協議会」の資料を見ると，家族であれば男女同室を認める例があることがわかり，弁護団とアカーメンバーが手分けをして全国の青年の家に電話して調査すると，「家族であれば男女同室を認める」例は相当数あり，「部屋割りは団体の自主性に任せる」という施設すらあることがわかった。この調査結果を証拠として提出すると，東京都は，自ら詳細な調査を行って反論しようとしたが，内容は私たちの指摘した事実を裏付けるものでしかなかった。

その後，アカーは，「動くゲイとレズビアンの会」の名前で各地の青年の家を次々に宿泊利用し，何のトラブルもなく当然に利用が認められたことを写真付きの報告書を提出していった（『松山市青少年自然の家』の宿泊利用には，私も，当時一歳だった長女と参加した。「複数の同性愛者」そして「男女」が同室で宿泊利用し楽しい想い出となった）。

こうして，「夫婦と言えども同室を認めない」という男女別室ルールも，

第 1 章　LGBT と裁判　府中青年の家裁判を振り返る

「青少年の健全育成」という青年の家の設置目的から論理必然に導かれるものではないことが，事実によって証明されてしまったのである。

6　東京地裁判決（判例タイムズ 859 号 163 頁，判例時報 1509 号 80 頁）

1994 年 3 月 30 日，東京地方裁判所民事 17 部の原田裁判長は，東京都教育委員会の不承認処分と不受理行為を違法とする画期的な判決を言い渡した。

判決は，「第三　当裁判所の判断」の冒頭に，「一　同性愛，同性愛者について」との項を設け，「同性愛は人間が有する性的指向の一つであり……異性愛とは性的意識が異性に向かうものである」と判示した。同性愛と異性愛をいずれも人間の性の在り方として優劣無く価値中立的に扱う判示だった。また，社会の偏見や固定観念の中で当事者が孤立し苦しまざるを得ない状況に置かれてきたと指摘し，他方，医学・精神医学でもはや病理と扱われず，サンフランシスコでは教育の場で当事者の生徒をサポートする取組も行われていることまで紹介していた。裁判所の判決に記されたこの一節は私達の胸を思わず熱くさせるものだった。

東京都教育委員会の不承認処分については，東京都が主張した男女別室の論法を排し，同性愛者の宿泊利用については，青年の家で性行為が行われることの具体的可能性がある場合にのみ不承認処分をなし得るのに，その有無を検討すらしておらず既にこの点において違法であり，また，本件当時この具体的可能性を認める事実は無かったのに不承認としたものであり，地方自治法 244 条 2 項，都青年の家条例 8 条の解釈適用を誤った違法なものと断じた。判決は，仮に施設側が「具体的可能性」を感知した場合にも，利用者に一定の条件を付すなどしてそれを減少させることも可能であると指摘した。これは，前述のトム・アミアーノ氏の証言を汲んだ判示であることが明かであった。

14

7 東京高裁判決（判例タイムズ906号206頁）

　1997年9月16日に東京高等裁判所が言い渡した二審判決も，不承認処分を違法とする勝訴判決であった。

　判決は，一審判決とは異なって，性的行為の具体的可能性の有無により判断すべしとの判断枠組みはとらず，「男女別室宿泊の原則は，同性愛者について青年の家の宿泊利用権を全く奪ってまでも，なお貫徹されなければならないものであるのか」と問題を設定した。その上で，

　「この原則がその防止を狙いとする性的行為に及ぶ可能性自体が高いものではなく，右原則を適用してみてもその効果は疑問であり，効果を挙げようとする試みもされていない。男女別室宿泊の原則といってもその必要性と効果はこの程度のものである。」

　「現実には生ずる可能性が極めて僅かな弊害を防止するために，この程度の必要性と効果を有するに過ぎず，また元来は異性愛者を前提とした右原則を，同性愛者にも機械的に適用し，結果的にその宿泊利用を一切拒否する事態を招来することは，右原則が身体障害者の利用などの際，やむを得ない場合にはその例外を認めていることと比較しても，著しく不合理であって，同性愛者の利用権を不当に制限するものといわざるを得ない。」
と断じた。

　さらに，東京都が，平成2年当時は同性愛について十分な資料が存在しなかったとして過失を争ったのに対し，判決は，青年の家の所長や教育庁が同性愛者が利用する場合の支障や宿泊拒否以外の対応につき綿密に検討すべきだったのにこれをしなかったと指摘し，

　「平成2年当時は，一般国民も行政当局も，同性愛ないし同性愛者については無関心であって，正確な知識もなかったものと考えられる。しかし，一般国民はともかくとして，都教育委員会を含む行政当局としては，その職務を行うについて，少数者である同性愛者をも視野に入れた，肌理の細かな配慮が必要であり，同性愛者の権利，利益を十分に擁護することが要請されているものというべきであって，無関心であったり知識がないということは公

第1章　LGBT と裁判　府中青年の家裁判を振り返る

権力の行使に当たる者として許されない。このことは，現在ではもちろん，平成2年当時においても同様である」
と判示した。

　東京都は上告できずに判決は確定した。

8　府中青年の家裁判の意義

　府中事件は，インターネットもスマホも無く，10代の性的少数者は本当に孤立を余儀なくされていた時代の事件である。いま，書店には「LGBT」のコーナーがあり，スマホでの情報収集も当たり前で，性の多様性についての情報も豊富になった。世界では30近い国や地域で法律上同性の者同士の結婚が可能になり，日本でも，企業，自治体，学校，政府によって，当事者が直面する様々な困難を解消するための取組も進んでいる。しかし，それでも，自分が同性愛者ではないか，性的少数者ではないかと気づいた若者が，孤立し，自己肯定感を持ちにくい過酷な社会状況はかわらない。

　「同性婚」の法制化を求める「結婚の自由をすべての人に」裁判がたたかわれ私も参加している（marriageforall.jp 参照）。

　「府中青年の家裁判」の法廷や報告集会で出会った多くの人びとが，その後，様々な課題に取り組み，今も多方面で努力を続けている。府中裁判は，当事者が声を上げることで仲間の力が集まり，巨大に見える社会の壁も変えてゆくことができるということを示した裁判だった。私は，法律家になったばかりの時期にこの事件と出会い，若い当事者たちと時に衝突しながら裁判に取り組み，彼らの努力で新しい人権が勝ち取られていく過程を目の当たりにし，その一端に関われたことを大きな幸せと思う。

【府中青年の家裁判年表】
1990.2.11-12　府中青年の家で宿泊合宿・嫌がらせ
　　　　4.13　東京都教育委員会に対する請願書提出
　　　　4.26　都教委，5月の利用につき不承認決定

4.26　抗議声明

10.26　訴状作成会議メモ「男女別室ルールについて」

$\boxed{\text{1991.2.12　提訴}}$

4.11　法律家団体学習会報告（同性愛者の人権を問う裁判は時期尚早との意見が多数）

5.3-5　地方交流合宿@名古屋（東京，名古屋，大阪グループ）

東大5月祭企画（浅田彰氏ほか）来場300人超

6月ILGA日本とOCCURメンバーが米国コミュニティ視察

5.20　①第1回口頭弁論（713法廷）原告本人意見陳述

（立ち見含め80名が傍聴）　被告は事実関係認否のみの答弁書提出

7.22　②第2回口頭弁論（713）

被告　準備書面(1)←期日に原告より求釈明書

9.9　③第3回口頭弁論（713）傍聴希望者80名　被告準備書面(2)

11.3　中央大学企画

11.9　二宮周平先生研究室@立命館大学衣笠キャンパス訪問

11.10　裁判支援イベント「ゲイ・ライツIN大阪」（大阪市立中央青年センター）

11.11　④第4回口頭弁論（713）GAPA（サンフランシスコのアジア太平洋諸国系当事者の団体）から傍聴

11.24　東大駒場祭企画（二宮周平先生）

12.9　⑤第5回口頭弁論（713）

1992.2.24　⑥風間孝　主尋問（713　傍聴希望101名）

4.26　「ゲイライツin東京」

5.18　⑦風間孝　反対尋問／青年の家所長　主尋問（713）

6.15　⑧青年の家所長　反対尋問（713）

8.31　⑨教育庁社会教育部計画課長　主尋問（713）

9.16　裁判官面会（トム・アミアーノ氏の証人尋問要請）

第1章　LGBTと裁判　府中青年の家裁判を振り返る

10.19　⑩教育庁社会教育部計画課長　反対尋問（713）
　　　　裁判所が書面で求釈明＋トム・アミアーノ証人採用決定

92.11　エイズ予防財団が啓発目的で作成した書籍「エイズは笑う」
　　　　中の同性愛者に対する侮蔑的表現が問題となる

92.11　中野サンプラザ・利用拒絶問題

　　92　サンフランシスコ市政執行委員　ロバータ・アクテンバー
　　　　グ，同リーランド・イ，エドウィMリー，教育委員　ト
　　　　ム・アミアーノ各氏が裁判所あてサポートレター

12.15-19　弁護団（森野・中川）サンフランシスコ取材及び打合せ

1993.1.18　⑪トム・アミアーノ氏証人尋問（SF教育委員長）

93.1　「生徒の問題行動に関する基礎資料」の改訂を文部省に申入
　　　れ（with トム・アミアーノ）

93.3　札幌北警察署人権侵害捜査事件

93.3　厚生省エイズサーベイランス委員会，感染経路についての
　　　「異性間性的接触／男性同性愛」との表現を改める

93.4　マス・メディア向けに「同性愛報道の手引き」発行

2.23　進行協議（青年の家実態調査の提出申し出）

3.24　証拠説明書（甲104〜116）APA決議，DSM等提出

5.13　裁判官面会

7.19　⑫全国の青年の家運用実態調査提出

10.18　⑬口頭弁論（713）

12.6　⑭結審　意見陳述（713）

1994.3.30　一審判決

7.11　控訴審裁判官面会（第4民事部）

7.14　①控訴審第1回期日（817）

94.8.7-11　第10回国際エイズ会議（横浜），AIDS文化フォーラム

94.8.5-7　横浜市立三ツ沢公園少年野外活動センター（単独宿泊利用）

94.8.28　第1回東京レズビアン・ゲイ・パレード

10.11　②控訴審第2回期日（101）

12.- 弁護団ニューヨーク取材

12.20 ③控訴審第3回期日 (817)

1995.2.21 ④控訴審第4回期日 (817)

4.13 ⑤控訴審第5回期日 (817)

6.8 裁判官面会 (高裁第4民事部)

6.13 ⑥控訴審第6回期日

95.6.29-30 松山市野外活動センター交流合宿

95.7 横浜市立三ツ沢公園少年野外活動センター宿泊

8.31 ⑦控訴審第7回期日 (817) 書証原本 ガイドブック

10.12 ⑧高村延雄 生涯学習部長 (主尋問) (101)

11.28 ⑨高村延雄 生涯学習部長 (反対尋問) (101)

1996.1.25 ⑩高村延雄 生涯学習部長 (反対尋問) (101)

3.21 裁判官面会 (第4民事部)

3.28 ⑪控訴審第11回期日 (817) 弁論

5.16 ⑫控訴審第12回期日 (817) 弁論

7.4 ⑬控訴審第13回期日 (101)

尋問事項書・各地青年の家での合宿の写真提出

9.10 ⑭控訴審第14回期日 (101)

11.19 ⑮控訴審第15回期日 (817) 弁論

1997.2.6 ⑯山本直英氏 証人 (主尋問) (101)

4.10 ⑰山本直英氏 証人 (反対尋問)

1.8 ⑱控訴審結審 (101)

1997.9.16 控訴審判決 (棚村政行先生傍聴)

第**2**章

LGBT と差別

(男性)同性愛者への「からかい」に抗議の声をあげること

1 はじめに

　この章では，「府中青年の家裁判」の原告として，裁判の過程においてカ
ミングアウトが，いかなる反応を惹起したのかを振り返ってみたい。まず府
中青年の家でのカミングアウト（自己紹介）は他の利用団体からの「からか
い」「嘲笑」として現れた。それを差別であると主張した「動くゲイとレズ
ビアンの会」（通称：アカー）に対して東京都教育委員会は，青年の家の利用
不承認という決定を言い渡した。青年の家でのカミングアウトは，最終的に
青年の家の利用拒絶という結果をもたらしたのである（第1節）。次にアカー
は東京都教育委員会の利用拒否決定，そして東京地裁での裁判提訴に当たっ
てマスコミの取材を受けた。こうした社会に向けたカミングアウトは，マス
コミに取り上げられたが，そこにおいても「からかい」「嘲笑」されること
になった（第2節）。最後に，青年の家，そしてマスコミに向けて行われたカ
ミングアウトや裁判提訴は，ゲイ雑誌にも取り上げられたが，そこでの扱い
の多くは批判や非難という形をとった（第3節）。以上を踏まえて，カミング
アウトがいかに扱われたのかを振り返る中で，（男性）同性愛者への「からか
い」がどのような効果を持つのか，そしてそれに抗議の声を上げることの難
しさについて考えてみたい。

府中青年の家事件における「からかい」

2 府中青年の家事件における「からかい」

⑴ メンバーへの嘲笑

　府中青年の家裁判は同性愛者の人権を争点とした日本初めての裁判であるが，裁判が提訴された1991年以前にも同性愛者は嫌がらせや偏見に直面してきた。ではなぜ，嫌がらせや差別に対して，同性愛者は声を上げることが困難だったのか。ここではその理由を，アカーによって行われたカミングアウトに対する，他の利用団体や青年の家及び東京都の職員の反応に注目しながら考えたい。

　アカーが1990年2月11-12日にかけて利用した青年の家には，リーダー会と呼ばれる，利用団体が互いに紹介をし，打合せをする場があった。この合宿でリーダーを務めた私は，アカーの代表とともにリーダー会に臨み，「アカーは同性愛者の団体であり，同性愛者の人権を考えるための活動をしています」と団体紹介（カミングアウト）を行った。リーダー会には，アカーの他に，青年の家職員，小学生のサッカークラブ，キリスト教団体，そして大学の合唱サークルのメンバーが参加していた。否定的な反応が返ってくる不安を抱えながら，私はリーダー会に参加したが，なにごともなく会は終了した。

　だがカミングアウトへの反応は，夕食を終え，就寝の支度をしているときに現れた。アカーのメンバーが廊下を歩いているときに，キリスト教の団体のメンバーから通りすがりに「こいつらホモなんだよな，ホモの集団なんだよな」と嘲笑されたのだ。その報告を受けた私たちは，即座に全員で集まり，この出来事にどのように対応すべきか話し合った。嘲笑されたことに怒りの感情を吐露するメンバーもいたが，当時の私は，「やむを得ない」と考えた。同性愛者への理解の乏しい，いまの日本でこうした反応が生じるのは仕方ないことだと思ったのだ。いまから思えば，嫌がらせをされた団体のメンバーとも思えない，また嘲笑されたメンバーからも距離を置いた，「客観的な」分析だった。私は，この当時，同性愛者差別に対して「怒る」という語彙をもっていなかった。

21

第 2 章　LGBT と差別　（男性）同性愛者への「からかい」に抗議の声をあげること

　嘲笑された男性同性愛者の側にいたにもかかわらず，「やむを得ない」と
考えたのは何故か。そして，「やむを得ない」という語彙はどのような効果
を持っていただろうか。

　社会学者のライト・ミルズは，「状況化された行為と動機の語彙」という
著名な論文において，「動機は個人に『内在する』要素を示すものではない。
それは，問いかけられた行為に対して，行為主体が予想している状況的な帰
結を表象している」（ミルズ 1971：346）と記している。ミルズが述べているの
は，しばしば考えられているように，動機とは行動の原因ではなく，ある行
為をとった場合に予想される結果から遡って名づけられる意識であるという
ことだ。いわば動機は行為の「内」にあるのではなく「外」の反応を予見し
て選びとられるものなのである。この指摘を，府中青年の家で嫌がらせに直
面したときの私に当てはめるなら，同性愛者への嫌がらせに対して声を上げ
ても，良い帰結はもたらされないという「予想」が「やむを得ない」という
動機の語彙を選択させたと言えるかもしれない。そしてある行為を説明する
際に現実に用いられる動機が「規範にもとづいて，その行為を整合化する」
（ミルズ 1971：349）ものであるならば，「やむを得ない」という動機は，こう
した状況に対して能動的に働きかけることを妨げ，嫌がらせやからかいを正
当化する効果を持っていたといえる。

　では私がこうした「やむを得ない」という語彙を選択したのは，なぜか。
からかいや「嘲笑」に対して，「怒る」ことが可能な状況を，私自身がこの
当時ほとんど経験してこなかったからだ。府中青年の家に宿泊した時，周囲
に同性愛者であることをカミングアウトしていなかった私は，同性愛者とし
てからかいや侮蔑を向けられるという経験をほとんど持っていなかった。だ
が，ジョークの類いも含め，同性愛者に向けたからかいや嘲笑が発せられる
場に居合わせるという経験は日常的にあった。にもかかわらず，私はこうし
た状況に能動的に働きかけたようとしたことも，実際に働きかけたこともな
ければ，怒ったこともなかった。「やむを得ない」という動機の語彙の選択
は，こうした状況の積み重ねの中でもたらされたものであるといえよう。

　ミルズが述べるように，動機が内在するものではなく，行為者が予想する

22

状況的な帰結を表象しているとしたら，嫌がらせやからかいに対する「怒り」は，怒っても好ましい結果が得られるという状況を予期することによって持つことが可能になる動機の語彙だといえるだろう。能動的に自らを取り囲む状況に働きかけをしていくことに対する障害の多さ，そしてそうした経験の不在が「怒り」を持ち，声を上げることを難しくしていたのである。

(2) 抗議を諦念させる「からかい」の構造

「からかい」や「嘲笑」に怒って抗議しても好ましい結果が得られないと考えたのはなぜか。「からかい」や「嘲笑」そのものが抗議することを諦念させる構造を持っているからでもある。社会学者の江原由美子は，このように述べる。

> 「からかい」に対する抗議は困難である。なぜなら，「からかい」の宣言は，それが「遊び」であることを主張するのであり，「からかい」の行為や言葉が，通常の社会的責任を免れることを表明するからである。すでに述べたごとく，「からかい」の行為や言葉に対して，その内容に対し，「真面目」に批判し抗議しても，それは「遊び」のルール違反であり，オーディエンスに対し説得力を持つ主張とはなりえない。
> おそらく，そうした抗議は，「おとなげない」行為としてさらなる失笑を引き起こすか，白けさせる行為や言葉として沈黙の非難をうけるか，「理不尽な」行為として怒りや批判を受けるかいずれかである（江原1985：186）。

江原が述べているのは，「からかい」は社会的責任を免れる「遊び」とされているがゆえに「真面目」に批判し抗議したとしても，「遊び」に対するルール違反とみなされ，むしろ抗議した側が窮地に追い込まれるということである。

それでは「からかい」に対して抗議するとはどのような行為であるのか。江原は次のように述べる。

第2章　LGBTと差別　(男性)同性愛者への「からかい」に抗議の声をあげること

　「からかい」の構造自体を崩すことは，「からかい」が「遊び」ではなく，特定できる個人やグループの意図的な攻撃であることを「証明」することによって行われる。その「証明」によって，潜在的な「からかう側」の共謀者であるオーディエンスを「からかわれた側」にひきつけることができる。この結果，「からかい」の言葉は「遊び」の文脈から脱し，特定できる個人やグループの意図や思想として読みかえられることになる。この形になってはじめて，「からかい」の言葉の内容は批判可能な体を呈することになる（江原1985：187）。

江原は「からかい」が「遊び」ではなく，意図的な攻撃であることを証明することによって「からかい」に対する抗議が行われることを明らかにしている。だが青年の家に宿泊していた私たちの中では，その「証明」のプロセスは，まずアカー内部で行われる必要があった。最初に廊下で「嘲笑」されたことが他のアカーのメンバーに報告されると，それまで別個の事柄として認識していた出来事が関連づけられていき，最終的に「私たちは嫌がらせの対象となっている」という認識を持つようになったのである。

　具体的には，それは次のように進んだ。まず，キリスト教団体のメンバーによって廊下で「嘲笑」されたメンバーが，小学生のサッカークラブの子どもたちから入浴中，浴室の中を覗かれ，笑われた出来事を報告した。この出来事をその直後に報告しなかったのは，これまで学校で「からかい」を受けてきたことが理由であった。このメンバーは「男性的ではない」振る舞いをしているという理由で，学校生活の中で日常的に「からかわれ」る経験をしていた。江原も述べているように，「からかい」に抗議することは容易ではない。その結果，メンバーは「からかい」に対して無視するという処世術を身につけていた。こうした理由から，浴室での出来事は報告されなかった。だが，廊下での出来事を聞いて怒る他のメンバーを目にし，廊下で「嘲笑」されたメンバーは浴室での出来事も語ってもよいことだと考え，話し始めたのだった。

　また，小学生による浴室での「からかい」の報告を受けたことは，他のメ

24

ンバーの認識にも影響を及ぼした。夕食後の夜間の時間帯，私たちは会議室で勉強会をしていたが，その最中にドアが叩かれ，ドアを開けると誰もいない，ということが数回あった。サッカークラブの子どもたちによる，いたずらだろうと私たちは軽く考えていたのだが，風呂場での「嘲笑」を聞いた後では，私たちはその行為もまたカミングアウトを契機として生じた「からかい」であると理解した。このような気付きを経て，私たちは，これらの一連の行為が「からかい」や「いたずら」で済まされない，特定の意図を持った行為であると認識するようになったのである。

　次に行われたのが「潜在的な『からかう側』の共謀者であるオーディエンスを『からかわれた側』にひきつけること」であった（江原 1985：187）。まず私たちは，話し合いの結果，アカーのメンバーに向けられた「からかい」や嫌がらせを説明し，リーダー会が原因で嫌がらせが起こったと考えられることから，青年の家の職員に臨時のリーダー会を開くよう求めることにした。[1] 職員を「からかわれた側」にひきつけようとしたのである。

　翌朝，食堂や廊下でアカーのメンバーは，再びサッカークラブの子どもたちから「一番後ろに並んでいる人ホモ」「またおかまがいた」と言われている。不在であった所長に代わって私たちに対応した係長は非常に物分りがよく，私たちにこんなことを述べた。「私は長年障害者の問題に携わってきたから君たちの問題もよくわかる。君たちの要望にそって対処しましょう。他の団体がリーダー会での自己紹介をどのように伝えたのか調べます」。

　しかし，他の団体に連絡をとった後に，私たちの部屋にやってきた係長は，「他の団体はそんなことを言っていないと言っている」と報告した。そして「君たちのせいで」と直接的には言わなかったものの，「まったく疲れちゃったよ」とこぼした。この発言にアカーのメンバーのひとりが「こんなことで疲れていたら，わたしたちは 20 年間疲れてきたんだから，首を吊っ

1　リーダー会が原因だと考えたのは，私たちが「OCCUR」という名称で府中青年の家を利用しており，リーダー会参加者以外の利用者は，私たちが同性愛者の団体であるとはわからなかったはずだからである。

第2章　LGBTと差別　（男性）同性愛者への「からかい」に抗議の声をあげること

てますよ」と怒って発言すると，係長は「そんなこと言ったら社会から孤立するぞ」と感情を高ぶらせ，部屋から出ていった。係長は，かわいそうな弱者だと思っていた側から怒りをぶつけられた途端に，逆上したのだった。[2]

　キリスト教団体のメンバーは廊下で私たちのメンバーを「嘲笑」したことは認めなかったが，臨時のリーダー会に参加することに同意した。サッカークラブは既に青年の家を退所していたため，臨時のリーダー会は，キリスト教団体からは2名と，アカーからは「からかい」を受けた3名と私の計4名，そして青年の家係長が出席して開かれた。聖書を携えて出席したキリスト教団体のメンバーは，「リーダー会以外で同性愛者の団体が来たことは話していない。服装や素振りで同性愛者だとわかったのかもしれない。女装していれば誰だってそう思う」と述べた。「私たちは女装していたわけではありません」と反論すると，さらにキリスト教団体側は「同性愛者は誤った道を歩んでいる人びとです」と述べた後に，「女と寝るように男と寝るものは憎むべきことをしたので必ず殺されなければならない」と旧約聖書のレビ記の一節を読み上げ始めた。その言動に抗議しようとしたが，私たちの発言は係長によって制止された。係長がキリスト教団体の肩を持っていると感じた私たちは抗議の意を示すため席を立ち，臨時のリーダー会は終わった。

　私たちはリーダー会でのカミングアウトの後から「からかい」を受けたが，同性愛者を含む，非典型的な性の在り方をもつ性的マイノリティもまた，こうした「からかい」に日常的に取り囲まれている。こうした「からかい」に抗議することが難しい理由は，「からかい」自体が抗議することをあらかじめ封じる構造をもっていることに加え，「からかわれている側」が「からかい」を「意図的な攻撃」であると証明することが容易ではないことが挙げられるだろう。

⑶　**青年の家所長との交渉，そして東京都教育委員会の利用拒否決定**

　青年の家での合宿から約1か月後，私たちは合宿時に不在だった青年の家

　2　弱者とみなされている側が対等な関係を求めたときに向けられる非難の構造については（風間 2019b）を参照。

所長と交渉の機会をもった。所長は交渉の中で「アカーが『ホモ』『オカマ』という表現に対して不快に思い，抗議の意思を表明することは当然のことかと思うが，……『いたずら』や『嫌がらせ』の域を超えた『差別事件』とまでは考えていない」という回答を読み上げ，最後には「アカーのメンバーの『主張や行動』が今日の日本国民のコンセンサスを得られているとは思わない。青少年の健全な育成を目的として設置された教育機関の長として，アカーのメンバーの主張や内在する行為を支援するわけにはいかない。青少年の健全育成にとって正しいとはいえない影響を与えることを是としない立場にある者として，アカーの次回の利用はお断りしたい」との見解を表明した。

　交渉における所長の表明を受け，私たちは，中川重徳弁護士に代理人を依頼し，青年の家を所管する教育庁に連絡を取ることにした。中川弁護士との電話で教育庁社会教育部の課長は，青年の家での出来事について「お風呂でいろいろあったっていうけど，そっちの方が何かそういう変なことをしていたんじゃないでしょうかねえ」と語り，また「同性愛者が一緒にいるっていうだけで，子どもたちは悪い影響を受けますよ」と述べた。根拠を提示することなくこうした発言をする社会教育部の課長に不信感とともに，本当に青年の家を利用できなくなるとの危機感をもった私たちは，青年の家の利用を認めるよう，東京都教育委員会に請願書を提出した。この請願は 1990 年 4 月 26 日に東京都教育委員会で審議され，同性愛者団体の利用不承認が決定された。その理由は，同性愛者団体の利用は，青年の家条例 8 条にある，青年の家の「秩序を乱すおそれ」「管理上支障」に該当するというものであった。

　所長及び課長は，アカーのメンバーに対する青年の家での出来事を「いたずら」や「嫌がらせ」であって「差別」ではないと述べる一方，青少年の健全育成を理由に利用拒絶を正当化した。「いたずら」や「嫌がらせ」ではあるが，「差別」ではないという青年の家所長の主張は，別の言い方をすれば，青年の家での出来事は深刻に取り上げるほどのことではないということだ。これは，江原が指摘した「からかい」の構造そのものである。アカーに対す

第 2 章　LGBT と差別　（男性）同性愛者への「からかい」に抗議の声をあげること

る利用拒絶は，まずアカーに向けられた行為を「差別」とはいえない「からかい」であると同定することから始まり，その上で，東京都はアカーを「青少年の健全育成に正しいとは言えない影響を与える」加害者の地位に置き，利用を拒絶したのである。

　アカーに対する所長や課長の対応は，青年の家での出来事を「からかい」に等値される「いたずら」とみなすことで，その深刻さを薄め，利用拒絶を正当化しようとするものだった。同性愛者への「からかい」を「いたずら」とみなす社会的状況においては，同性愛者差別の訴えは真剣に受け取られないことがわかる。そして，その態度は，容易に利用拒絶という形で，差別の行使につながる。カミングアウトによって生じた，同性愛者への「差別」を「からかい」「いたずら」と軽視する社会において，同性愛者が声を上げることは容易ではない。

3　マスメディアの報道

(1)　都教委決定と裁判提訴の報じられ方

　東京都教育委員会による利用拒絶から 10 か月後の 1991 年 2 月 12 日，アカーは東京都に対して損害賠償を求める訴えを起こした。ここでは，都教委決定から裁判提訴における，アカーによるカミングアウトがマスメディアにどのように報じられたかをみていく。

　まず都教委決定が，大手紙及び夕刊紙によってどのような見出しをつけられて報道されたか紹介する。

　大手紙の朝日新聞，産経新聞，そして毎日新聞（いずれも 1990 年 4 月 27 日朝刊）は，それぞれ「同性愛者合宿／都教委もダメ／『青年の家』問題」（朝日），「同性愛者団体はダメ／都教委／施設利用は認めず」（産経），「同性愛グループには認めず／青年の家使用で都教委」（毎日）との見出しをつけた。朝日新聞と産経新聞によって用いられた「ダメ」という通俗的な表現が目を引く。

　続けて夕刊紙では日刊ゲンダイ（1990 年 4 月 28 日）が「施設を貸せ，貸さ

28

ないで大騒ぎ／ゲイに押しかけられた東京都の動転／『差別だ』vs『風紀を乱す』」との見出しを，夕刊フジ（1990年4月28日）は「同性愛グループVs東京都／"険悪"／『青年の家貸さぬ』に『差別だ』」と見出しを組んだ。内外タイムス（1990年4月29日）では1面トップにアカーのメンバーを撮った特大サイズの写真を入れた上で，「見たかゲイパワー／都庁仰天／レズと手を組んだ"人権闘争"のてん末／『青年の家使わせて』／『風紀上好ましくないなんて差別』と怒る『アカー』」との見出しがつけられていた。

　次に提訴時の報道について取り上げよう。アカーが記者会見を行ったのは，しばしば同性愛に寛容とされる日本において同性愛者差別が現存していることを訴えるとともに，東京都の決定が「同性愛者の人権」を侵害していることを伝えるためであった。

　裁判提訴を扱った大手紙の報道は，都教委決定の時にみられたような通俗的な言葉使いは陰を潜めた一方で，テレビには「からかい」や「嘲笑」を含むものがみられた。TBSの夕方のニュース番組は「『禁色』？　ゲイ裁判」というテロップをつけ，さらにアカーの正式名称である「動くゲイとレズビアンの会」を「動くホモとレズビアンの会」（傍点引用者）と報じた。1991年4月4日には，日本テレビで深夜の時間帯のバラエティ「レベルのラベル」という番組が同日を「おかまの日」と称した上で，「おかま特集」なるものを組んだ。その中での物言いは「日本でも，ある事件を契機に立ち上がったおかまたちがいる。おかまの権利を守るために，東京都を相手に裁判を起こしたのである。そのおかまたちは『動くゲイとレズの会（アカー）』。同性愛者が始めて大胆なアクションを起こしたこの裁判の今後に注目したい」というものだった（傍点引用者）。

(2)　報道がもつ意味と効果

　なぜマスメディアは「見たかゲイパワー」，「同性愛者団体はダメ」という

　3　文化人類学者の赤坂憲雄は，日本では「同性愛にむけたタブー意識は欧米に比べればあきらかに希薄であり，すくなくとも同性愛が宗教的な罪悪観念とまったく無縁であることははっきりしている」と述べている（赤坂1987）。

ような，くだけた言葉使いの見出しを用いたのだろうか。またなぜ「同性愛者」を「おかま」と言い換え，またアカーの名称を報じるに当たって，「ホモ」「レズ」いう語を使ったのだろうか。ここからは，これらの報道が意味すること，そして裁判に与えた効果を，前節で取り上げた政治的表現としての「からかい」の視点を用いながら，明らかにしていきたい。

　まず江原の「からかい」に関する分析を筆者なりに整理しておきたい。江原は，1970年代初頭のウーマンリブ運動に対するメディアの姿勢の主流は「からかい」「嘲笑」であったと述べた上で，こうした女性解放運動に対する「からかい」をひとつの政治的表現として捉え，その意味を考察した。江原によれば，「からかい」という社会的相互行為には三つの特徴がある。第一に，先述したように「からかい」は，基本的に「遊び」の文脈に位置づけられる。それゆえに，「からかい」の行為や言葉はその責任から逃れることができる。第二に，「からかい」は，第一で述べた責任の回避とも関わりながら，その言葉を発した個人の意志や意図に帰着されないよう，言葉を発した主体が「匿名的・普遍的・自明的」なものとして呈示される。「からかい」が自明とされるがゆえに，「からかう側」は「からかわれる側」に対し，優位な関係に立つ。第三に「からかい」は通常親しい間柄で行われるが，見知らぬ，あるいは親しくない相手に投げかけられる場合もある。そのときに「からかい」が向けられるのは，社会的に劣位な立場にいる者であることが多い。見知らぬ人からの「親密性」の表現は，さほど親しくない，あるいは見知らぬ間柄の人に対し，「親しげな愛称や呼称で呼びかけ」た場合，そこには「相手の意志を無視して良いという判定を他人がした」という侮辱が含まれる（江原 1985：180-2）。

　以下では，この三つの「からかい」の特徴を踏まえながら，先に示した報道の意味することを，①「『禁色』？　ゲイ裁判」というテロップ，②通俗的な表現の見出し，③「おかま」「ホモ」「レズ」という言葉使いを通して考察する。

　① 「『禁色』？　裁判」というテロップ

　　まず「『禁色』？　裁判」という裁判提訴を報じた際のテロップを取り

上げよう。「禁色」とは，この場合，男色が禁じられた色欲であることを意味する言葉として用いられている。その言葉をニュースの見出しにつけることは，同性愛が禁じられた性愛であることを示唆する。そのことにより，裁判において原告が主張した「同性愛者の人権」は，禁じられた性愛には不要であるとして打ち消されることになるだろう。

　次に「禁色」に付されている括弧は，「禁色」が三島由紀夫の同名の小説タイトルからの引用であることを示す。つまり，括弧をつけることによって，禁じられた色欲という主張を三島由紀夫に帰すことが可能になる。さらに，「禁色」の後に付された疑問符は，この言葉が「冗談」として語られていることを含意しており，責任を問われた時の「言い訳」として機能する。

　このように，「『禁色』？　裁判」は，男性同性愛が禁じられた色欲であることを示唆しつつ，「冗談（からかい）」であることを意味する疑問符をつけるとともに，三島由紀夫の小説のタイトルからの引用であることを示す括弧を付すことで，アカーが裁判に込めた主張を削ぎ，裁判提訴を真剣に取り扱う必要のない出来事とする効果をもっているといえよう。

② 　通俗的な表現の見出し

　まず東京都教育委員会の利用拒否決定を報じた『内外タイムス』の見出しである，「見たかゲイパワー」を取り上げよう。省かれてはいるが，この言葉を発する主体とした想定されているのは，アカーである。そしてこの見出しは，アカーを面白おかしく取り上げ「からかう」ことが意図されている。『内外タイムス』の記者が作った見出しにもかかわらず，アカーがあたかも発したかのような操作が行われている。アカーを「からかい」ながら，発言主体の特定化を避ける「普遍化」「匿名化」が行われているといえよう。

　次に「『青年の家使わせて』／『風紀上好ましくないなんて差別』と怒る『アカー』」（内外タイムス）や「同性愛者団体はダメ」（産経新聞），「都教委もダメ」（朝日新聞）のような，通俗的な言葉づかいについて検討しよう（傍点引用者）。このようなくだけた表現は一般的に私的な場面における親

密な間柄で用いられる。にもかかわらず，マスコミが同性愛者の団体に対して，こうした表現を使用したことは，青年の家利用拒否という公的な出来事の，私的な問題へのすりかえである。さらに，「からかい」による親密性の押しつけは，「からかわれる側」を劣位者として軽侮することもある（江原 1985：182）。

③ 「おかま」「ホモ」「レズ」という言葉使い

　最後に，「おかま」や「ホモ」「レズ」といった表現が団体の名称に用いられたことの意味を考えたい。まず前提として団体の名称を誤って伝えたことは，マスコミとして致命的な過ちを犯しているのだが，さらにこうした言葉を用いること自身が，青年の家を拒絶されたアカーを「からかう」行為である。なぜなら，日常で侮蔑を伴って用いられることの多い「おかま」「ホモ」「レズ」といった言葉を用いているからであり，それに加えて，その言葉を用いることでアカーのメンバーがどのように感じるかについての考慮を欠いているためである。言い換えれば，その言葉によって名指された側がどのように感じるかについての判断を，他者が行うという侮辱を含んでいるのである（江原 1985：182）。以上から，これらの言葉を用いた報道は，日常で侮蔑を伴う言葉を用い，またこれらの言葉を使われる側への配慮を欠いていることで，アカーを侮辱し，同性愛者の人権を争点とした裁判もまた「からかい」の対象にしたといえよう。

　これまで見てきたマスメディアの報道は，青年の家利用拒否及び裁判提訴時の，アカーのカミングアウトを「からかい」の対象とすることで，アカーが提起した人権をめぐる訴えを打ち消し，その結果，裁判を真剣に取り上げるに値しないとのメッセージを発していたといえるだろう。

4　ゲイメディアにおける裁判の取り上げ方[4]

本節では，アカーが提起した裁判及びこの裁判の過程において行われたカ

4　本節についてのより詳細な議論は（風間 2019a）を参照。

ミングアウト―青年の家での自己紹介及び裁判提訴時の記者会見等―に対して，ゲイ・メディアがどのような態度を取ったかを，主にゲイ雑誌での取り上げ方に焦点を当てながら見ていきたい。

(1) 裁判を支援した『アドン』

　南定四郎が編集長を務めた，ゲイ雑誌『アドン』は府中青年の家事件直後からアカーによる報告記事を掲載し，以後ほぼ毎月，裁判（準備）の状況を報じた。また ILGA（International Lesbian and Gay Association）日本の事務局長でもあった南は，『アドン』誌上において各地域の ILGA のグループが裁判支援の取組をしていることも積極的に伝えた。例えば，ILGA 日本札幌ミーティングが積極的に裁判を応援するとの立場表明をしたこと等を誌面に掲載した。

　この裁判の意義について問われた南は，「これは同性愛者にとっての人権裁判。戦後 45 年間にわたって諸外国で行われてきた人権運動や市民権の確立と同じです。日本にも個人の意識とは別に，差別の意識があったということを浮き彫りにした形になった」と述べている。「（日本で裁判が起こったのは）むしろ遅かったくらいだ」と，差別の意識が存在している日本において裁判を起こしたアカーの行動を，南は当然の行いとして支援したのである（アサヒ芸能 1991 年 2 月 28 日号）。

　『アドン』及び南は，アカーのメンバーによるカミングアウトが日本の同性愛者差別を顕在化させたものとして高く評価し，裁判を支援したといえるだろう。

(2) 裁判に異を唱えた『薔薇族』

　『アドン』とは対称的に，ゲイ雑誌としては日本で初めて商業誌としての成功を収めた『薔薇族』（編集長・伊藤文学）は，アカーを批判するコラムや読者投稿を掲載した。まず映画評論家のおすぎは，「おすぎの悪口劇場」という連載コラムにおいて，都教委で利用拒否決定されたアカーを三つの観点から批判した（1990 年 8 月号）。

① 「同性愛者の団体」として，すなわちカミングアウトして青年の家を使ったこと（「私たちは同性愛者の団体ですって "青年の家" に泊まって親睦会をするな

んていうのはいかがなもんでしょうねえ」)

② （宗教的）抑圧のない日本では男性同性愛者が「群れる」必然性はないこ
と（「何故，同性愛者が群れなければいけないのですか。アメリカやヨーロッパのホモ
セクシュアルやゲイピープルたちがアソシエーションを組むのは長い歴史の中で宗教的
に抑えつけられていたものをはねかえすポリティカルな運動だからであって，必ずしも
親睦を目的で組織されているわけではないのですよ」)

③「ステップ・バイ・ステップ」でない人権獲得の試みは安易であること
（「大体，人権を獲得しようとするのに昨日，今日のムーヴメントで「人権」が手に入る
と思っているなら，かなり，この団体はイージーな人たちが多いのでしょう。とくに
「人権」なんてものはステップ・バイ・ステップでやっていかなければなかなか手に入
らないものなのです」)

　おすぎは，宗教に基づく抑圧のない日本において，同性愛者が団体をつく
り，差別に反対する必要はないと述べるとともに，青年の家でのカミングア
ウトを「イージー」な試みと見なし，アカーを批判したのである。

　提訴後に発行された『薔薇族』の読者投稿にも裁判を批判する意見が掲載
されている（1991年5月号）。この読者投稿による批判のポイントは2つあ
る。①裁判を起こすことは「社会に荒波を立て」，「同性愛者のイメージを悪
く伝える」ことになる（「彼らアカーの会のメンバーの提訴は勇み足であり，かえっ
て社会に同性愛者のイメージを悪く伝えるばかりだと思います」），②「ゲイ解放運
動」は「ゲイ全体」を巻き込む危険なものである（「異なった人生を歩んでいる
さまざまなゲイの実態を無視する……ように思え，極めてゲイにとって危険」「ゲイ解放
運動を唱えてはいるが，それはゲイ全体の幸福を考えた運動ではなく，特定のゲイの思想
を全体に適応したもののように思います」）。アカーが異性愛社会のまなざしを変
化させることは，クローゼットのなかにいるゲイにとって迷惑である，とい
う主張だといえよう。

　最後に，『薔薇族』編集長の伊藤文学が裁判に対してどのような考えを
持っているのかを，週刊誌『アサヒ芸能』に掲載されたコメントから見てい
く（1991年2月28日号）。そこで伊藤は，「同性愛者の市民権という問題は，
50年，あるいは1世紀を要する問題なのです。わたしが20年間やってきた

経験からいっても，一歩一歩階段を上がるように活動していくことが大事」
と述べ，「同性愛者の市民権」獲得を直接否定していないものの，その方法
論に異を唱えることを通じてアカーへの批判的立場を表明している。おすぎ
の「ステップ・バイ・ステップでやって」いかなければならないとの主張を
なぞるように「一歩一歩階段を上がるように活動していく」ことの大切さを
説き，カミングアウトをして青年の家を利用し，裁判を始めたアカーを「い
ちゃもん的な争いを起こ」したとして批判したのである。

　以上から，「ステップ・バイ・ステップ」／「一歩一歩」／「社会に荒波」
を立てない，という言葉に象徴されるように，裁判という「闘争」的な方法
によって異性愛社会からの同性愛者へのまなざしが変わることを恐れている
ことが，三人の共通点として挙げられるだろう。三人がまなざしの変化を恐
れたのはなぜか。HIV 感染を終わらせるための団体，アクトアップ・パリ
の創設者のひとりであるディディエ・レトラドはこのように述べる。

　　異性愛者は，自分たちの異性愛の徴をどんなものでも露出することがで
　きるという社会的特権を享受している。逆に発言者が同性愛者である場合
　は，いつでもそれは，すべて時宜を逸した場違いで不作法な行いとみなさ
　れる。(中略) 同性愛者の言説はすべてそれだけで過剰なのである。なぜな
　らそれは，社会からの寛容という恩恵を得るために必要な慎みの限度を超
　えてしまっているからである (レトラド 2013：592)。

レトラドは，同性愛者が異性愛者のまなざしが変わることを恐れているの
は，寛容な扱いを受けるためであると指摘する。そしてこの主張を裁判批判
の文脈で理解するなら，アカーのカミングアウトへの非難は，異性愛社会か
ら見過ごされてきた，ゲイとしてのクローゼットの中での「平穏」な生活を
破壊するかもしれないという恐怖に裏打ちされたものだといえるだろう。言
い換えれば，裁判という形で行われたカミングアウトは，「社会からの寛容
という恩恵を得るため必要な慎みの限度を超え」ているとみなされたがゆえ
に批判されたのである。

(3) ゲイの処世観への注目

　本節の最後に，裁判に異を唱える主張に対して，『アンチ・ヘテロセクシズム』においてアカー支援の立場を明確にした OGC（大阪ゲイコミュニティ）のメンバーである，平野の主張を紹介する。平野は裁判の意義を，「『隠花植物→葉隠→同性愛容認の文化伝統』の論法でもって，『日本には同性愛差別などない』と呑気なことを言う人も多いが，それは同性愛者が息を潜めて社会の体制に身を委ねていればこその太平楽であって，ゲイが己が生を前面に打ち出したとき，どのような差別・偏見が襲いかかってくるか，府中青年の家事件が如実に示すことになった」と述べる（平野 1994：75）。

　平野は，アカーのメンバーが行動したことにより，日本＝「同性愛に寛容な文化的伝統」論が否定されこと，すなわち差別の顕在化に裁判の意義を求めている。アカーはカミングアウトして青年の家を利用し，青年の家側と交渉したことを批判をされたが，平野は「アカーは正しい」と断言する。その上で，裁判提訴に関しては「差別の闘いのひとつの方法として当然の選択であった」と擁護している。

　こうした「単純明快な道理が，『当事者』以外に伝わらない」のはゲイの処世観に原因があると平野は指摘する。その処世観とは，「日常生活・社会生活のレベルではおとなしく異性愛者を演じて，ゲイの仲間うちで『自分』を発散すればハッピーな人生を送れるのではないか」（平野 1994：81）というものである。言い換えれば，カミングアウトすることなくクローゼットに留まれば，ゲイは「ハッピーな人生を送れる」という処世観がアカーに対する批判の根底にあるというのだ。

　このゲイの処世観は，フランスのエッセイストであるアラン・フィンケルクロートが述べる「同性愛者の生の技法」と重なっている。フィンケルクロートは，その技法について「慎み，両義性，不確定，恥」という特質を持つと述べているが，これに対して，アクトアップ・パリの元代表であるフィリップ・マンジョはゲイやレズビアンの大半が生き残る術として器用に作り

　5　同性愛嫌悪としての寛容概念については（風間 2015）参照。

上げてきた振る舞い方を「同性愛者に特有の道徳」にしたとフィンケルク
ロートを批判した。その上で，「そのような振る舞い方は，同性愛者が異性
愛者と同じように自分のセクシュアリティを生きようとすれば，ただそれだ
けでも危険であり得たし，ただそれだけのことで，両親や隣人，職場の同僚
のうちの最も優しい人ですら不倶戴天の敵となりかねないという状況があっ
たからこそ必要だったのである」と述べる（マンジョ 2013：195）。

　ゲイの処世観ともいえる，「同性愛者の生の技法」が必要とされた背景に，
「同性愛者が異性愛者と同じように自分のセクシュアリティを生き」られな
い状況があることをマンジョは指摘した。カミングアウト批判は同性愛者が
自らの生を生きることのできない状況の中で生み出されているのである。

5　おわりに

　最後に，府中青年の家での出来事及びその後の訴訟において，カミングア
ウトが惹起した反応を踏まえながら，（男性）同性愛者への「からかい」に抗
議の声を上げることへの困難について考えたい。

　まず青年の家でのカミングアウトは他の利用団体からの「からかい」「嘲
笑」によって迎えられた。「遊び」とみなされ，社会的責任を免れている
「からかい」に抗議の声を上げることは容易ではない。だが，アカーは府中
青年の家で起こった「からかい」を「やむを得ない」こととして受け入れる
のではなく，それが同性愛者の生に負の影響を及ぼし得る行為であることを
「からかった側」に伝えようとした。しかし，青年の家所長はアカーメン
バーに向けられた行為を「いたずら」「嫌がらせ」ではあっても「差別」で
はないと位置づけ直した上で，青年の家利用を拒絶しようとした。ここでの
「いたずら」「嫌がらせ」は，社会的責任を問われるほどの行為ではないと見
なされている点で，「からかい」と同様の構造をもつ。つまり，声を上げた
同性愛者の主張を無効化するために，「からかい」が再度持ち出されたので
ある。

　アカーはまたマスメディアからの取材や提訴時の記者会見で都の決定は同

第 2 章　LGBT と差別　（男性）同性愛者への「からかい」に抗議の声をあげること

性愛者への人権侵害であると訴えたが，マスメディアの中にはその主張を
「からかい」「嘲笑」の対象として取り上げ，裁判自体を真剣に受け取る必要
のないものであるとのメッセージを発したものもあった。

　さらにゲイ雑誌『薔薇族』は「からかい」に抗議したアカーを批判的に論
じるエッセイや読者投稿を掲載した。その批判は，裁判を提訴したことや
「からかい」「嘲笑」に声を上げることを，ゲイの平穏な生活を破壊するもの
とみなしていた。この主張の背景には，同性愛者が自分のセクシュアリティ
を生きられない状況の中で，「社会からの寛容という恩恵」を得るために
「必要な慎みの限度」を越えないように生きなければならないという自己規
制が存在していた。

　江原は，ウーマンリブ運動に対する「からかい」を，あらかじめ批判を封
じるひとつの政治的表現として捉え批判したが，この章でみてきた府中青年
の家での出来事及びその後の裁判における「からかい」も同様の作用を持っ
ていたと言えるだろう。そしてもうひとつ指摘できるのは，「からかう」側
は青年の家所長やマスメディアの対応にみられるように，それへの異議申立
てですら「からかい」の対象にしてしまうということである。

　一方でウーマンリブ運動と同性愛者の社会運動が異なるのは，カミングア
ウトした同性愛者に「からかい」が向けられたことからも分かるように，同
性愛者の存在そのものが「からかい」の対象になるということだろう。青年
の家所長は，アカーとの交渉において，同性愛者は日本国民のコンセンサス
を得られていないと語ったが，このことはこの裁判が同性愛者の存在そのも
のを認めさせるところから始まらざるを得なかったことを示している。そし
て，存在そのものが認められていないと同性愛者に思い込ませることによっ
て，「社会からの寛容という恩恵」を得るためには，「からかい」に声を上げ
ることなく，「慎み深く」生きなければならないという自己規制が生まれた
のである。同性愛者の存在そのものが「からかい」の対象とされていると
き，同性愛者は抗議の声を上げるための基盤を作り出すところから出発しな
ければならないのだ。日本社会に同性愛者の人権を主張する基盤が不在の中
で，それを作り出しつつ，人権を主張するという二重の課題を背負いなが

おわりに

ら，この裁判は闘われたのである。

【参考文献】

赤坂憲雄「エイズにおける境界と交通」『エイズの文化人類学』（宝島社，
　1987）

江原由美子「からかいの政治学」『女性解放という思想』（勁草書房，1985）

平野広明『アンチ・ヘテロセクシズム』（現代書館，1994）

風間孝「性的マイノリティをとりまく困難と可能性―同性愛者への寛容と構
　造的不正義」『身体と親密圏の変容（岩波講座現代第7巻）』（岩波書店，
　2015）263-288 頁

風間孝「クローゼットと寛容」『クィア・スタディーズをひらく』第1巻
　（晃洋書房，2019a）

風間孝「性の多様性と寛容」『福音と世界』2019年6月号（新教出版，
　2019b）12-17 頁

レトラド，ディディエ「露出症」『同性愛嫌悪を知る時点』（明石書店，
　2015）591-594 頁

マンジョ，フィリップ「クローゼット／慎み」『同性愛嫌悪を知る時点』（明
　石書店，2015）195-200 頁

ミルズ，ライト「状況化された行為と動機の語彙」『権力・政治・民衆』（み
　すず書房，1971）344-354 頁

第**3**章

LGBT と法律

日本における性別移行法をめぐる諸問題

1 はじめに

　出生時に指定された性別（assigned gender）とは異なる性別（gender）で生活している人のことをトランスジェンダー（transgender）という。性別表現（gender experience）を日常的に越境（trans）している人ともいえる。

　トランスジェンダーは，社会の中で生活していく際に，戸籍の性別に基づく身分証明書を提示しなければならないことがしばしばある。たとえば，体調を崩して病院に行けば，健康保険証の提示を求められる。そこに記された性別が生活している性別と異なる場合，保険証の正当な所持者かどうかを疑われ，なんらかの説明をする必要が生じることもある。

　それは単に面倒なだけでなく，そのたびにトランスジェンダーのジェンダー・アイデンティティ（gender identity）は損なわれ傷つけられる。それが嫌で体調を悪くしても，なかなか病院に足が向かず，最悪，手遅れになるケースさえある。

　トランスジェンダーにとって，生活上の性別と身分証明書の性別とを一致させることは，社会生活をしていく上で大きな利便があり，身分証明書の性別の基である戸籍の続柄（性別）記載を変更したいと考えることは，十分な必然性がある。

　そして，戸籍の続柄（性別）が変更でき，生活上の性別と一致する身分証明書が得られれば，ジェンダー・アイデンティティはおおいに安定するだろう。

　このようにトランスジェンダーにとって，戸籍の続柄（性別）記載の変更

40

は重要であり，性別移行の最終段階（出口）として位置づけられている。

　ところで，一般的には，日本最初の「性転換手術」（sex reassignment surgery：性別適合手術）は1998年に埼玉医科大学で行われたもの（執刀：原科孝雄教授）であり，戸籍の続柄（性別）は2003年に制定（2004年実施）された「性同一性障害者の性別の取扱いの特例に関する法律」（以下「GID特例法」という。）によって初めて可能になったと思われているが，それはまったくの間違いである。埼玉医大以前にも「性転換手術」は合法的に行われていたし，「GID特例法」以前にも戸籍の続柄（性別）変更事例はあった。[123]

　本章では，まず「GID特例法」以前の戸籍の続柄（性別）変更事例を紹介し，ついで「GID特例法」制定の経緯と問題点，性別移行法をめぐる国際的状況を指摘し，最後に近い将来に想定される「新・性別移行法」について考察し，あるべき形を提案したいと思う。

2　「GID特例法」以前の戸籍の続柄（性別）訂正事例

　戸籍法113条には「戸籍の記載が法律上許されないものであること又はその記載に錯誤若しくは遺漏があることを発見した場合には，利害関係人は，家庭裁判所の許可を得て，戸籍の訂正を申請することができる」とある。続柄（性別）についていえば，出生時に性器の外形が男女どちらにも非典型であったため（Intersexもしくはdisorders of sex development ＝ DSDs：性分化疾患），性別が誤認されたケースを「訂正」する場合などに適用される。

　「性転換手術」による性別移行が「錯誤」に当たるかどうかは議論があるが，「性転換手術」にともなう続柄（性別）の「訂正」事例は，少なくとも二つ存在する。

1　三橋順子「性転換の社会史(2)─「性転換」のアンダーグラウンド化と報道，1970〜90年代前半を中心に─」『戦後日本女装・同性愛研究』（中央大学出版部，2006）
2　山内俊雄『性転換手術は許されるのか─性同一性障害と性のあり方─』（明石書店，1999）
3　大島俊之『性同一性障害と法』（日本評論社，2002）

第3章　LGBTと法律　日本における性別移行法をめぐる諸問題

(1) **布川敏の事例**

布川敏（源氏名：ボケ，男性名：敏之）は1937（昭和12）年生で，1960年代に老舗のゲイバー「青江」のNo1ホステスとして活躍した人である。1974年，37歳の時，アメリカのスタンフォード大学メディカルセンターで性転換症（transsexualism）の診断に基づき「性転換手術」を受けた。

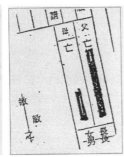

写真1　布川敏とその戸籍

一時帰国した際に，名前の変更のために東京家庭裁判所を訪れると，家裁の「相談役みたいな人」に「あなた，名前を変えるのじゃなく，戸籍（の続柄）を変えるべきじゃないですか？」と戸籍の続柄（性別）訂正を示唆された。「もしも，できるのなら全部変えたいです」と答えると，「では，僕が言うような書類を揃えて全部もってきてください」と言われた。

相談員のアドバイスに従って大学病院から手術証明書，さらには診察データ（カルテ）のコピーまでを取り寄せた。メディカルセンターの所長が発行した証明書には「この患者はメンタルも身体もすべて女性であることを証明する。この患者はいかなる人からも女性として取り扱われるべきである」と記されていた。それらの資料を和訳した上で，戸籍の続柄訂正を東京家裁に申請した。

2回ほど呼び出された（調査官との面接）後，申請から約1か月後の1980年11月12日に同裁判所で許可となった（東京家裁昭和55年10月28日審判）。書類（許可書）を渡され「これを持って区役所に行きなさい。全部，済みますよ」と言われた。同17日に港区役所で名前の変更と続柄（性別）の訂正（長男→長女）を申請すると，窓口では驚かれたが，30分ほど待たされただけで，手続が終わった。その際には区役所の職員が立ち並んで「おめでとうございます」と祝意を表してくれた。さらに，その場にたまたま居合わせた人

たちからも「おめでとうございます」と言われた[45]。その後，1983年，女性としてアメリカ人男性と結婚している[6]。

　たいへん興味深いのは，布川は家裁を訪れるまで戸籍の続柄（性別）訂正が可能なことを知らず，家裁の相談員の助言によって申請に至ったということだ。本人も「先方（家裁）から言われた（勧められた）こと」と明言している。これらの証言から，当時，東京家裁のこの相談員に戸籍の性別訂正についての知識があり，その場で適切なアドバイスが行われたことがわかる。これは推測だが，以前に同様の事例があったのかもしれない。また，「性転換」後の性別の変更に対して否定的な雰囲気も見られない。

　この事例について，法務省民事局第二課（当時）は「家裁の許可書と戸籍謄本，それに印鑑と戸籍訂正申請書を市役所に持っていけば，戸籍の性も変えられる。こういったことは，今や全国的に可能とみていいでしょう」と『週刊文春』誌上でコメントしていて[4]，手続がまったく合法的であったことを認めている。

　しかし，布川の戸籍性別訂正の事実は，いつしか忘れ去られてしまった。1990年代後半，国内における「性転換手術」が性同一性障害に対する医療行為として社会認知を得た後，次の課題として手術後の戸籍の性別変更問題浮上してきた際，法務省は一貫して「訂正を認めた事例は無い」としていた。

　これに対し，三橋は『週刊文春』の記事の存在をマスコミ関係者に知らせ，連携して布川の所在を捜し，ハワイでレストランを経営していることを突き止めた。そして，1999年3月，本人のインタビューをとるとともに，戸籍のコピーの提供を受け，性別訂正が事実であることを確認した。写真週

4　「性転換して女の戸籍を闘いとった"男"の術前術後」（『週刊文春』1981年4月23日号）

5　「性転換手術で女の戸籍を得た男が，本物の男と結婚していた」（『週刊文春』1986年5月1日号）

6　「日本で一人！　♂→♀に戸籍変更の"性転換熟女"」（『FLASH』1999年3月30日・4月6日号），テレビ朝日系列「サンデー・プロジェクト」（1999年6月放送），および編集前の本人のインタビュー録画（約45分，制作会社（「ラダック」の清末亀好社長から資料提供，三橋順子所蔵）。

第 3 章　LGBT と法律　日本における性別移行法をめぐる諸問題

刊誌『FLASH』（光文社）がまず報道し，さらに同年 6 月に「サンデー・プロジェクト」（テレビ朝日）が本人のインタビューを含む特集を放送した。[6]

その後，東京家庭裁判所もこの事実を確認し，「訂正を認めた事例は無い」[7][8]とする法務省見解は崩れることになった。

(2)　永井明子の事例

永井明子（男性名：明）は，1924（大正 13）年，東京葛飾区の生まれで，聖路加病院（東京都中央区）に雑役夫として勤めていた時に，男性への愛情をきっかけに転性を決意し，1950 年 8 月から 51 年 2 月にかけて東京台東区上野の竹内外科と日本医科大学付属病院（執刀：石川正臣教授）で 2 回に分けて精巣と陰茎の除去手術，造膣手術を受け，さらに別の病院で乳房の豊胸手術を受けた。インターセックスではなく，完全な男性からの「性転換」で，手術完了の時点で 27 歳だった。[9]

これは，イギリスの Roberta Cowell（男性名：Robert）の事例（1951 年 5 月）よりわずかに早く，戦後世界初の「性転換手術」である可能性が大である。

永井は，手術後，1954 年 11 月までの間に，「明」から「明子」への改名と，「参男」から「二女」への続柄（性別）の訂正を行っている。[10]その詳細な経緯は不明だが，おそらく戸籍法 113 条による訂正と思われる。

この二つの事例により，少なくとも 1980 年までは，「性転換症」の診断で「性転換手術」を受けた人が，戸籍法 113 条によって家庭裁判所で戸籍の続柄（性別）を訂正することは可能であり，法務省もそれを認めていたことがわかる。

しかし，名古屋高裁昭和 54（1979）年 11 月 8 日決定判例時報 955 号 77 頁（二男→長女・却下）のように，人間の性別は性染色体（女性は XX，男性は XY が

7　東海林保「いわゆる性同一性障害と名の変更事件，戸籍訂正事件について」（『家庭裁判月報』52-7，2000）

8　三橋順子「性転換の社会史⑴―日本における「性転換」概念の形成とその実態，1950 ～ 60 年代を中心に―」（『戦後日本女装・同性愛研究』中央大学出版部，2006）

9　第 1 報は『日本観光新聞』1953 年 9 月 4 日号・9 月 18 日号）。詳報は「日本版クリスチーヌ 男から女へ キャバレーの女歌手で再出発」（『週刊読売』1953 年 10 月 4 日号）

10　「恐ろしい人工女性現わる！―宿命の肉体“半陰陽”―」（『日本週報』1954 年 11 月 5 日号）

写真2　永井明子とその戸籍

典型）によって決定されるという「染色体主義」が台頭し，「性転換手術」による戸籍の続柄（性別）訂正申請は「錯誤」に相当しないとして認められなくなっていく。

　ただし，名古屋高裁の決定は，布川の訂正事例より1年ほど早く，当時はまだ続柄（性別）訂正について司法判断に一貫した基準はなく，ケース・バイ・ケースだったように思われる。

3　「GID特例法」制定の経緯と批判

(1)　「GID特例法」制定の経緯

　1995年，原科孝雄埼玉医科大学教授（形成外科）が性同一性障害の女性への「性転換手術」を同大学倫理委員会に申請し，1996年，倫理委員会はそれを「正当な医療行為」として承認した。さらに1997年には，日本精神神経学会が「性同一性障害に関する答申と提言」（ガイドライン）を策定し，1998年10月，ガイドラインに基づくものとしては初めての女性から男性への「性転換手術」が原科教授の執刀で行われ，大きなニュースになった。

　埼玉医大倫理委員会の委員長として，また精神神経学会の「ガイドライン」策定の中心として「性転換手術」の実現に大きな役割を果たした山内俊雄教授（精神科）は，早い時期から，性同一性障害治療の「出口」は戸籍の性別変更であると述べていた。同時にそれは，手術を受けた当事者の強い希

45

第3章　LGBTと法律　日本における性別移行法をめぐる諸問題

望だった。

戸籍の性別変更を実現するには二つの路線があった。ひとつは戸籍法（113条）の改訂路線である。過去の訂正事例をベースに，戸籍法113条の条文改訂，もしくは解釈の柔軟化（「錯誤」の意味の拡大解釈）により，性別訂正の間口を広げることを目指す路線。もうひとつは立法（特例法）路線である。すでに性転換法を制定していた諸外国（スウェーデン，ドイツ，イタリア，オランダ，トルコ）の例に倣い一定の要件を盛り込んだ「性転換法」の実現を目指す路線である。

前者は三橋が主導した路線であり，後に「GID特例法」制定に中心的役割を果たす大島俊之神戸学院大学教授も，当初はこの路線に近かった。

2000年2月，長男から二女への続柄変更を求めた抗告審で，東京高等裁判所は抗告を却下したものの「（性別変更問題の解決は）立法に委ねられるべきものと考えられる」という見解を示した（東京高裁平成12年2月9日決定判例時報1718号62頁）。

2001年5月，大島教授の提案で，6人の性同一性障害者が戸籍法113条に基づく性別（続柄）の訂正を一斉に家庭裁判所に申し立てた。申立てはすべて却下されたものの，これをきっかけに当事者・関係者の立法の機運が高まり，大島教授は立法路線に転換し，持論である「大島三要件」（GID診断・手術済・非婚）を盛り込んだ特例法制定を目指していく。

2003年5月，自民党の南野（のうの）智恵子参議院議員らが中心となって与党3党（自民党・公明党・保守新党）の法案がまとめられた[11]。ところが，法案には「大島三要件」に加えて「現に子がいないこと」とする「子なし要件」があり，大きな議論になる。

対象外にされる子どもがいる当事者は当然のことながら強く反対し，また病理を前提化していることへのトランスジェンダリズムからの批判があった。

11　経緯と概要については，南野智恵子監修『【解説】性同一性障害者性別取扱特例法』（日本加除出版，2004）。

しかし、「TS と TG を支える人々の会（TNJ）」系の「性同一性障害についての法的整備を求める当事者団体連絡協議会」と「gid.jp（性同一性障害をかかえる人々が、普通にくらせる社会をめざす会）」の2つの当事者団体が法案を推進し、結局、2003年7月、全会派賛成の議員立法として、一定の要件を満たす性同一性障害者に戸籍の性別の変更を認める「性同一性障害者の性別の取扱いの特例に関する法律（GID 特例法）」が成立した。

⑵　「GID 特例法」の概要

　「性同一性障害者の性別の取扱いの特例に関する法律（GID 特例法）」の主要な条文を紹介しておこう。

第一条　趣旨

　この法律は、性同一性障害者に関する法令上の性別の取扱いの特例について定めるものとする。

　この法律の適用される範囲が「性同一性障害者」の「法令上の性別の取扱い」に限定されることを示している。あくまで「性別の取扱い」であって、それまでの司法判断にあったような性別がどのように決定されるかという本質的な議論は回避されている。

第二条　定義

　生物学的には性別が明らかであるにもかかわらず、心理的にはそれとは別の性別（以下「他の性別」という。）であるとの持続的な確信を持ち、かつ、自己を身体的及び社会的に他の性別に適合させようとする意思を有する者であって、そのことについてその診断を的確に行うために必要な知識及び経験を有する二人以上の医師の一般に認められている医学的知見に基づき行う診断が一致しているものをいう。

　法律の対象となる「性同一性障害者」を定義している。法律の名称になっている「性同一性障害者」は、医学的な診断基準をベースにしながらも、医学的な定義とは異なる独自性が見られる。法律制定時における「性同一性障

第3章　LGBTと法律　日本における性別移行法をめぐる諸問題

害」の医学的な基準はアメリカ精神学会のDSM-4-TRで規定される疾患「gender identity disorder」か，世界保健機構（WHO）のICD-10が規定する疾患グループ（F66）としての「gender identity disorder」のいずれかである。後者には「Transsexualism（性転換症）」と「dual-role transvestism（両性役割服装倒錯症）」が含まれるが，特例法の定義には「dual-role transvestism」は含まれないと思われる。

　また，通常，医師の診断は単独で効力をもつが，この法律では専門性のある2人以上の意思の診断の一致が求められている。

第三条　性別の取扱いの変更の審判
一　二十歳以上であること。
二　現に婚姻をしていないこと。
三　現に未成年の子がいないこと。
四　生殖腺がないこと又は生殖腺の機能を永続的に欠く状態にあること。
五　その身体について他の性別に係る身体の性器に係る部分に近似する外観を備えていること。
2　前項の請求をするには，同項の性同一性障害者に係る前条の診断の結果並びに治療の経過及び結果その他の厚生労働省令で定める事項が記載された医師の診断書を提出しなければならない。

　性別の取扱いの変更の審判を請求する際の要件を規定する。要件は五つすべてに合致しなければならない。

　一の「成人要件」は，性別の変更が人格そのものに関わる重大，かつ不可逆的な事柄であり，判断力・責任能力から，民法上の成人に限定した。

　二の「非婚要件」は，同性婚を防止するためであり，過去に結婚していても離婚していればよい。

　三の「子無し要件」は，過去に子どもがいても死亡していればよい。この要件は先行の世界の性転換法に例がなく，なぜ規定されたのか議論があった。親が性別変更したことで子どもが不利益を受けることがないように子の

48

福祉を重視したという説，あるいは，戸籍上，子の父親が女性，母親が男性という状況が生じることを回避するためという説などがある。

　四の「生殖能力喪失要件」は，元の性別の生殖能力により子が生まれること，つまり，女性となった人が父となり，男性となった人が母となることを防止するためである。「生殖腺の機能を永続的に欠く状態」は，男性から女性への変更の場合は睾丸と陰茎の除去手術，女性から男性への変更の場合は卵巣と子宮の摘出手術によってなされることになる。

　五の「外性器形態近似要件」は，社会生活上の混乱を防ぐため，たとえば，男湯・女湯に分かれる公衆浴場や温泉などでの入浴が想定されていると思われる。求められるのはあくまで外観の近似であり，男性から女性への変更の場合，造膣手術は必ずしも求められない。また女性から男性への変更の場合，膣の除去・閉鎖は必須ではない。

　そして，審判に当たっては厚生労働省令で定める書式の診断書の提出しなければならないことを規定する。

第四条　性別の取扱いの変更の審判を受けた者に関する法令上の取扱い

　性別の取扱いの変更の審判を受けた者は，民法（明治二十九年法律第八十九号）その他の法令の規定の適用については，法律に別段の定めがある場合を除き，その性別につき他の性別に変わったものなす。

2　前項の規定は，法律に別段の定めがある場合を除き，性別の取扱いの変更の審判前に生じた身分関係及び権利義務に影響を及ぼすものではない。

　性別の取扱いの変更の審判の効果を規定する。効果は基本的に民法その他の法令に及ぶ。具体的には，変更後の性別に基づいて結婚し，養子縁組することが可能になる。第2項は，性別の取扱いの変更の効果は過去に訴求しないことを定める。変更前に生じた身分や権利関係はそのままになる。

　なお，「GID特例法」の成立に関連して戸籍法の一部が改正に伴い第20条の4が新設され，「性別の取扱いの変更の審判を受けた者について新戸籍

第 3 章　LGBT と法律　日本における性別移行法をめぐる諸問題

を編纂する」ことが定められた。

⑶ 「GID 特例法」への批判

　「GID 特例法」には，制定時から，立法に至る議論の在り方や内容に様々な批判があった[12]。議論の在り方についての批判としては，推進派の当事者・関係者と議員の間の議論に終始し，マス・メディアを通じて開かれた議論，広い意見集約がなされなかったことが挙げられる。法案の成立を最優先したためとはいえ，独善的という批判は免れないと思う。

　内容的には，まず枠組み（第 2 条）の問題として，病理を前提とし対象を「性同一性障害者」に限定した点について，性別移行に病理を前提としないトランスジェンダリズムからの強い批判があった[13]。また，性別の変更を望む人たちを「『性同一性障害』という形で病理化し，それを『治療』することで『正常化（ノーマライズ）』し，男・女どちらかにしっかり組み入れるという機能をもっている」こと，「一見福祉的な法律が『あいまいな性』の持ち主を『性同一性障害者』という形で囲い込み，性別二元制に回収し，その存在を無化する装置としての性格をもつこと」が指摘されている[12]。

　要件については，「現に子がいないこと」とする「子なし要件」（第 3 条 3 号）への批判がもっとも強かった。子どもの存在は，当事者がどれだけ努力してもクリアーできない。「子あり」の当事者から「子供を殺せ，と言うのか！」という声が出たほどの非人道的な要件である。「子なし要件」は 2008 年の改正で「現に未成年の子がいないこと」に緩和されたが，当事者（親）の人権が他者（子ども）によって長期にわたって制約されるという状況が続いている。

　なお，この要件に基づいて，「子なし（小梨）」「子あり（小蟻）」という言葉

12　三橋順子「往還するジェンダーと身体―トランスジェンダーを生きる―」鷲田清一編『身体をめぐるレッスン 1　夢みる身体 Fantasy』（岩波書店，2006），谷口洋幸「性同一性障害者特例法の再評価―人権からの批判的考察―」石田仁編著『ジェンダー・医療・特例法』（御茶の水書房，2008）。

13　三橋順子「性別を越えて生きることは『病』なのか？」『情況』2003 年 12 月号（情況出版社，2003）

が生まれ，インターネット上などで，前者が後者を差別する言説が見られるようになる。[14]

「現に婚姻をしていないこと」とする「非婚要件」（第3条2号）については，日本の法律では明文的に禁止されていない同性婚を実質的に禁止するもの，という土屋ゆきや筒井真紀子の批判があった。[15]その10数年後，同性婚の法制化の議論が高まるが，「GID特例法」の要件が同性婚を制約する点をいち早く指摘した卓見だった。

「生殖腺がないこと又は生殖腺の機能を永続的に欠く状態にあること」とする「生殖能力喪失要件」（第3条4号）については，当時はほとんど批判がなかったように思う。私も生殖権と性別変更を安易にバーターすることへの疑問を感じていたが，論文などで明記はしていない。2010年代について生殖権を侵害することの問題性が指摘されるようになるが，この点については次節で詳しく述べる。

また，「その身体について他の性別に係る身体の性器に係る部分に近似する外観を備えていること」とする「外性器形態近似要件」（第3条5号）については，三橋が「性器幻想」の概念を用いて，性器形態至上主義と「近似」の曖昧さへの疑問を指摘している。[12]なお，この点については，2008年頃から，女性から男性への性別移行に際して，なし崩し的に「近似」が緩和され，それがTrans-manの性別変更者の増加につながっていると思われる。

要件全体としては，子がいる人の変更が認められないこと，強制的に分籍されることなど，戸籍の記載の整合性を保つことが強く留意されている。また「性別二元制と異性愛規範に合致することができる人だけが性別変更を許可され」る一方で「『伝統的な』家族規範に背反する人を対象外にする」構造を持っている。[12]法案が成立して間もない頃，某大学のジェンダー論の教授に「夫婦別姓法案が審議すらされないのに，なぜGID特例法はすんなり

14　三橋順子「トランスジェンダーをめぐる疎外・差異化・差別」（シリーズ「現代の差別と排除」第6巻『セクシュアリティ』明石書店，2010）

15　赤杉康伸・土屋ゆき・筒井真紀子編著『同性パートナー——同性婚・DP法を知るために—』（社会批評社，2004）

通ったの？」と質問されたことがあった。要は「伝統的な」性別規範・家族規範を維持したい政治家にとって，少なくとも悪くない法案だったからだろう。

4 「新・性別移行法」の制定に向けて

(1) 「GID 特例法」の問題性

「GID 特例法」は 2004 年 7 月から実施され，2018 年末まで 8676 人が性別を変更している。1980 年代以降，実質的に閉ざされていた戸籍の性別変更の道を再び開き，性別の変更を望む大勢の当事者の願いをかなえたという点では十分に評価される。

「GID 特例法」が成立したちょうど 1 年後の 2004 年 7 月，イギリスで，性別適合手術（SRS）を必須としない「ジェンダー承認法」が成立する。これを境に世界の性別移行法は，手術を要件にしない形が主流化していく。厳格な手術要件を定めた日本の「GID 特例法」は，結果的に旧タイプの性別移行法として，世界的に見ると「一周遅れ」（時代遅れ）の感が否めなくなった。

さらに状況は変化していく。2019 年 5 月の世界保健機構（WHO）総会で「国際疾病分類（ICD）」の改訂案（ICD-11）が採択された。この結果「gender identity disorder（性同一性障害）」は，項目名としても疾患名としても完全に消滅し，性別移行の脱精神疾患化が決まった。性別移行については，疾患ではない「conditions related to sexual health（性の健康に関連する状態）」の章に「gender incongruence（性別不合）」が置かれた。これによりトランスジェンダーは，同性愛者に遅れること 29 年にして，19 世紀以来続いた「精神病」の軛（くびき）からようやく脱することになる（ICD-11 案は移行期間を経て 2022 年初頭に実施の予定）。

ICD-11 の採択で，「性同一性障害」という病名がなくなることにより，「GID 特例法」にいう「性同一性障害者」が定義不能になる。

実は疾患名（病名）としての gender identity disorder は，すでに 2013 年

以降，存在しない。それを定めていたアメリカ精神医学会の「精神疾患の分類と診断の手引」の第4版（DSM-4-TR）が，2013年5月に第5版（DSM-5）へ改訂され，「Gender Identity Disorder」から「Gender Dysphoria」へ疾患名が変更されたからだ。一方，WHOのICD-10では「Gender Identity Disorder」はF64のグループ名であり疾患名ではない。疾患名は「Transsexualism（性転換症）」もしくは「dual-role transvestism（両性役割服装倒錯症）」である（「gender identity disorder of childhood（小児期の性同一性障害）」はある）。

　厳密に言えば，2013年以降，「性同一性障害」の診断の根拠が失われ，「GID特例法」が求める「必要な知識及び経験を有する二人以上の医師の一般に認められている医学的知見に基づき行う（性同一性障害）の診断」書は出せない状況になっている。実際，良心的な医師は「性同一性障害（DSM-4-TRによる）」というような注釈付きの診断書を出していると聞く。すでに過去のものになった診断名・診断基準によって診断書が出されているという奇妙な状況になっている。

　また，ICD-11で精神疾患でなくなることにより，「GID特例法」が「必要な知識及び経験を有する医師（実態的には精神科医）による診断を求める論理的前提が崩壊することになる。

　つまり，「GID特例法」は，2022年以降は定義的にも論理的にも成り立たなくなる。それまでに法改正，もしくは「GID特例法」の廃止・新法の制定が必然的になる所以である。

　ところで，2014年5月30日，WHO（世界保健機関）など国連諸機関が「強制・強要された，または不本意な断種手術の廃絶を求める共同声明（Eliminating forced, coercive and otherwise involuntary sterilization - An interagency statement)」を出した。その内容は，トランスジェンダーやインターセックスの人々が，希望するジェンダーに適合する出生証明書やその他の法的書類を手に入れるために，断種手術を要件とすることは身体の完全性・自己決定の自由・人間の尊厳に反する人権侵害である，というもので，性別変更に性別適合手術を必須とする法システムは人権侵害という考え方が明確に打ち出

第3章　LGBTと法律　日本における性別移行法をめぐる諸問題

された。

　これを受けて、それまで手術要件を定めていた各国（スウェーデン、ドイツ、イタリア、オランダなど）は次々に手術要件を撤廃していったが、日本の「GID特例法」は今なお厳格な手術要件（第3条4・5項）を定めていて、WHOなどの勧告に明白に抵触しているにもかかわらず、改正（手術要件の撤廃）の動きは進んでいない。

（図1）

　トランスジェンダーの人権団体「Transgender Europe」によれば、ヨーロッパ地域では、2018年段階で、性別変更にsterilization（直訳は不妊手術、意訳すると生殖腺の切除を伴う性別適合手術）を必要としない国がすでに圧倒的に主流になっている（図1）。日本と同様に手術を必要とする国は、フィンランド、ラトビア、ルクセンブルグ、チェコ、スロバキア、ルーマニア、ブルガリア、セルビア、ボスニア・ヘルツェゴビナ、モンテネグロ、トルコ、ジョージア、アルメニアなど限られた国になっている（アルバニア、マケドニア、コソボ、キプロスは性別変更自体が違法）。

　欧米の人権思想・国際人権法の文脈では、日本でいう「性別適合手術」も「sterilization surgeries」（断種手術・不妊手術）のひとつになる。まして「性別適合手術」が性別変更の要件になっている場合は、「involuntary」（非自発的な、暗黙の強制に近いニュアンス）と見なされる。

　こうした日本の性別適合手術の構造的な「強制」については、すでに2016年の国連女性差別撤廃委員会による履行状況調査や、2017年国連人権理事会の人権状況審査で改善勧告を受けるなど問題視されている[16]。さらに最近になって、いっそう厳しい視線が送られるようになった。たとえば、2019年3月、イギリスの老舗の経済誌『The Economist』は「The Supreme

Court agree that transgender people should be sterilised（最高裁判所はトランスジェンダーの人々は断種されることに同意した）」と題する日本発の記事を掲載し，性別の変更に手術が必須とされる日本の司法判断を批判的に紹介している。また，ほぼ同じ時期に，国際的な人権NGO「Human Rights Watch」は，「高すぎるハードル　日本の法律上の性別認定制度におけるトランスジェンダーへの人権侵害」と題する詳細な報告書（英語・日本語）をまとめている。さらに同年5月には，WPATH（World Professional Association for Transgender Health＝トランスジェンダーの健康のための世界専門職協会）が，「GID特例法」の改正（「手術要件」の撤廃）を強く要請する文書を，日本の法務省と厚労省に送付した。

　これまで日本では，性別適合手術は大勢の当事者が望んでいることであり，「強制」「強要」には当たらないとする考えが主流だったが，しかし，「GID（性同一性障害）学会」2019年3月の第21回研究大会・総会で，WHOなどの共同声明を支持し，手術要件を撤廃した法改正を求める理事会決定を承認するなど，変化が起こっている。

　他の要件についても国際的な人権規範に照らしてみよう。「GID特例法」第3条の2・3号（非婚要件・未成年の子なし要件）は，現代における国際的かつ基本的な人権規範である「ジョグジャカルタ原則」の第3原則に明らかに抵触する。第3原則「法の下に承認される権利」は，「各個人の自己規定された性的指向や性同一性はその個人の人格に不可欠なものであり，自己決定権，尊厳，自由の最も基本的側面の一つである」とした上で，「結婚してい

16　谷口洋幸「人権としての性別―ヨーロッパ人権条約の判例が示唆すること―」（『ジェンダー法研究』5，2018），同「トランスジェンダーと人権―特例法と医療のあり方を問う」（『GID（性同一性障害）学会』雑誌』11-1，2019）

17　『The Economist』2019年3月16日号，26-27頁
　　https://www.economist.com/asia/2019/03/14/japan-says-transgender-people-must-be-sterilised

18　ヒューマン・ライツ・ウォッチ「高すぎるハードル　日本の法律上の性別認定制度におけるトランスジェンダーへの人権侵害」（2019年3月）
　　https://www.hrw.org/ja/report/2019/03/19/328061

19　WPATH Submits Letter to Japanese Government Officials re Identity Recognition

る，あるいは親であるといった社会的身分もその当事者の性同一性の法的承認つまり法的性別変更を妨げない」と明記しているからだ。

「GID 特例法」第３条の４・５号（生殖能力喪失要件・外性器形態近似要件）も，ジョグジャカルタ第３原則の「性同一性の法的承認，つまり法的性別変更の条件にホルモン療法や不妊手術や性別適合手術といった医学的治療は必須とされない」に明確に抵触する。

つまり，国際的な人権原則に照らすと，日本の「GID 特例法」の第３条（要件）は，「二十歳以上であること」とする第１号の「成人要件」以外の４項目すべてが「問題あり！」ということになる。

⑵ 新たな「性別移行法」の必要性

ICD-11 で「gender incongruence（性別不合）」が置かれる第 17 章「conditions related to sexual health（性の健康に関連する状態）」は，１〜16 章の disorders（疾患）と疾患ではない 18 章「妊娠，分娩又は産褥」の間に置かれている。つまり，疾患とはいえないが，健康でもない conditions（状態）という位置づけと理解される。

こうした位置づけを踏まえた場合，性別の移行に際し，病理を前提とする「GID 特例法」のような法制度はすでに過去のものになりつつあると思う。現在，法的な性別移行に際して，医師の診断を必要としない法制度をもつ国は，アルゼンチン，デンマーク，ノルウェー，アイルランド，フランス，マルタ，ギリシャなどまだ少ないが，2019 年に ICD-11 が採択され，性別移行の脱精神疾患化が達成されたことで，今後は医師の診断を必要としない形態が急速に増えていくと思われる。

現行の「GID 特例法」には，国際的な人権規範に照らして様々な問題があり，日本の現状は，性別の変更を望む人たちの人権が侵害された状態といえる。とりわけ，戸籍変更のために必ずしも望まない手術を受けざるを得ない状態は，費用負担，身体への負荷，医療事故などの面でリスクが大きい。法律による生殖を不能にする手術への誘導は可及的速やかに止めるべきだ。

結論として，現行の「GID 特例法」を廃して，人権を前提とし，ジョグジャカルタ原則や国連諸機関共同声明などの国際的な人権規範に則った，新

たな「性別移行法」を制定する必要があると考える。

ところで，2019 年 1 月，「GID 特例法」の生殖機能を失わせる手術を必要とする要件の違憲性が問われた家事審判で，最高裁判所が「現時点では合憲」とする決定を出した（最高裁判所第二小法廷平成 31 年 1 月 23 日決定裁判所時報 1716 号 4 頁）。注目すべきは「現時点では合憲」だが「社会状況の変化に応じて判断は変わりうる」とし「不断の検討」を求めていることだ。ジェンダーやセクシュアリティの問題については硬直的・保守的な判断が多い従来の日本の司法の在り方を知るだけに，良い意味で意外だった。

また，2 人の裁判官の「憲法違反の疑いが生じていることは否定できない」という補足意見が明らかになったこと，生殖機能を失わせる要件についての WHO などの反対声明（2014 年），欧州人権裁判所の欧州人権条約に違反するとの判決（2017 年）など世界の潮流にも言及していることなども，今後，最高裁が求める「不断の検討」（今後の議論）を進めるうえでの足がかりとして評価できる。まだ曙光が差してきたというところまではいかないが，夜明けは近づきつつある。[20]

(3) 「新・性別移行法」の制定のポイント

最後に，近い将来，「新・性別移行法」を制定する際に留意ポイントを記しておこう。[21]

① 病理を前提としない。

② 年齢以外の要件を規定しない。

20　女性への性別変更を求めた男性について，家庭裁判所が女性と婚姻関係にあることを理由に認めなかった判断の抗告審で，2019 年 6 月，大阪高等裁判所が「GID 特例法」の「非婚要件」を「同性同士の結婚という現行法で認められていない状態が生じ，社会を混乱させかねないことを避けるなどの配慮に基づくもので，不合理とは言えない」として，即時抗告を却下した。原告は最高裁判所に特別抗告する。

21　この点については，2018 年 5 月 31 日「日本学術会議法学委員会 LGBTI 分科会」で「性別移行のパラダイム転換への対応についての提言」と題して報告した。また，「GID 特例法」の改正をテーマにした論考として，石嶋舞「性同一性障害者特例法における身体要件の撤廃についての一考察」（『早稲田法学』93-1，2017），同「生殖能力と登録上の性別が乖離した場合に要される法的対応に関する一考察——性同一性障害者特例法の改正を念頭に——」（『早稲田法学』93-4，94-1，2018）がある。

第3章　LGBTと法律　日本における性別移行法をめぐる諸問題

③　家庭裁判所での審判システムを残す。
④　「お試し期間」（Real Life Experience）を設ける。
⑤　興味本位の乱用や再変更の頻発を防止する工夫。

　病理を前提にしないことについては，前節で述べたように，病理を前提化する必要がない状態になりつつあること，性別変更を望むより広い人々に機会を開くことが重要だと考える。ただ，統合失調症などの妄想に基づく性別移行を防止するために，精神科医の除外診断はあってもよいと思う。

　年齢以外の要件を規定しないことについては，やはり前節で述べたように，現行5要件の内4要件が国際的な人権原則に照らして明らかに問題があるからだ。成人要件については，成人年齢が20歳から18歳に引き下げられることに対応して，「十八歳以上であること」になるだろう。この点については，さらなる引き下げや年齢制限の撤廃を望む意見もあるだろうが，思春期以前の性別違和が不安定・不確定であること，保護者の恣意による影響を排除する必要があること，自己決定を重視することなどの観点からも，成人要件だけは残すべきだと考える。非婚要件については，同性婚の抜け道にならないよう同性婚の法制化が並行してなされるべきである。

　また，手術要件の撤廃については，公衆浴場や温泉施設における男女完全分離・同性全裸入浴という日本特有の慣習との兼ね合いから反対意見が出ることが予想される。しかし，明治期に成立した慣習と人権のどちらが優先されるべきかを考えた場合，社会慣習を絶対視して人権を否定することは本末転倒であり，おかしいと思う。社会慣習との慎重な擦り合わせは必要だが，入浴方式の一部変更（具体的には，従来方式と，水着・湯あみ着を着用した上での男女混浴とのツーウェイ化）などで別途対処すべきだろう。

　家裁での審判システムを残すことについては，たとえ審判が形式的であっても，乱用防止の効果があると思う。アルゼンチンなどで実施されている単に役所に性別変更を届け出る性別変更方式は，乱用による社会的混乱という点で不安がある。

　「お試し期間」（Real Life Experience），たとえば1年程度を設けることは，

性別移行の実質性を担保するために必要だと思う。女性として生活する気がない男性が女性への変更を，逆に男性として生活する気がない女性が男性への変更を申請するなど，性別変更の実質がないケースを防止する効果がある。また，試験的に望みの性別で実際に生活してみれば，さまざまな思いがけない困難に直面し，性別変更を再考・熟慮する機会にもなるだろう。

　興味本位の乱用や再変更の頻発を防止する工夫としては，性別変更と申請と許可の間に「熟慮期間」として一定期間（たとえば1年）を置くことで，かなり防げるのではないだろうか。その期間は同時に「お試し期間」にもなる。また，再変更を一定期間（5年，もしくは10年）禁止することも，浅慮（思いつき，思い込み）による性別変更を防止する上で効果的だと思う。

5　おわりに

　現在の政治状況では，「新・性別移行法」の実現は容易ではないが，国際的な人権概念（性別の自己決定）に照らして，恥ずかしくない法制度を望みたい。同時にそれは，より多くの性別移行を望む人たちが享受できる法制度であるべきだ。性別を越えて生きるトランスジェンダーの人権が日本社会に中できちんと守られることこそが，より多くの人々の福祉につながり，性的な多様性を包摂した21世紀の共生社会を作っていく道筋だと考える。

第**4**章

LGBT と行政

具体的な施策実現過程

1 はじめに

(1) 問題提起

性的指向又は性自認にかかる諸問題は，行政においてどう位置づけられるのであろうか。また，これまでどのように位置づけられてきたのであろうか。

行政がよって立つ原理として「法の支配の原理」「法律による行政の原理」が挙げられる。この原理は，人の支配に対置される概念であり，行政のあらゆる活動は，この原理の下にある。それゆえ，行政は，法令（条例等を含む。）で定まっている事柄については，個々の担当者の主観的な思いにかかわらず法令に基づき施策を進めていく。

それゆえ，行政にとって，性的指向又は性自認にかかる諸問題，いわゆるLGBT（性的マイノリティ，LGBTII，LGBTQ，LGBT'S，SOGI 等様々な表記で取り扱われるが，本書では，「LGBT」との表記を用いることとする。以下同じ。）にかかる諸問題に対してどのように取り組むべきなのかについては，どの法令のどの規定を根拠に取り組むべきものなのか，その根拠法令を明確にする（制定又は解釈等）ことが重要となる。この根拠付けが明確になることで，その事柄を所掌する部署が定まり，又はその部署の所掌事務が追加され，LGBT にかかる諸問題への解決や対応の道筋が開かれていくのである（「規定付け」効果）。

本論稿では，先行する自治体による LGBT 施策の展開を辿ることで，行政が LGBT にかかる諸問題にどのように向き合い，解決又は改善をしてきたのか，その具体的道筋を提示することを目的とする。

はじめに

⑵　これまでのLGBTにかかる法令等の環境整備の状況

　LGBTにかかる諸問題にどのようなものがあるのかについては，例えば，「性自認および性的指向の困難解決に向けた支援マニュアルガイドライン（第2版）」（以下「LGBTガイドライン」という。[1]）が網羅的にまとめており，教育，就労，医療，民間サービス，公共サービス等の項目の下に，現状における困難事例が挙げられている。その他新聞等で様々な不都合が挙げられている。

　こうした諸問題は，固定的な男女二元論を前提とした様々な社会制度，社会的規範，ラベリング等に起因する場合が多く，当事者が社会的生きづらさ，自己肯定感の喪失，自死念慮等に追い込まれるとのエビデンスがLGBTガイドラインにも挙げられており，命にかかわる問題であるとして，行政が取り組むべき喫緊の課題となっている。

　では，このような現状を行政はどのように改善していけるのだろうか。

　行政と一口で言っても，国・都道府県・市区町村等のそれぞれの行政の役割があり，それぞれのレベルで，対応策が求められる。

　現状は，国レベルの法律に関していえば，直接LGBTにかかる差別を禁止ないし解消し，積極的改善措置を促進するような法律は，制定されていない。一方，地方レベルの条例に関していえば，いくつかの自治体においてはLGBTにかかる差別を禁止する条例規定を設けるという形で対応しているが未だ少数自治体であるというのが現状である（なお，公法学の学問的整理の観点からすれば，要綱は厳密には法令という括りの中では入らないが，要綱によるパートナーシップ制度としての取組は全国で展開が進んでおり，かかる手法の象徴的意義は大きい。）。

　1　性的指向及び性自認等により困難を抱えている当事者等に対する法整備のための全国連合会監修・著「性自認および性的指向の困難解決に向けた支援マニュアルガイドライン（第2版）」（編集・発行：一般社団法人社会的包摂サポートセンター，2019年3月31発行）。また，筆者も関与しているが，地方自治体向けのLGBTに関する施策集として『LGBT自治体施策集』（2019年2月）をネット上で公開しており，ここでも現状の諸問題を上げている。

61

第4章　LGBTと行政　具体的な施策実現過程

2　行政が取り組む根拠

(1) LGBTの諸問題を憲法上どう位置付けるか
　ア　人権の中核的な権利利益であるとの理解
　　LGBT施策に行政が取り組むに当たり，そもそも法的にはどのような問題なのかを明らかにしておく。
　　㋐　憲法13条の問題
　　　この点，憲法の通説的見解の体系書の目次・索引又は憲法13条の記述及び14条の性別の記述箇所において，筆者のように，憲法13条後段の幸福追求権の一内容として，性的指向の権利利益及び性自認の権利利益を明確に位置づけているものを調べた限りでは見つけることができない。
　　　しかし，自分が男なのか女なのか，生物学的な意味でのsexと主観的な認識の面での相違がある場合（性自認の問題），また，異性を愛する，同性を愛する，両性を愛するというように，どのような人を愛するのか，どのようなパートナーと人生を歩んでいくのかという問題（性的指向の問題）は，自己の人格的自律権すなわち，憲法13条が保障する幸福

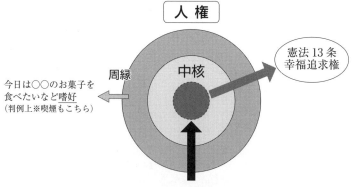

【図表4－1　憲法13条の人格的自律権の範疇であるとの見解図】

62

追求権の中核的権利利益であるといえるものである[2]（図表4─1）。これまで，判例上明文なくとも新しい人権として憲法上の権利として保障されてきたプライバシー権等の権利と同様，性的指向及び性自認をかたどる権利利益は，憲法13条の幸福追求権の範疇として保障されるべきものといえる。

　従前，当事者からの訴えや悩みや社会的困難等のエビデンスが法学者や法制度設計者に十分に理解されずにきたことから，こうした固定的な男女二分論を前提とした制度設計がされてきたにすぎない。従前の男女二分論的思考に基づく制度は，LGBTの権利利益，すなわち人権保障の観点から改善していかねばならない。

　例えば，性的指向に関し，中学生になれば異性を好きになることが当たり前であるとの教科書・参考補助書・ガイド書等の記述に基づき授業が行われている現状は，ゲイ，レズビアン，バイセクシャルの生徒たちにとっては，自分がその典型から逸脱し，普通ではないと感じ，異性を好きにならない自分は異常なのかとの内部的問いを自分に向けてしまう。本来個々人を認め，一人ひとりの生徒の能力を開花させるための学校教育が，個々人の自己肯定感を否定する教育を行っているとの現実が報告されているのである。また，性自認に関しては，体と心の性が一致しない生徒にとっては，学校でのトイレ利用が苦痛でトイレに入れない，修学旅行での団体行動がつらいとの報告がなされている。

　こうした個々の生徒の生きづらさに学校現場は十分な対応ができていない。さらにテレビ等でも男女，おかま，ホモ等の言葉が公然と使われ，お笑いの対象とされている状況は続いている。典型的な男と女の概念（本来それ自体が曖昧）から外れる男らしくない男や女らしくない女と

2　憲法13条が定める幸福追求権は，個人の人格的生存に不可欠な利益を内容とする権利の総体と解される（人格的利益説）。そして人格的生存に不可欠な重要な私的事柄について，公権力から干渉されることなく自ら決定することができる権利，すなわち自己決定権（人格的自律権）は同条を根拠に認められるものである。芦部信喜『憲法学Ⅱ人権総論』（有斐閣，1994）392-393頁。

いうその場の空気に支配されるような曖昧なジェンダー感で学校現場や職場でのいじめが行われている実態が存在しているのである。筆者自身も現実に数多く見聞している。そして，これらの問題は，例えば，お茶が好きな友人とコーヒーが好きな自分というような形で相対化できる問題とは異なるし，今日はチョコレートが食べたいというような嗜好の問題と同列に論じられるものではないのである。

同性婚が認められていないという法制度の問題から，同性での公営住宅・民間住宅の入居拒否の問題，就活での差別，学校生活において性自認と異なるトイレやお風呂に入らざるを得ない問題，制服の選択が許されない問題など，ライフステージのあらゆる場面で，LGBT にかかる人権問題が続いている現状があるのである。

憲法13条の幸福追求権の問題として，行政が取り組まねばならない事柄であるとの共通認識を広めて行かねばならない。憲法学・行政法学の学問領域においても，LGBT にかかる法的諸問題を，公法学のど真ん中の領域で論じていく必要があろう。

(イ) **憲法14条の問題**

また，前述したように，自己の性的指向・性自認を尊重されて安全安心に日常生活を営むことは憲法13条が保障する基本的人権であり，この重要な憲法上の権利について合理的理由なく差別的取扱いを行うことは「性別」に起因する差別であり，憲法14条に抵触すると解釈される。

そして，この差別に該当するか否かの判断基準としては，「性別」は14条後段列挙事由となっており，かかる後段の列挙事由は，歴史的に不合理な差別が行われた代表的な事項を列挙したものであると考えられており，差別的取扱いが違憲であるか否かがより厳格に判断されるべきとの見解，原則として違憲性を推定するとの見解，立証責任を行政側に転換するとの見解等が有力である。

ここで，行政として LGBT に関して，憲法14条違反（その具体化としての地方自治法244条2項違反等）が問題となった事例として，必ず押さえておかねばならない裁判例として，東京高裁第4民事部平成6年（ネ）

1580 号・平成 9 年 9 月 16 日判決[3]を挙げておく。同性愛者の団体からの青年の家の利用申込みを不承認とした教育委員会の処分が違法であるとして損害賠償を一部認容した事案である。

自治体公務員にとっての職務遂行上の指針となる判決文として一部抜粋しておく。「平成 2 年当時は，一般国民も行政当局も，同性愛ないし同性愛者については無関心であって，正確な知識もなかったものと考えられる。しかし，一般国民はともかくとして，都教育委員会を含む行政当局としては，その職務を行うについて，少数者である同性愛者をも視野に入れた，肌理の細かな配慮が必要であり，同性愛者の権利，利益を十分に擁護することが要請されているものというべきであって，無関心であったり知識がないということは公権力の行使に当たる者として許されないことである。このことは，現在ではもちろん，平成 2 年当時においても同様である。」

行政が向き合うべきは，憲法その他各種法律・条例等の明文規定であるが，その解釈が一義的に確定しているものばかりではない。むしろ時代によって知見を先取りして，より国民・住民の権利利益を実現する方向でアンテナを立てて対応していくことが求められよう（新しい人権を包摂する規定としての憲法 13 条（幸福追求権），住民の福祉増進を規定する地方自治法 1 条の 2 の規定等参照）。

この裁判の射程としては，性的指向に限らず，性自認を含めた LGBT にかかる差別事案に広く及ぶと考えるべきである。従前の「性別」の解釈として，固定的な男女二分論を墨守した解釈をするのではなく，性（別）がグラデーションであること，性のスペクトラム的理解をしていくことは，「現在ではもちろん」「行政当局としては……知識がないということは……許されない」事柄であると理解すべきである。

この観点から憲法 14 条の解釈を再構築して，LGBT 施策推進に結び付けなくてはなるまい。

3　判例タイムズ 986 号 206 頁。判例地方自治 175 号 64 頁。

第 4 章　LGBT と行政　具体的な施策実現過程

㈦　憲法 24 条の問題

　現行民法上同性婚が認められていない現状については，憲法 24 条 1 項が「婚姻は，両性の合意のみに基づいて成立し」と規定していることから，この条文の法解釈が論点となっている。この点，両性とは，「男性」と「女性」を表しており，男性と女性の婚姻のみを認めていると解釈する見解が多数説である[4]。これに対して，本条の制定経緯を重視し，その制定経緯は，家父長制度を否定し両当事者の合意のみで婚姻できるというところに意味があるのだという見解に立てば，少なくとも憲法 24 条 1 項は同性婚を禁止していないという結論になり，同性婚を認めるか否かは立法論又は法解釈論になるのである。性はグラデーションであるとの理解も肯定説の論拠となろう。

イ　施策実現の主体としての公務員

　LGBT の諸問題について，憲法を頂点とする法令上の位置づけを明確にした上で，実際に，LGBT の諸問題を解決していく施策実現主体としての公務員の義務についても確認しておく必要がある。

　すなわち，公務員には，憲法 99 条で憲法尊重擁護義務が課せられている。そして，その旨の宣誓を行う（国家公務員法 97 条，地方公務員法 31 条）とともに，法令に従う義務が課せられているのである（国家公務員法 98 条，地方公務員法 32 条）。LGBT にかかる諸問題を後述する法的思考に則り解決していく義務が，個々の公務員一人ひとりにも課されているのである。

⑵　LGBT の諸問題を解決していくための法的思考（リーガルマインド・体系的思考）

　では，上記のように，憲法上の人格的自律にかかる諸問題が起きているという現状のなかで，どのようにして，行政の制度設計及び運営改善をしていけばよいのであろうか。法体系の理解すなわち，次のような三角形構造・体系図（図表 4 ― 2）を基に考えていくことが重要である。

4　長谷部恭男『憲法（第 7 版）』（新世社，2018）

行政が取り組む根拠

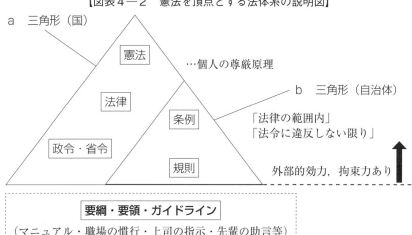

【図表4-2　憲法を頂点とする法体系の説明図】

鈴木秀洋『自治体職員のための行政救済実務ハンドブック』（第一法規，2017）55頁参照

ア　上位法への遡り思考

　施策展開をするためには，上記の体系図を意識することが重要である。上位法への遡り思考の癖がない職員は，目の前に仕事上の要綱・要領やマニュアル等がない場合に，住民等の要望を窓口でシャットアウトしてしまう危険がある。要綱・要領・マニュアル等に規定がないことは，やらないとの理屈にはならず，上記図でいえば，より上位法に遡り，当該目の前で質問や要望を申し出ている住民の権利利益はどういうものなのか，憲法上の権利が関わる事柄ではないのか，その視点から考察することが大切なのである。LGBTにかかる諸問題について，目の前の人の権利利益を守るために，憲法上の権利利益が関係してくる事柄で，その解決のためには，法律や条例が有効であると考えられるのであれば，法律の制定や条例制定を考えることになる。

　こうした観点から，いくつかの法律の例を挙げておく。

　例えば，①日本に居住している外国出身者やその子孫に対する差別意識を助長・誘発し，地域社会から排除することを扇動するような言動の解消

第 4 章　LGBT と行政　具体的な施策実現過程

に取り組むことを目的として「本邦外出身者に対する不当な差別的言動の解消に向けた取組の推進に関する法律」（いわゆるヘイトスピーチ解消法）が制定されている（平成 28 年法律第 68 号。2016 年 5 月成立・6 月施行）。②また，国連の「障害者の権利に関する条約」の締結に向けた国内法制度の整備の一環として，全ての国民が，障害の有無によって分け隔てられることなく，相互に人格と個性を尊重し合いながら共生する社会の実現に向け，障害を理由とする差別の解消を推進することを目的として，「障害を理由とする差別の解消の推進に関する法律」（いわゆる「障害者差別解消法」）が制定（平成 25 年法律第 65 号。2013 年 6 月成立・2016 年 4 月 1 日施行）されている。さらに，③現在もなお部落差別が存在するとともに，情報化の進展に伴って部落差別に関する状況の変化が生じていることを踏まえ，部落問題の解消に向けた取組を推進し，その解消のための施策として，国及び地方公共団体の相談体制の充実や教育啓発の推進に努めることを目的として，部落差別の解消の推進に関する法律（平成 28 年法律第 109 号・2016 年 12 月 16 日成立・施行）が制定されている。

　こうした他の法分野と比較すると，前述したように，LGBT に関しては，現在総合的包括的な差別禁止ないし差別解消法の法律はない。個別具体の法律での対応しかなく，総合的な対策がなされていない。それゆえ，総合的かつ包括的な対応が望まれているのである。

　なお，付言しておくと法案制定の方向性として，現在大きく二つの考え方の対立が生じている。一つは，LGBT にかかる諸問題に関しては，理解増進という柱を先行させるべきとの考えであり，もう一方は，差別禁止・解消を柱とすべきであるとの考えの対立軸が政治運動と関連して存在している。この点，筆者は，二つの考え方の骨子・両法案に関して，比較検討を行っており，詳細は拙稿「性的少数者に関する二法案の比較考察 - 立法

5　内閣府 HP　障害を理由とする差別の解消の推進 https://www8.cao.go.jp/shougai/suishin/sabekai.html
6　法務省 HP「同和問題（部落差別）に関する正しい理解を深めましょう」http://www.moj.go.jp/JINKEN/jinken04_00127.html

法務・法制執務の視点から」[7]に譲るが，理解増進と差別解消とで対立する問題ではなく，差別解消という土台の上に理解増進施策を載せた二層構造の法案作りが求められると考えている。そして，具体的制度設計のない法案ではなく，理解増進の柱を立てるにしても，具体的計画や審議会の設定，相談・研修制度等の具体化を盛り込むことが必要であると考える。また，例示で挙げた上記差別解消にかかる三つの法律の実効性・効果測定の下，より効果の高い法制定を早急に行うべきと考える（具体的提言も行っている。）。

イ　法務力発揮の3段階思考

LGBTの諸問題に関して権利侵害の申し出がある場合等国民・住民の権利利益の保障が十分でない状況が様々報告されている中で（違法だけでなく不当という領域への対応も含む。）[8]，それを改善するためには，行政側として三つの法務対応により権利利益を保障することが考えられる。その法的手法としては，①立法法務，②解釈法務，③訴訟政策法務の三つが挙げられる。

例えば，同性婚の制度が保障されていないことによる不都合が訴えられている事案，心と体の不一致により学校等の共同トイレの利用が難しいという事案，制服のスカート着用を強制されている事案など，ライフステージのそれぞれの場面で，LGBTが生きづらさを感じる場面は多々生じている。個別具体の対応により例えば窓口対応の改善で済む場合もあれば，個別対応では済まずに制度改正が必要なものも多々ある。それらをどのような法的位置づけの下，どのような手法で権利実現し，不都合な現状を改善・解消していくのか，その実現手法を行政側としては探る必要がある。

まずは，一つ目として立法法務についてである。現状の様々なLGBT

7　鈴木秀洋「性的少数者に関する二法案の比較考察(1)(2) – 立法法務・法制執務の視点から」『自治研究』93巻7号（2017年7月）83-98頁及び93巻8号（同8月）76-92頁。

8　行政不服審査法の射程及び住民監査請求の射程は，ともに，違法のみでなく，不当も審査対象となっている。鈴木秀洋「「不当」要件と行政の自己統制―住民監査請求制度と行政不服審査制度」『自治研究』83巻10号（2007年10月）104-122頁。

にかかる差別事案に対して，例えば担任の教員個人に対してLGBTに関する個々的な対応（当事者に特別のトイレ対応をするなど）を求めるというだけでは解決しないのであって，包括的かつ総合的なLGBT差別禁止・差別解消・理解増進法を策定する等の手法により，抜本的かつ全体的な解決を目指すことが望まれる。また，現在訴えが提起されているが，行政側が同性婚を具体的に認めるための民法改正・戸籍法改正を提案し，同性婚を法制度として認めるという手法が考えられる。自治体レベルでは同性パートナー制度を条例等によって実現していくという手法が既に先例として存在する。

二つ目として解釈法務についてである。立法法務の手法とも関連するが，法制度を創設せずとも，現行の憲法ないし法律等の法解釈を行う（変更する）ことで，LGBTにかかる諸問題を解決する手法である。前述した上位法への遡り思考により，例えば，現行法の下でも同性パートナー同士の公営住宅の入居を可能とする法解釈を行うこと，性転換後のホルモン調整が必要となる通院を特別休暇制度として認める法解釈を行うことなど，かかる法解釈を明示してガイドライン等を整備・周知していくことが有用である。同性婚の例であれば，憲法14条及び24条は少なくとも同性婚を禁止しておらず許容しているので憲法改正は不要であるとの法解釈論に立つことになる。

三つ目として訴訟政策法務についてである[9]。LGBTにかかる諸問題はこれまでも多くの裁判事例が積み上げられている。裁判制度は弁論主義に則り，被告が原告主張事実に限り，かつ，主要事実に絞った法解釈に基づく攻撃・防御を行うこと自体は，裁判手続としては通常のことである。しかし，国・自治体が主権者である国民・住民と向き合う訴訟と，私人同士の訴訟とでは，同じ被告の立場でも求められる訴訟活動（行政の基本原則としての説明責任，透明性の原理，公正の原理等は訴訟活動にも適用されるべきである。）

9　鈴木秀洋『自治体職員のための行政救済実務ハンドブック』（第一法規，2017）3頁，69頁。

は異なるはずである。行政は，国民・住民側と徹底的に争うことに腐心することなく，訴訟過程において明らかとされた不備・課題については，判決の内容如何，判決前であるか否かにかかわらず，積極的に改善を行っていくことが求められる。このように考えることで裁判は新たな政策や改善策の宝庫となり，イノベーション的な改善の道標になるのである。

上記と関連して，2019 年 2 月 14 日に 13 組の同性カップルが国を被告として，全国 4 地裁に提訴した民事裁判（第 1 回口頭弁論は同 4 月 15 日）は，同性婚を認めない民法や戸籍法の規定は憲法に反するなどと主張しているが，この裁判も上記三つの観点から考察できるものである。国側は，①民法や戸籍法を改正するという立法法務，②憲法は同性婚を許容しているという法解釈（少なくても憲法 14 条・24 条は禁止説ではなく許容説の見解）のもとで，民法・戸籍法の運用を改めるという解釈法務，③当該訴訟を契機に法的主張を行う過程で民法・戸籍法の運用を改善していく（立法へ結び付ける）という訴訟政策法務（PDCA の改善サイクル）手法を選択する，裁判の結果いかんにかかわらず，現に同性婚を認められずに当事者が受けている精神的・経済的不利益に思いを馳せるのであれば，それを解消・改善するための施策展開を積極的に行っていくことは行政にとってはあるべき姿である。この施策展開が他の人権侵害を生ずる等の弊害があるような場合であれば，その調整が必要となるが，この論点についてはそのような弊害は考えがたい。

ウ　各種行政計画の中での実現

上記の憲法への遡り思考と関連するが，自治体行政が政策・施策を実現していく典型的手法として，行政計画が挙げられる。前述した【図表 4―2　憲法を頂点とする法体系の説明図】の法体系を前提にしつつ，各種政策・施策実現のための行政計画体系を定める。典型的には自治体の目指すべき方向性・理想を掲げる最高位に位置づけられる，①基本構想をまず定める。次にその基本構想に則った，②基本計画・③実施計画を定めて自治体行政の方向性，進むべき進路・ロードマップを定めるのである。そして，上記①〜③と一体のものとして，④各種個別計画（子ども子育て計画，

第4章　LGBTと行政　具体的な施策実現過程

女性推進計画等）等の四つの形式に落とし込んでいくのである。

　こうした，行政計画に書き込みを行うことで，具体的な施策が具体化していくのである。

　その意味で，各種行政計画にLGBTにかかる諸施策を書き込んでおくことが重要である。

エ　住民側から行政に施策実現をアプローチする手法・視点

　行政としては，長の意欲・理解度，担当者及び担当チームの意欲・理解度，施策推進のための支援団体・学識者との付き合い方，議会との関係等により，施策展開の道筋は異なって来よう。詳細は，本論稿の主旨からそれるので，本論稿では注書にイメージ図を掲載することのみとする。

3　自治体の施策実現の過程・手法──文京区がLGBT差別禁止条項を定めるまで

　これまで論じてきた，法的思考・行政としての必要な知見等を前提に，実際の自治体におけるLGBTにかかる施策展開を検証することにする。

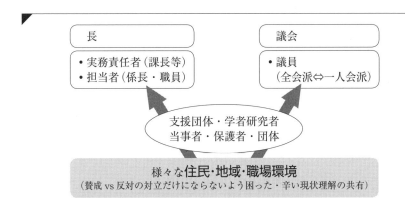

10　行政がどのようなシステムで動くのかについてイメージ図を作成してみた。住民側から行政に対して施策実現を訴えていくためには上記のような図をイメージしておくとよい。地方自治法は二元制をとっているので，首長部局への働きかけと議会への働きかけとがある。首長部局への働きかけを行う場合にも首長に直接訴えた方がよいのか，担当課長に働きかけた方が良いのか案件によって一様ではない。また，支援団体，学者研究者等がエビデンスを示していくことで，執行機関や議会が動きやすくなるということもある。

文京区は，平成 25 年 9 月 27 日公布・同 11 月 1 日施行の文京区男女平等参画推進条例を制定し，この条文第 7 条 1 項の禁止事項として性的指向・性自認に起因する差別的取扱いを禁止する条項を定めた。

　同 7 条では次のように規定している。

　「何人も，配偶者からの暴力等，セクシュアル・ハラスメント，性別に起因する差別的な取扱い（性的指向又は性的自認に起因する差別的な取扱いを含む。）その他の性別に起因する人権侵害を行ってはならない」。

　この条例制定までの歩みを検証することは，他自治体における LGBT 施策展開に資することになると考えるので，以下詳述することとする。

　まず，この条例を提案するまでには，大きく三つの壁が存在した。①性的指向・性自認の差別を禁止する条例に関して他に先例がないという壁，②条例制定が必要であるという住民の声の高まりがなく，条例制定を求める住民意識が必要性を感じないという意識を上回るのは，平成 21 年になってからという住民意識・意識調査の壁，③議会多数派が条例制定に必ずしも積極的であるとは思われない場合の議会の壁，これらが存在していた。

　そこで，条例制定のための戦略・実践を以下のように練ることになる。

(1)　**自治体行政として取り組むべき課題か否かの検証**（庁内及び住民の理解増進）

　ア　**憲法上の人権規定に係る問題との理解**（法的・論理的問題としての理解増進）

　　LGBT に係る権利利益が十分守られていない地域の状況は，憲法上の人権規定を遵守すべき行政及び議会の立場からして，最重要課題であり，法の支配，法律による行政の原理からして当然取り組むべき事柄であるとの説明を行った。

　イ　**政党対立の解消**（住民・家族誰もが関係するテーマであるとの身近な問題としての理解増進）

　　それゆえ，政党ごとのイデオロギー対立に巻き込まれないよう，保守も革新も関係ない人の命に関わる問題であることを強調し，庁内及び庁外への取組への理解を求め，啓発を行った。

ウ　教育，医療等（自分事・当事者としての理解増進）

施策への取組に関しては，人権というだけでは自らの所管の所掌と考えられずに動かない他部署等との関係で，教育，医療・健康，経済（地域経済）にも密接不可分に関連する問題であるとの発信を併せて行うことで取り組むべきと考える関係部署を増やし，また人権問題であるというだけでは動かない（嫌悪を示す人もいる）住民等にも理解し，共感してもらうための機会を増やす努力をした。

(2)　条例制定のためのエビデンス考察・収集

ア　憲法の法体系との整合性

憲法上の根拠条文を明確にした。すなわち，個人の幸福追求権（憲法13条）の問題であり，かつ，平等権（憲法14条）の「性別」に起因する差別の問題であるとの解釈を行う。

憲法13条に関しては，憲法13条後段は，個々人の幸福追求権を保障する規定であり，個々人の性の多様性を尊重する根拠規定と考えられること，少なくとも，性の多様性を尊重する法律・条例等の制定を許容するものと解釈ができるのであり，それらを禁止する根拠とはなり得ないと考えられること。また，上記理解の下で，LGBTにかかる諸問題が，憲法14条に規定する「性別」の問題であるとすると，1項後段の「疑わしい範疇」の問題であると考えられ，差別には厳格な基準で司法審査がされる事柄であるとの理解ができるとの解釈ができよう。

この点，現行法は明確な男女二分論を前提としており，LGBTにかかる差別禁止等の法律制定がされていない段階で，条例でLGBTにかかる差別禁止を規定する条例を制定することは，条例制定権の範囲を超えているのではないか（「法律の範囲内」との制約）との反論が考えられる。

この反論に対しては，確かに従前の固定的な男女二分論を前提とした法制度は多いものの，トランスジェンダーの存在を前提とした「性同一性障害の性別の取扱いの特例に関する法律」（2003年）が既に制定されており（ただし現在この法律自体の人権侵害性が問題となっている。），このこと自体が固定的な男女二分論を否定する証左といえるとの再反論がなし得よう。

イ 国際的な流れ

日本国政府は，国連総会 66 か国共同声明原案共同提出国であること（2008 年 12 月 18 日[11]），国連人権理事会 85 か国共同声明賛同国となっていること（2011 年 3 月 22 日），国連人権理事会 SOGI 人権決議賛成投票国（2011 年，2014 年[12]）という形で，国際社会で SOGI にかかる権利保護の立場を鮮明にしてきたこと。こうした，国際的潮流の下で，自治体ジェンダー施策[13]を進めるのであれば，LGBT にかかる権利利益を保障することを，自治体レベルでも条例に書き込むことは，今の時代の男女平等条例の「標準装備」であると考えるべきである。

ウ 現実のいじめ・虐待の事実

条例制定の立法事実として筆者がもっとも重視し，強調したエビデンスが，現実のいじめや虐待事実である。これまでも当事者の声は書籍や様々な啓発のパンフレット等で学校でも配布されているし，前述の LGBT 法連合会が「性的指向および性自認を理由とするわたしたちが社会で直面する困難のリスト[14]」に様々な声がまとめられているところであるが，こうした事実が条例制定が必要であることの最大の根拠である。

なお，こうしたエビデンスを根拠とする場合，当該地域では未だこうしたいじめや虐待の報告がなされていないのではないかという問題提起がなされるところである。しかし，筆者は児童虐待対応・DV 対応の管理職を

11　日本を含む 60 余国が国連総会に人権保護促進を求める声明を共同提出している。

12　この決議は，正確には条例制定後であるが，条例維持の根拠付けの強化として説明に加えている。

13　2013 年 7 月 26 日に国連は SOGI・LGBT への嫌悪による暴力と差別を防ぐため地球規模のキャンペーン Free & Equal を開始しており，国連広報センターの HP には様々な基礎知識習得・啓発の雨のビデオ配信がなされている。2014 年 4 月 24 日には「国連の LGBT」と題する国連事務総長のメッセージでも，LGBT 平等のための取組を訴え，LGBT に対する暴力と差別を終わらせ自由と平等な世界を築くためのメッセージを発信している。文京区でもこうしたメッセージを職員研修で使用して職員啓発を行ってきた。ちなみに，文京区は UN women の日本事務所が設置されており，その親善大使であるエマ・ワトソンが He For She キャンペーンとしての世界に向けて行ったメーセージ（2014 年 9 月 24 日）の中でも，男性と女性を連続体（スペクトラム）として考えることで私達は自由になれる旨の演説がなされている。

14　LGBT 法連合会 HP http://lgbtetc.jp/news/1348/。2019 年現在第 3 版と更新されている。

第4章　LGBTと行政　具体的な施策実現過程

務めてきており，自らの経験としてもこうした事実（エビデンス）を現実に
把握し対応してきているのである。当該地域で，現実に児童虐待・DV等
の原因になっているという実態があり，このエビデンスを基に，いじめ等
で自殺等に追い込まれる事態を解消するために早急な現実対応の必要性が
あるとの訴えを行ってきた。加えていうのであれば，仮に筆者と同じ立場
に立ち得ない者が条例制定の必要性を主張する場合であっても，同様のい
じめ，虐待等の事実がないことを当該地域で立証することの方が現実に不
可能である。どうして自分の地域では，LGBT当事者はいないとの発言や
LGBT差別はないと言いきる人がいるのか理解しがたい。アンテナを立て
れば必ずその声は上げられているのである。

⑶　**文京区条例の考え方・哲学・内容の主な特徴**

LGBTに関して特に強調しておくべき根本的な考え方・哲学について三点
論じる。

ア　あえてLGBTの定義をしない

この点，LGBT概念は，歴史的には分断ではなく連帯を意味する概念で
あったとの主張がされる。しかし，類型的で属人的な報道や枠付けがなさ
れているのが現実である。こうした現状からするのであれば，LGBT概念
を定義付けすることで，LGBT概念に入りきらない，例えばXジェン
ダー，クエスチョン，インターセックスという類型の人達を排除すること
にもなるおそれ，あらたな分断を生じる危険を当時危惧した（LGBT'Sとの
概念で包括できるかの議論も行った。）。

それゆえ，定義付けを行わずに，「何人も……性別に起因する差別的な
取扱い（性的指向又は性的自認に起因する差別的な取扱いを含む。）その他の性別
に起因する人権侵害を行ってはならない」との文言で，差別を禁止すると

15　実際筆者が児童虐待対応を所管する子ども家庭支援センターの所長を務め，毎週の児童虐
待受理案件を分析してみると，いかに根深い男女二分論・固定的役割分担意識を原因とする
虐待やDV相談が多いことか実感してきた。そして，それは支援側の相談員，教師，職員に
もこうした固定的な役割分担意識をもって相談者・児童・生徒に向き合っている者が多いの
である。

の条項を設けることとしたのである。そして，この条文解説においては，国連でも使われていたSOGI（social orientationとgender identity）概念すなわち性的指向・性自認の用語を用いることとし，禁止規定に位置づけることで，定義付けはあえて行わなかったのである。誰もが有するSOGI概念，誰もが当事者（差別の加害者・被害者）となり得るという意味で禁止規定を設けたのである。

イ　苦情処理手続を設ける

また，この条項は，文京区の男女平等条例が，ジェンダー概念が固定的な男女二分論に立っていないことを鮮明にし，かつ，前提にしている。すなわち，上記禁止規定の中に括弧書きで含めているのはその趣旨である。この点，創設規定か確認規定かが争点となり得るが，そもそも，「性」の多様性を憲法13条が保障している（許容している）との見解をとり，憲法14条の「性別」が固定的な男女二分論ではなく性のグラデーションを認めていることからすれば，ジェンダーに基づく差別禁止の文脈でLGBTを語ることは論理一貫しており，注意的に規定すればよいことになる。

そして，文京区の男女平等条例は，苦情処理手続制度を設けており，当然LGBTにかかる差別事案に関してはこの苦情処理手続規定が適用されることになるのである。こうした法体系にしているのである。

ウ　拠点を設ける

条例においては，条例施策展開のための拠点として男女平等センターの設置を位置づけた。LGBT施策展開のための拠点が法的に位置づけられた意義は大きい。男女平等センターにおいては，研修講座等による啓発，相談事業等が展開されている。ジェンダー施策と一体のものとしての施策展開を想定しているのである。

エ　理念条例ではないことに関して

条例に関してしばしばその条例が理念条例か否かという議論がされる。

そして，罰則がないと理念条例であり，実効性がないのではないかとの議論がなされることがある。

しかし，行政法的にいえば，理念条例という法的に明確な概念はないの

第4章　LGBTと行政　具体的な施策実現過程

である。筆者としてはかかる類型化に意味を見出さない。仮にその類型を
定めるのであれば，条例目的を具体化する内容・制度が定められていない
ものという定義付けはできよう。例えば，いわゆる乾杯条例等自治体の宣[16]
言的な又はシンボリックな意味合いのものはあり，こうした類型の条例は
その宣言のみであれば，そう定義付けることはできよう。しかし，文京区
男女平等参画推進条例を例にとるのであれば，具体的計画策定の規定，審
議会設置の規定，上記の苦情処理制度の規定等の具体的制度設計の項目を
内容として定めてあり，理念条例という類型で括ることは不適当である。

　また，理念条例に関して付言するのであれば，理念条例か否かは，実は
条例制定後の担当者がその条例目的を実現する具体的施策展開をしていく
か否かによって形作られる不文明な概念ともいえるのである。具体的施策
展開の根拠となる条例はもはや単なる理念条例とはいわないであろう。理
念条例との説明は，行政が具体的施策展開を求められた場合の不作為の抗
弁として消極的に使われている概念にすぎないのである。

(4)　当時のマスコミ報道・新聞等の取り上げ方

　例えば，まず平成25年10月27日付け東京新聞は，「性的少数者配慮　自
治体も動く」との見出しで，一面で大きく取り上げた。東京都文京区と多摩
市の取組を取り上げ，「都内の自治体で初めて，性的指向と性的自認による
差別禁止を盛り込んだ条例を可決。多様な性的指向及び性自認を認める社会
への一歩を踏み出した。この取組に対し，内閣府や総務省の担当者が『同様
の条例は把握していない』」とのコメントを掲載している。

　また，同12月30日付け日本経済新聞では，「家族のかたち」という特集
を組む中で，「11月施行の東京都文京区の男女平等参画推進条例は性的指向
などに起因する差別的な取扱いの禁止も規定。『多様性も認めるべきだ』（担
当者）として異例の明文化に踏み切った。」との記事が掲載された。

16　地場産業の振興や日本文化への理解促進を目的とする乾杯条例について，国税庁ホーム
　　ページ「地域のお酒で乾杯！条例制定都市等一覧（大阪国税局管内）」参照 https://www.nta.
　　go.jp/about/organization/osaka/sake/kanpai/index.htm

このように，初めて及び異例という取扱いであった。この点 LGBT の諸問題に取り組む自治体は 2019 年現在においては相当数に及ぶが，法体系的に上位の条例で差別を禁止する規定を設けて，その根拠付けの下，施策展開していく自治体は未だ少数である（自治体の性的指向・性自認に関する規定の比較については別稿参照[17]）。

なお，条例制定当時，新聞を読んだ幹部職員の中には，「文京区職員の中で実際に LGBT 当事者はいるのか」「私は職員からカミングアウト受けたことがない」などという問題意識のずれた質問を筆者にしてきた者が複数おり，LGBT にかかる諸問題への対応には，まずは職員の研修が重要であることが改めて浮き彫りにされた。

4 　自治体の施策実現の過程・手法—文京区の条例制定後の取組

文京区の条例制定後の取組についてまとめてみた。条例制定は出発点にすぎない。条例制定後，単なる理念条例としないように，条例内容を具体的施策に落とし込んで具体化し，実効性を担保し，LGBT 施策の継続性を確保していくことが重要となる。

文京区では，下記図表4—3の(ア)更なる具体化，(イ)実効性担保・継続性の

【図表4—3　条例制定後の取組のポイント図】

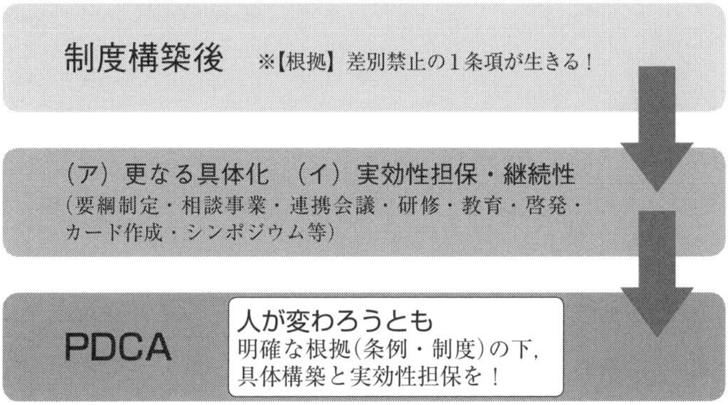

制度構築後　※【根拠】差別禁止の1条項が生きる！

（ア）更なる具体化　（イ）実効性担保・継続性
（要綱制定・相談事業・連携会議・研修・教育・啓発・カード作成・シンポジウム等）

PDCA　人が変わろうとも
明確な根拠（条例・制度）の下，具体構築と実効性担保を！

第4章　LGBTと行政　具体的な施策実現過程

二点にこだわり，以下のような施策展開を行っていった。

(1)　**相談窓口の設置及び周知の徹底**

　　これまでもLGBTにかかる相談を受け付けてはいたがLGBT相談を明記
してはいなかった。その意味で，条例制定後は，LGBT相談を行っている旨
を明記し（図表4—4），悩んでいる当事者にメッセージを送ることとしたの
である。

　　ただし，このLGBT相談を積極的に周知し行っていくということは，相
談員の資質がより問われることになる。そこで，相談員のLGBTにかかる
相談実績を踏まえ，知識・知見の確認と研修等随時行っていくことを相談窓
口を明記する前提となる事柄として重視した。そのためLGBT相談の開始
時期は条例制定よりも半年遅らせて開設した。

【図表4—4　相談窓口の設置及び周知図】

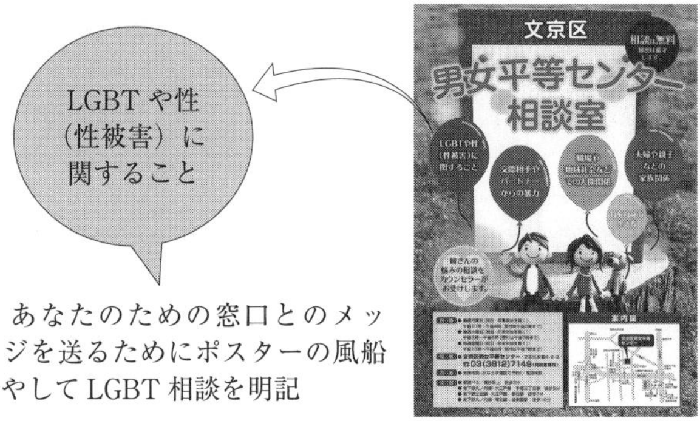

【特徴】あなたのための窓口とのメッ
　　　　セージを送るためにポスターの風船
　　　　を増やしてLGBT相談を明記

(2)　**職員向け研修・啓発**

　ア　**LGBT職員啓発カードの作成**

　　職員の窓口等での心無い対応や福祉・教職員の対応に数多くの問題が挙

17　自治体の性的指向・性自認に関する規定の比較及び分析・評価について鈴木秀洋「公務員
　　として職務上通常尽くすべき注意義務としてのSOGI考察」『LGBT差別禁止の法制度って何
　　だろう』（LGBT法連合会編，2016）128-130頁参照。

自治体の施策実現の過程・手法—文京区の条例制定後の取組

げられる。その問題点は LGBT ガイドラインでも挙げられている。そこで職員が最低限の知識を有し，個別対応ができる又は相談場所に繋ぐことができるように啓発カード（図表4－5）を策定した。庁内で説明会を開き，解説を行った上で職員全員に配付を行ったものである（職員名札に入れて携帯使用することを想定）。特徴としては，外部の相談機関の電話番号等も記載しており，職員が窓口で相談された場合に，その場でそのカードを住民（相談者）に示して，より詳細な相談ができる機関を紹介することができるように工夫をしている。「LGBTってなんだろう？」「LGBTの人たちは生活のなかでどんなことに困っているのか」「対策」などをまとめている。

イ　レインボーバッジの作成

　上記カードとともに，研修を受けた職員には，レインボーバッジ（図表4－5）を手交し，LGBT当事者への支援者である旨のメッセージを職員が積極的に発信する施策展開を行った（LGBTフレンドリーの証明又はアライの表明）。

【図表4－5　職員啓発カードの一部図及びレインボーバッジの写真】[18]

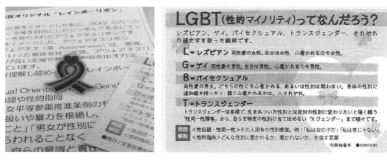

18　文京区に続き国立市でも同様の取組を始めており（朝日新聞2016年4月12日地方版），他自治体にも広がっている。
19　文京区男女平等推進委員設置要綱（26文男男第499号平成27年3月31日区長決定）

81

第4章 LGBTと行政 具体的な施策実現過程

ウ 職員・教職員研修（新任・係長・教員（生活指導主任等）対象）

まず，新任職員及び係長昇任前職員全員が必ず受講する悉皆研修として，文京区男女平等参画推進条例の解説を行う。その中でLGBTにかかる理解を徹底する教育を行ってきた。次に，子どもが直接接する教職員向けにも，例えば幼・小・中の校長・園長会等を通じ，上記LGBT啓発カード配付時に説明を行うほか，全小学校・中学校の生活指導主任の教職員向け，全幼・小・中の主幹教諭クラス対象の人権研修を行ってきた。

(3) 庁内（職員啓発）推進体制の取組・職場の推進委員と推進リーダー（要綱制定）

下記図表4－6は，条例に規定したLGBTにかかる差別の禁止を具体化していくために，要綱[19]を設置し，各職場に推進委員を指名設置し，その推進委員に研修を行った場面をパワーポイントにまとめたものである。

【図表4－6　庁内推進体制の取組例】

庁内（職員啓発）推進体制の取組・職場の
推進委員と推進リーダー（要綱制定）

第4条 推進委員の役割は，次のとおりとする。
(1) 条例第4条に規定する区の責務について所属課職員に周知を図ること。
(2) 条例第7条に規定する禁止事項等について理解し，所属課職員に対して遵守徹底を行うこと。

第6条 男女協働・子ども家庭支援センター担当課は，推進委員に対して，必要な情報の提供，研修の実施等の支援を行うものとする。
2 前項の支援を確実に担保するために，男女協働子ども家庭支援センター内に男女平等推進リーダーを設置する。

【庁内説明会】①「セクシュアル・マイノリティ理解のために～子どもたちの学校生活とこころを守る～」ビデオ視聴，②国連広報センターのビデオ視聴，③2015年3月GID学会のプロモーションビデオ視聴＋要綱とカードの説明

推進委員研修（平成27年5月26日実施）

条例を制定し，各種施策を展開したとしても，その施策展開の主体となる自治体公務員がLGBTにかかる差別状況を理解し，改善を行うこと，個別具体の対応の仕方等を学んでいかなければ，たとえ差別的な意図がなかったとしても，LGBTにかかる二次的な差別被害を生んでしまう状況は，多々報告されているのである。ベクトルを内なる職員に向けて，LGBTにかかる差別を許さない庁内体制を網の目のように作っていくための施策展開といえる。

(4) 直接当事者に届ける出前授業・講座

LGBTにかかるいじめを受けたり，生きづらさを抱えて学校生活を送っている小・中学生に直接メッセージを送る機会を設けることが重要である。この観点から，小・中学校での出前授業・講座を始めた（ジャーナリストや弁護士等による講演授業）。これは，条例に規定した基本施策を具体化していくための一つの柱である。

この点，学校側からは，①カリキュラムが既に一杯であり新たな授業枠を用意することは難しいとの話，②予算の話，③「寝た子を起こすことになりはしないか」等の心配の声が挙げられた。

これらに対しては，①授業枠については，人権教育の時間枠，国際理解教育の時間枠，道徳の時間枠等学校によって工夫をできる部分が実際にはあるのであり，学校側と協議を行い柔軟な実現手法を探ることができること。②また予算の点では，文京区では首長部局（男女協働担当部署）の予算で行ったこと。③最後の「寝た子を起こすことになりはしないか」等の心配論については，教員側からよく言わることがあるが，実際は理解のない一部教職員の杞憂にすぎないこと，実際にこの授業・講座をやった後の児童・生徒の感想がそのことを証明しており，「知らなかった」「差別を解消していこう」との端的な意見が挙げられるとともに保護者等からのクレームは一件もなかった。

(5) 住民向け啓発：カラーリボンフェスタ・シンポジウム

LGBTにかかる差別を解消していくためには，地域住民の理解が不可欠である。行政が行うリボン啓発運動には様々なものがある。例えば，パープルリボン（DV防止），オレンジリボン（児童虐待防止），ピンクリボン（乳がん予

防)というように，特定の週・月間を設けて，それぞれのリボンをつけて啓発イベントを行うことが多い。しかし，こうした個別の啓発だけではなく，カラーリボンフェスタ(図表4-7)という形で，様々なリボン運動を集めて，クイズ等も行いながら，包括的な啓発を行った。この効果は，特定のテーマに限られないため，住民が参加しやすいとのメリットがある。さらに，それぞれの啓発を担う団体や支援団体同士の横のつながりが生まれたというメリットを生んで行ったのである。

また，当事者や支援団体が行うLGBTにかかるシンポジウムに対して，積極的に後援や共催を行うこととしてきた。これは，行政がこうした民間の活動のハブになり，様々なネットワークの中継役を引き受けることで，地域における理解の輪が格段と広がっていくことになるからである。[20]

【図表4-7　カラーリボンフェスタ】

(6) **様々な会議・研修の場で**

行政には様々な関係機関会議のネットワークがある。そしてこれら関係機

---

[20] 例えば2015年1月24日「セクシュアルマイノリティ支援第3回全国会議」後援。2015年4月30日「『性の多様性』を活かした地域づくり」国際シンポジウム共催。支援団体からは行政のこうした後押し支援の効果は大きいと聞く。

関会議においてLGBTにかかる問題状況を報告し，問題を共有することで，理解が深まり，ステイクホルダーが拡大していく。

ア　男女平等参画推進会議（条例14条・15条）における問題提起

具体的には，学識経験者（教授・弁護士），団体推薦委員（町会連合会，商工会議所，労働組合協議会，小学校PTA，中学校PTA，），公募区民委員等を構成メンバーとする条例上の附属機関である男女平等参画推進会議において，審議テーマとした。具体的には，①文京区のSOGI対応についての現状報告，②SOGI支援団体からの基礎知識の習得と展望（講師原ミナ汰氏），③その他，次期文京区男女平等参画推進計画にSOGI支援の具体的項目（平成27年3月19日）を入れることとし，LGBTに関する知識・知見をそれぞれの所属団体や各分野に持ち帰ってもらうこととした。

なお，この審議会は，条例上の審議会であり，LGBT苦情申立て制度を担う法的位置づけにもしている。

イ　その他様々な会議の場において

例えば，要保護児童対策地域協議会，育児支援ヘルパー派遣決定会議，主任児童委員連絡会，ひきこもり等自立支援事業関係機関連絡会，乳幼児

【図表4-8　要保護児童対策地域協議会の連携図（当時）】

第4章　LGBTと行政　具体的な施策実現過程

発達支援連絡会，DV防止連絡会，民生委員・主任児童委員総会，自殺対策会議等男女協働部署又は子ども部署が構成員として関わる会議は行政の中で相当数に及ぶ。

　こうした関係機関会議の場でLGBTにかかる問題状況を議題にし，意見交換を行うことは，庁内及び地域におけるLGBTにかかる差別解消及び理解啓発を確実に進めることになる。

5 担当者変更その先へ──文京区の条例制定後の取組

　こうして，条例制定後の主な取組について紹介を行ってきた。条例を制定する意義は，こうした具体的施策展開を総合的かつ継続的に行っていく根拠をもつことである。長と議会とで制定したオール文京区としての意思表明がなされた条例のもとで施策展開ができるのであり，また自治体にそうした義務付けを行ったということである。

　それゆえ，担当者が変わろうともその根拠と義務付けが引き継がれていくのである。

　文京区においては，筆者が退職した後もLGBT施策は引き継がれていっている。

　現在の施策展開として文京区のHPには以下の項目が挙げられている。[21]

【図表4─9　文京区ホームページ】

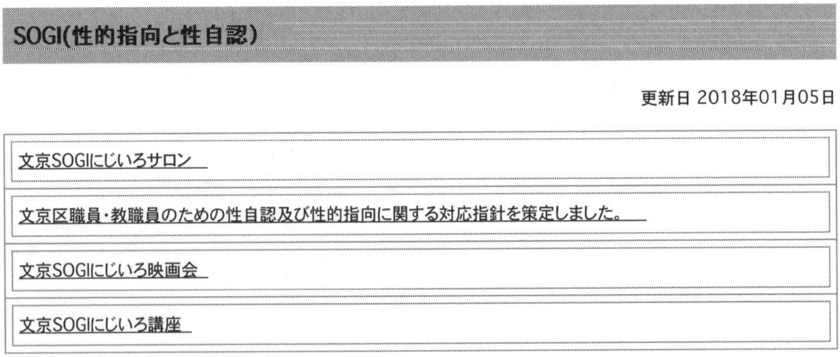

SOGI(性的指向と性自認)

更新日 2018年01月05日

文京SOGIにじいろサロン
文京区職員・教職員のための性自認及び性的指向に関する対応指針を策定しました。
文京SOGIにじいろ映画会
文京SOGIにじいろ講座

86

6 まとめ（おわりに・展望）

　これまで行政と LGBT というテーマ射程において，行政がよって立つべき，法の支配・法律による行政の原理の下で施策展開を行っていくことの重要性及び実際の施策展開について論じてきた。長，議会そして住民に対する法的拘束力を有する条例を制定し，その条例を根拠に各種政策を「住民の福祉増進」（地方自治法1条の2）の目的の下に具体化していくことは，行政の在り方・行政運営の在るべき姿であり王道である。

　行政の取組を分析する場合には，①行政としての組織や制度と②行政を担っている自治体職員の個々の意欲・知識・知見の分析との双方の分析がともに必要となる。

　確かに，残されている課題や取組の方向性等の見解がぶつかっている論点も未だ数多く存在する。しかし，この章で紹介した思考の筋道や具体的施策は，特定の自治体だから実現できたものではなく，どの自治体においても更に形を変えて施策展開していくことが可能である。行政に求められるのは，個々人が安全で安心に日常生活を送っていくために今どこに社会的障壁があるのかについて調査分析し，個々人一人ひとりの意見に声を傾け，その声を拾い，施策に結び付けていくことができるかということである。全国津々浦々，地域で生きづらさを抱えている人達に希望を届けたい。

　筆者は，「東京都オリンピック憲章にうたわれる人権尊重の理念の実現を目指す条例（平成30年東京都条例第93号。平成30年10月15日公布）」の制定に関

21　東京新聞 2017 年 1 月 29 日朝刊では次のように取り上げられている。
「LGBT 嫌な思いさせない」「文京区が職員・教員に対応指針」

第4章　LGBTと行政　具体的な施策実現過程

しても，学識意見聴取者として関わった。また「鎌倉市共生社会の実現を目指す条例（鎌倉市条例第32号。平成31年4月1日施行)」の制定に関しても鎌倉市共生社会推進検討委員会の会長として関わった。こうした条例が制定され，さらにその後の具体的施策が展開されていることに期待している。

　こうして各地域でLGBTにかかる諸問題に対して行政が法的土台作りを行っていくことがその地域での人々の生きやすさに繋がっていくのである。

　最後に，筆者が講演を行う際に受講者等に示す五つの問題提起について，掲載して本論稿を終わりたい。

(1)　一人ひとりの住民が，安全で安心にその地域で生きていけるためにはどのような環境（物理的・心理的）が必要なのでしょうか。

(2)　行政（保育園・幼・小・中学校等含む。）は，地域住民（クラス）の一人ひとりの安全安心に対して何をしていく責務・義務を負っているのでしょうか。

　　（社会契約論，信託論について学んできましたか）

(3)　LGBTの諸問題は行政課題の中でどのような位置付けがなされるべき問題なのでしょうか。

　　（最高法規である憲法に遡って考えてみましょう。）

(4)　自助・共助・公助という概念整理がされますが，これまでいじめや虐待やDV等を受けて生きづらさを抱えてきた人たちに対して，自助・共助論が強調されすぎてきたのではないでしょうか。みんなで理解を深めましょうというような抽象的理念提示で満足してしまい，具体論に結びつけてこなかったのではないでしょうか。

(5)　【今掘り下げる】鈴木試論（特に差別禁止・解消に関しての行政への提言）

　　ア　いじめ・虐待等の差別を差別と言えない環境を作ってはいけない（制度論）。

　　イ　差別を差別と認識できなかった当事者のこれまでの感情に寄り添う工夫が必要。

　　ウ　差別問題に取り組む場合に加害者側からの苦情等に毅然と対処する必要（クレーム・ヘイト対策）。

まとめ（おわりに・展望）

(ア) 被害者の言い分を個別化して排除する手法をとってはいけない。

(イ) 自らの先行行為を矮小化して，被害者の訴えを自分への攻撃として喧嘩両成敗に持ち込む手法にだまされてはいけない。

(ウ) 被害者の訴えを感情的・行き過ぎた加害者への攻撃であるとして排斥する手法をとってはいけない。

こうした手法 ((ア)～(ウ)) がよくとられので，その対処が必要

(故意者又は加害者教育の試み・認知の歪みへの対処)

こうした問題提起を行って議論・意見交換を行っている。[22]

今後，行政がLGBT施策を展開していくときに，是非行政の組織内で議論してほしい視点・論点として上げておく。

もちろん，筆者は，上記を要求するだけではなく，必要があればその議論のキャッチボール相手として喜んで協力したいと考えている。

誰もが，安全で安心に日々の生活を送って行けるよう，現在そして未来の世代の「笑顔」を私達が今創って行こう。

---

22 LGBTが安心して暮らせる社会実現するための施策展開の論点は，貧困問題，虐待やDV対策論，そして，「家族」論とも深く関係する。夫婦別姓の問題とも関連している。国家に求めるべきものは何なのかとの昔からの論題とも関係し，また，自分という存在はどういう存在なのかという哲学とも関係する問題である。国家と個人の関係論とも関係する。全て論理一貫して筋を通せるものではない。矛盾・衝突する論点も生じよう。しかし，目の前の個々人の生活の安全・安心のために，そして，私たちの世代だけでなく次の世代のことも考え熟議していく必要がある。

第5章

LGBT と司法

法曹に求められているもの

1 はじめに

第5章では，司法の場で LGBT 問題に携わる，法曹（弁護士，検察官，裁判官）の役割について検討する。[1]司法は，国会で多数決原理により制定される法律の網の目から零れ落ちる，マイノリティの権利を個別に救済する機能を有する国家機関である。その意味で，LGBT 当事者の法的救済を考えたとき，司法，そして司法に携わる法曹の役割は極めて重大である。以下では，①裁判の公共性と法曹の役割，②法曹の LGBT 問題への理解がなぜ必要か，③いかにして法曹の LGBT 問題への理解を促進するか，の順に検討していく。

2 裁判の公共性と法曹の役割

(1) 性別二元論に立脚した法制度と法曹

日本の法制度は，他のほとんどの国と同様，性別二元論に立脚している。この国で生まれた子どもは役所に出生届を提出し戸籍に登録されるその時から，「男」か「女」に区別されて登録される。[2]生物学的には，性分化疾患と

---

1 当事者からしたら，LGBT という言葉で一括りにされること自体，居心地の悪さを感じることがあるかもしれない。同性愛者，トランスジェンダーの当事者の抱える法的問題は，それぞれ個別的で異なるものであるが，ここでは便宜上，セクシャルマジョリティに対する，セクシャルマイノリティが抱える法的問題を議論することを前提として，セクシャルマイノリティを LGBT と称する。

90

呼ばれる，身体の性に関する機能や発達に典型的な「男性」「女性」の状態と一致しない部分のある人は 2000 人に一人生まれるといわれているが，戸籍の性別欄に「それ以外」は存在しない。また，性自認が生物学上の性と異なる場合であっても，戸籍の登録においては生物学上の性に基づいた登録がなされる。一旦登録された戸籍上の性を変更するためには，既に 3 章で述べられている通り，GID 特例法は厳格な要件を課している。したがって，戸籍上の性と自らの性自認が一致しない人の中で，戸籍を変更する人はそれほど多くないと考えられる。

　婚姻もまた，2019 年現在，同性間の結婚は認められておらず，いわゆるパートナーシップ制度も存在しない。日本における家族制度は，性別二元論に立脚した異性愛主義，すなわち，セクシュアルマジョリティを前提に構築されているのであり，これを基礎とする税制や社会保障制度からも，同性愛者ははじき出されてしまう。このような状況の日本社会においては，LGBT当事者が生きにくさを感じる場面は，家庭，学校，職場，病院など，生活のあらゆるところに存在するのであり，その一部は法的な解決が当事者の救済に不可欠である。

　これらの問題をすくい上げ，裁判の場に持ち込む重要な役割を担うのが弁護士である。また，同性間での性犯罪等において，その実情を理解した上で，当事者に適切な刑罰権の発動を検討するのは検察官である。そして，これまで司法の場で議論されることが稀であった LGBT 問題について，性別二元論に立脚する既存の法律をどのように解釈すれば当事者の権利が保護さ

　2　ただし，性別が決定するまでは戸籍の性別欄を空欄にすることができる。

　3　インターセックスとも呼ばれる。三成美保ほか『ジェンダー法学入門』（法律文化社，2019）。ただし，インターセックスという呼び方については，男性，女性の標準的な身体の状態を基準としてどちらともいえないという意味にも捉えられるという批判的な意見もあり，DSDs（体の性の様々な発達：Differences of sex development）という呼び方も提唱されている。

　4　国によっては，婚姻とは別に，パートナーシップ制度と呼ばれる制度があり，同性カップルは婚姻ができない場合であっても，この制度に基づいて何らかの法的保護を会が得られる。パートナーシップ制度については，杉浦郁子・野宮亜紀・大江千束編著『パートナーシップ・生活と制度』（緑風出版，2007）参照。

第5章　LGBT と司法　法曹に求められているもの

れるか，その判断をするのは他でもない裁判官である。この意味において
も，法曹の LGBT 問題に対する責任は極めて重大である。

(2)　裁判のインパクトと法曹

　ゲイやレズビアンなど，LGBT 当事者が不当な差別を受けたり，何らかの
問題に直面して，話し合いでは解決ができないと判断したとき，裁判を通じ
て自分の権利を守ろうとすることがあるだろう。実際，第1章・第2章で取
り上げられた府中青年の家事件も，当事者がこれを裁判にしようと思わなけ
れば，府中青年の家における同性愛者に対する差別的な対応が公になること
はなかった。問題が裁判所に持ち込まれたことによって，判決や報道を通じ
て，アカーの構成員の宿泊を認めないという府中青年の家の対応が差別的で
あること，ひいては，同性愛者に対するこのような対応は非難すべきもので
あることが世の中に広く示された。その意味で，府中青年の家事件がもたら
した影響は，裁判の当事者に留まるものではない。

　日本国憲法上の権利であれ，法律上の権利であれ，これが侵害されたと考
える当事者が，法的な解決を求めて提起するのが裁判である。立法府は民主
主義に基づき国会を通じて法律を制定し，行政府は国会で制定された法律を
執行し民意を基盤とする国政の運営を行うことを役割とするが，司法府は個
別の紛争に対して法を適用し，これを具体的に解決することを役割としてい
る。もっとも，裁判所の判決によって法的な影響を直接受けるのが裁判の当
事者（原告・被告）であったとしても，その社会的影響はこれに留まらない。
さらに言うならば，「判例」と呼ばれる，先例となる法律上の解釈について
は，その後の裁判所の解釈を事実上拘束し，最高裁判所の判例と異なる判断
は，刑事事件においては上告理由となり（刑事訴訟法 405 条），民事事件にお
いても上告を申し立てることができる（民事訴訟法 318 条）。さらには，最高
裁判所が判例を変更する場合には，大法廷を開いて 15 名の最高裁判事全員
で検討しなければならない（裁判所法 10 条 3 号）。つまり，一つの裁判が，そ
の後の裁判の在り様，ひいては社会の在り様を決めることもあるのである。

　このような裁判の機能を考えた時，法曹三者の役割は極めて重要である。
裁判手続において，被告による権利の侵害を訴える行為も，判決によってこ

れを判断する行為も，人間が行う行為である。日本では，民事事件において
は本人訴訟が認められており，必ずしも代理人（弁護士）がいなければ裁判
ができないわけではない。しかし，そうはいっても，裁判手続は高度に専門
的であり，ましてや LGBT 問題のような，一般的な検索方法では先例が探
し出せない問題であればなおさら，どのように主張すれば良いか，法的な構
成はどのようにするべきか，法律の専門家である弁護士の手を借りて裁判を
起こそうとするであろう。そして，先例のない事例について，当事者や弁護
士，検察官の主張に基づいて法を解釈適用し，LGBT 当事者の法的権利を発
展させるのは，裁判官である。その意味で，LGBT 問題に関する法的権利の
前進の在り様は，良くも悪くも，法曹にかかっている部分が多い。

3 なぜ，法曹の LGBT 理解が必要か

(1) 法曹がジェンダーバイアスを持つことの危険性

　人は誰しも，生まれてから成人となる過程において，家庭環境や教育環境
の影響から，様々なバイアスを持つ。バイアスとはここでは分かりやすく，
偏った考え方や意見と定義しよう。法曹がセクシャリティやジェンダーに関
するバイアスを持つと，何が問題なのか。ここでは，実際に起きた裁判事例
をモデルケースとして，考えてほしい。LGBT に対するバイアスが問題とな
り第一審，第二審が広く一般に公表されている裁判例が乏しいため，以下で

5　判例という概念には多義性があるが，狭義の意味では，裁判所が個々の裁判の理由の中で
　示した法律的判断で，先例としての拘束力を持つものをいう。中野次雄編『判例とその読み
　方〔三訂版〕』3-9 頁（有斐閣，2009）。

6　簡易裁判所においては，弁護士に加えて，要件を満たした司法書士も当事者の代理ができ
　る（司法書士法 3 条 6 号）。しかし，実際の簡易裁判所民事事件においては，本人訴訟が圧倒
　的に多い。平成 29 年司法統計年報によれば，簡易裁判所において，両当事者に弁護士又は司
　法書士の代理人がついた事件は，全体の 6.2%にすぎず，どちらか一方に代理人がついた事件
　も 19.0%であり，残りの 75.3%は双方本人である。一方，地方裁判所レベルにおいては，双方
　に弁護士の付いている事件が 44.3%，どちらか一方に代理人が付いている事件が 40.0%であ
　り，8 割を超える事件については弁護士の関与が認められる。最高裁判所『平成 29 年司法統
　計年報』（http://www.courts.go.jp/app/sihotokei_jp/search より入手可）

第5章　LGBTと司法　法曹に求められているもの

はいわゆる「女性」「男性」というジェンダーに対するバイアスに関する事例を題材とする。しかし，ここに現れる，法曹がジェンダーバイアスを持つことの危険性は，LGBTに対するバイアスの場合にも当てはまることとして考えて欲しい。

［男性上司から女性部下に対するセクシュアルハラスメント行為をめぐる裁判］

【第1審の判決文（抜粋）】

　まず，20分もの長時間の間，原告が被告の為すがままにされていたということ自体，考え難いことである。原告は，……強制わいせつ行為ともいうべき右行為に対して……抵抗したり，施錠していない横浜営業所の事務所の出入口から外へ逃げるとか，或いは……横浜営業所の事務所の外に助けを求めたりすることもできたはずであるにもかかわらず，そのような行動を採らなかったばかりか，かえって，その供述からは前記主張の状況下にしては冷静な思考及び対応のあったことさえ窺われる。原告の前記主張を前提とすると，そのような言動は不自然であるといわざるを得ない[8]。

　この事件は，被害者である原告が主張した，約20分間に及ぶ，抱きつく，身体を触るなどのセクシュアルハラスメント（セクハラ）行為の存否自体が裁判の争点となったケースである。第1審では，被害者が抵抗したり，逃げたりしなかったことをもって，その存在が認められないとされた。

7　ジェンダーバイアスについては，ここでは，第二東京弁護士会両性の平等に関する委員会司法におけるジェンダー問題諮問委員会編『司法におけるジェンダー・バイアス』（明石書店，2009）から，以下の定義を引用しておく。「善悪や是非・能力の有無・業績など，社会規範上公正かつ客観的に判断・計測・評価されるべき事象が，ジェンダーに基づく評価基準や価値観等の混入によって歪められてしまう場合，その歪みを生み出す評価基準や価値観，それによって生み出された歪んだ社会認識，歪んだ社会認識によって維持されている男女不平等な社会状況のいずれか，あるいはすべてをいう」（25頁）。

8　横浜地裁判決平成7年3月24日判例時報1539号111頁。

なぜ，法曹のLGBT理解が必要か

　裁判官は，ある事実があったか，なかったかについて，両当事者から提出された証拠や主張を斟酌して，自由に判断することができる[9]。上記の判断をした裁判官からしたら，原告が主張するような，抱きつかれたり，胸を触られたりするような行為があったならば，「嫌ならば逃げれば良いじゃないか。鍵も開いているのだし。」という理解であったのであろう。しかし，これは労働現場における，上司と部下という権力関係や，強制わいせつ行為の被害者の心理状況を正しく理解していない結論である。男性上司からいきなり抱きつかれて身体を触られて，その場で大声をあげて逃げられる女性部下は，果たしてどれだけいるだろうか。強く抵抗できなかったこと，逃げられなかったことをもって，「セクシュアルハラスメントはなかった」と判断するのならば，実際の労働現場におけるセクハラ被害のどの程度を裁判で救済することができるだろうか。事実，この事件については，原告が高等裁判所に不服申立て（控訴）し，第2審では以下のように判断が覆っている。

【第2審の判決文（抜粋）】

　米国における強姦被害者の対処行動に関する研究によれば，強姦の脅迫を受け，又は強姦される時点において，逃げたり，声を上げることによって強姦を防ごうとする直接的な行動（身体的抵抗）をとる者は被害者のうちの一部であり，身体的又は心理的麻痺状態に陥る者，どうすれば安全に逃げられるか又は加害者をどうやって落ち着かせようかという選択可能な対応方法について考えを巡らす（認識的判断）にとどまる者，その状況から逃れるために加害者と会話を続けようとしたり，加害者の気持ちを変えるための説得をしよう（言語的戦略）とする者があると言われ，逃げたり声を上げたりすることが一般的な対応であるとは限らないと言われていること，……特に，職場における性的自由の侵害行為の場合には，職場での上下関係（上司と部下の関係）による抑圧や，同僚との友好的関係を保つための抑圧が働き，これが，被害者が必ずしも身体的

9　これを自由心証主義という。民事訴訟法247条。

第5章　LGBTと司法　法曹に求められているもの

> 抵抗という手段を採らない要因として働くことが認められる。したがっ
> て，本件において，控訴人が事務所外へ逃げたり，悲鳴を上げて助けを
> 求めなかったからといって，直ちに本件控訴人供述の内容が不自然であ
> ると断定することはできない。[10]

　控訴審の判決文からは，原告側が高等裁判所への控訴に当たり，アメリカ
の研究結果を証拠として提出し，「抵抗する・逃げる」がセクハラ行為を受
けた被害者の典型的な行動とは必ずしも言えないことを，裁判官に説得した
様子がうかがわれる。結果として，この事件におけるセクハラは，「なかっ
たこと」から，「あったこと」になったのである。裁判の当事者にとって，
この違いは天と地の差である。もちろん，セクハラ行為が認定されたことに
よって，主張が認められ，損害賠償金が獲得できたことも現実的な利益であ
ろうが，何よりも，自分が退職を余儀なくされた上司からの行為について，
裁判所が「あったこと」として認めてくれたことが，被害者本人にとっては
大きな心理的救済となったであろう。
　法の番人であるはずの司法，そしてこれに関与する法曹がバイアスを持っ
ていると，裁判の当事者に平等に適用されるべき法規範が適用されなかった
り，歪んで適用されてしまうことがある。結果として，勇気を出して裁判所
に訴えた被害者は救われないどころか，このことからさらに傷ついて二次被
害を被ってしまう。裁判所の判断においてさらに危険なことは，歪んだ認識
のもとに出された歪んだ判断が，時として「正当な規範」として社会で共有
されてしまう可能性のあることである。例えば，上記の事件で，第1審の判
決がこのまま確定してしまったとしよう。これは地方裁判所の一事件であ
り，事実認定についての問題であるから，他の事件を最高裁判所判例のよう
な形で拘束することはないだろう。それでも現実には，同じような労働現場
のセクハラ事件について，訴えられた被告側が「過去にはこのような裁判例
があり，被害者が逃げていないことをもって，セクハラ行為の存在が否定さ

10　東京高裁判決平成9年11月20日判例時報1673号89頁。下線は筆者。

れています。この事件の原告も、セクハラ被害にあったと主張しながら、逃げていません。」と引用するかもしれない。結果として、「女性は男性上司から抱きしめられても、嫌であれば逃げるはず（＝したがって、逃げなければセクハラではない）」という考えが承認されてしまう可能性がある。

　法曹がジェンダーバイアスを持つことは、ジェンダー平等を目指す日本社会において、実際にジェンダー問題で苦しむ目の前の当事者の救済を阻むばかりでなく、社会にジェンダーバイアスを再生産してしまう危険があることを、法曹当事者が正しく認識しなければならない。

　アメリカの連邦最高裁判所において女性として初めて判事となった、サンドラ・デイ・オコナー（Sandra Day O'Connor）の次の言葉は、全ての法曹関係者と法曹を目指す者が、胸に刻まなければならない言葉であろう。

　"when people perceive gender bias in a legal system, whether they suffer from it or not, they lose respect for that system, as well as for the law" [11]
(Justice O'Connor)

　[人々が法制度の中にジェンダーバイアスを感じると、それによって被害を被っているかどうかに関わらず、法に対する尊敬はもちろん、法制度に対する尊敬を失うものである。]

(2)　LGBT 当事者の法的権利を支援する法曹の倫理的責任

　既に述べた通り、LGBT 当事者に対するバイアスも、広い意味で「男性」「女性」はこうあるべきとするジェンダーバイアスに含まれるが、LGBT 問題については、法曹の責任はますます重大である。そもそも日本の裁判所でLGBT 問題が争われた事例は、公になっているものとしては府中青年の家事件など数件である。このことは、ゲイやレズビアン、あるいはトランスジェンダーの当事者が、自身がセクシュアルマイノリティであることについて法的な問題を抱えていないからであろうか。決してそうではあるまい。むし

11　Speech by Hon. Sandra Day O'Connor to the Ninth Circuit Judicial Conference (Aug. 6, 1992), in The Effects of Gender in the Federal Courts: The Final Report of the Ninth Circuit Gender Bias Task Force. 67 S.Cal.L.Rev. 745, 760 (1994).

第5章　LGBTと司法　法曹に求められているもの

ろ，司法及び法曹関係者が，LGBT当事者の抱える問題を十分にすくい上げることができていない（あるいはLGBT当事者の問題が見えていない），日本の現状があるのではないだろうか。

　日本社会では，そもそも自らの性的指向についてカミングアウトしていないLGBT当事者が非常に多い。そのようなLGBT当事者が何らかの法的問題に巻き込まれた場合，それが自らのセクシュアリティに関係する内容であるかどうかにかかわらず，弁護士にアクセスすること自体にためらいを感じてしまうことが少なくないであろう。そもそも，弁護士にアクセスしようとする段階で，大きなハードルがある。果たして，相談する弁護士は同性愛者について，正しい知識を持ち，自分が受けた差別を不当なものと認識してくれるだろうか。自分が弁護士に相談したり裁判を起こそうとすることで，職場や家族に不利益が生じないよう，弁護士は配慮してくれるだろうか。仮に直面している問題が，例えば賃貸借など，当事者の性的指向に一見全く関係ないように見える事柄であったとしても，立証の過程で同性パートナーと一緒に生活していることが公になったらどうしよう。自分がゲイであることが職場にばれてしまったらどうしよう，と弁護士にアクセスし，裁判で自分の正当な権利を主張することすら躊躇う当事者も少なくないであろう。

　日本では，簡易裁判所を除いて，裁判で他者の代理人として訴訟遂行することができるのは弁護士だけである。その意味で，弁護士は市民の司法アクセスに対し，特別な責任を負っている。セクシュアルマイノリティにとって，「最初の一歩」としての弁護士へのアクセスが，セクシュアルマジョリティ以上にハードルが高いかもしれないことを弁護士は認識しなければならない。セクシュアルマイノリティの抱える問題を司法の場で取り上げ，彼らの権利を発展させていくためには，まずはどのようにしたら，彼らが弁護士をより身近に感じ，より気軽に相談できるか，弁護士が創意工夫を重ねて司法アクセスを拡充していかなければならない。

　次に，LGBT当事者が，勇気をもって弁護士にアクセスしたとしよう。法律相談に応じた弁護士が，彼らに対してバイアスを持っていたり，正しい知識を持たず，同性愛者とトランスジェンダーの区別すら理解していなかった

98

としたら，どうだろうか。勇気をもって相談した当事者は，気が遠くなるような絶望感を感じ，司法へのアクセスを断念してしまうかもしれない。この意味で，弁護士がLGBT問題について最低限の知識を持ち，またその知識が発展していくものであることを認識していることは，法専門職としての責任である。

　さらに，LGBT当事者が弁護士にたどり着き，信頼関係を築いてその弁護士にカミングアウトした上で自身の問題について依頼したとしよう。その弁護活動の過程においては，マジョリティの当事者であれば特段気にしなくて良いことについても特別な配慮が必要かもしれない。特に，自らの性的指向について公にしていない場合，当事者としては，「裁判に不利益であっても，自分がゲイであることだけは公にならないようにしてください」と弁護士に頼むかもしれない。裁判の相手方や関係者との対応において，弁護士には十分な注意が必要であろう。同時に，当事者に対しても，同性愛者であることを公にしないことを優先して行う弁護活動が，当事者に何らかの不利益を与える恐れがあるならば，これを十分に説明する必要がある。例えば，決定的な証拠が，それを見ただけで一般にその当事者が同性愛者であることをうかがわせるものであった場合（ゲイバーでの写真等），それを証拠として出さないことによる不利益の可能性についても十分に説明をしなければならない。最も重要なことは，当事者が自らの性的指向について秘匿することのメリット・デメリットを自分で判断できるように弁護士が助言することである。そのためには，弁護士にはLGBT問題についての十分な理解はもちろん，特定の訴訟活動を遂行した場合の予期せぬアウティング[12]のリスクについて予測する，豊かな想像力が求められるのである。

　上で述べたことは，実は弁護士の専門職としての行為規範を定めている，日本弁護士連合会の弁護士職務基本規程（平成十六年十一月十日会規第七十号）

12　当事者が秘匿しているにもかかわらず，本人のセクシャリティについて当事者以外の者が暴露することを意味する。LGBTに対するハラスメントとしては最も深刻なもののひとつである。三成ほか『ジェンダー法学入門』（法律文化社，2019）60頁。

第5章　LGBTと司法　法曹に求められているもの

の規定からも導き出される弁護士のあるべき姿である。同規程では，誠実に職務を行う義務（5条）に加えて，依頼者の正当な利益の実現に努める義務（21条），依頼者の意思を尊重する義務（22条）依頼者の秘密を外に漏らさない守秘義務（23条），が規定されている。加えて，弁護士の使命は，基本的人権の擁護と社会正義の実現である（弁護士法1条）。これまで必ずしも十分に司法の光が当てられてこなかった，LGBT当事者の法的問題を支援するに当たり，弁護士が専門職としての行為規範を遵守しようとするならば，当事者へのアクセス促進の在り方を考え，そして適格な相談や代理ができるよう，まずはLGBT問題に対する正しい理解を持たなければならない。

　法曹の一員として，弁護士のみならず，検察官，裁判官がLGBT問題を理解することも当然の責務である。例えば，同性愛者が被疑者として逮捕された場合，彼又は彼女の予期せぬアウティングを防ぎ，かつ適正な司法手続を遂行するためには，弁護士のみならず，検察官，裁判官のLGBT問題についての理解が不可欠である。その意味で，法曹三者において，LGBT問題について最低限の理解があることは，その職責を全うするための最低限の要件である。

4　いかにして法曹のLGBT理解を促進させるか

(1)　日本の法曹養成教育・継続教育に求められること

　では，LGBT問題について十分な理解をもち，ジェンダー・センシティブな法曹を世に輩出していくには，どのような努力が必要だろうか。ここでは，三つの要素を取り上げたい。

①　社会における，LGBT問題への理解の浸透

　司法も法曹も，その社会から無関係ではあり得ない。何よりもまず，社会全体におけるジェンダーバイアスをなくしていかなければならない。日本は未だ，世界経済フォーラム（World Economic Forum）によるジェンダー・ギャップ指数でも，149か国中110位とされる国である（2018年12月）。その意味では，男女共同参画の推進においても，未だ道半ばである

100

が，LGBT問題についても道のりは長い。

　確かにメディアでは，「オネエキャラ」と呼ばれる，男性タレントの露出が増えてきた。しかしこのことは，LGBT問題についての正しい知識の浸透に貢献しているとは言えないであろう[13]。性的指向と性自認は全く別の問題であり，同性愛者がみなテレビで見るタレントのような服装や振る舞いをするわけではない。一般にLGBTと称される，セクシュアルマイノリティについては，様々な論点があるが，少なくとも，性的指向と性自認の違いや，身体的な性の多様性の問題，そして，日本社会が性別二元論に基づいた法制度を適用しているがゆえに，生きにくさを感じるLGBT当事者が少なからずいること，アウティングが人権侵害であることについて，国民一般に高校教育までのどこかで知識として教えるべきであろう。

② 法曹界における多様性の確保

　日本の法曹コミュニティは，ジェンダーの視点からは，絶望的なほど，多様性が乏しい。2018年の時点においても，法曹三者における女性の割合は，裁判官で26.5％，検察官で24.6％，弁護士では18.6％に過ぎない[14]。多様な人材を擁することは，問題解決のための多様なツールを擁していることになり，弁護士コミュニティとして極めて重要な要素である[15]。弁護士コミュニティに現在LGBT当事者がどれほど存在するかは定かではないが，当事者にせよ，非当事者にせよ，多様なバックグラウンドを有する人材がより多く参入できるよう，弁護士コミュニティ全体で検討すべきである。

　法曹養成課程である法科大学院や法学部法曹コースに，ジェンダーだけでなく，出身地や教育のバックグラウンドについても多様な人材が入って

13　「オネエ」のメディア露出の功罪については，森山至貴『LGBTを読み解く——クィア・スタディーズ入門』（筑摩書房，2017）19頁以下参照。

14　日本弁護士連合会『弁護士白書2018年度版』（2018）62頁。

15　法曹コミュニティの多様性の重要性については，石田京子「弁護士コミュニティのジェンダーギャップはなぜ問題なのか」『現代日本の法過程』宮澤節生先生古稀記念論文集（信山社，2017）605頁以下参照。

こられるように，法曹のやりがいを広く日本社会に伝える広報戦略や，多様な人材が参入しやすい法曹養成・試験制度の在り方についても検討すべきであろう。

③ **法曹養成課程・継続における専門職教育**

人は誰しもバイアスを持っていることは，既に述べた。重要なことは，自分がバイアスを持っているということを認識した上で，専門職として職務を行う際に，可能な限り意識して自らのバイアスを除去することである。そのためには，まずはバイアスに気付く機会が必要であり，法科大学院など法曹養成の過程で，LGBT問題を含む，ジェンダー問題と向き合う機会を持たなければならない。法科大学院において，ジェンダーと法に関する講義を必修化することは1つの方法であろう。司法修習における講義としての必修化も検討の余地がある。なぜなら，上に述べた通り，LGBT問題について最低限の知識を学んでおくことは，法専門職としての責務だからである。

加えて，LGBT問題の重要な点は，絶えずこの分野の知識が発展・展開していることである。法曹としての実務を始めた後も法専門職の継続教育として，倫理研修等と同様に，LGBT問題について継続的に新たな知識・知見を更新できる場が必要である。

⑵ **アメリカにおける取組**

法曹のジェンダーバイアスを除去するための取組は，諸外国において既に広く存在するが，ここではアメリカのニューヨーク州における，LGBT問題に特化した取組を紹介しよう。

2017年，ニューヨーク州裁判所は，同州の最高裁判所判事であり，LGBT当事者の権利の擁護者であった，Richard C. Failla の名前を冠した，Richard C. Failla LGBTQ 委員会を設置した。[16] 本委員会の目的は，LGBT当事者を含めた全ての人の裁判所への平等な参加とアクセスを促進することで

---

16 この委員会では，LGBTではなく，Q（クイア，Queer）を加えたLGBTQをセクシャルマイノリティの総称として用いている。

ある。本委員会は，ミッションステートメントとして，以下を掲げている。[17]

> ニューヨーク州裁判所 Richard C. Failla LGBTQ 委員会は，性的指向，
> 性自認，ジェンダー表現に関わらず，全ての人に裁判所への平等な参加
> とアクセスを促進することに努力する。この使命を達成するために，委
> 員会は，裁判所における多様性を保護し，かつ強化し，LGBTQ の司
> 法関係者，非司法関係者の参加を促進する。
> 我々の取組には，以下が含まれる
> ・裁判官，非司法関係者，裁判所パートナーへの訓練と教育プログラム
> 　の提供。
> ・LGBTQ 問題についての関心を高め，より支援的環境を促進するた
> 　め，LGBTQ 擁護団体，弁護士会，法専門職，コミュニティ団体と
> 　協働関係を構築する。
> ・我々の裁判所に来る全ての人々の尊厳と平等を尊重するという公約を
> 　実践する。

　上記のミッションステートメントからは，同委員会が，上の(1)で述べた①
〜③の全てを実行しようとしていることがわかる。広く社会においてLGBT
問題への理解を促進し，裁判所における多様性を強化し，裁判所パートナー
（弁護士や検察）への教育プログラムを提供しようとしているのである。特筆
すべきは，これが，国家機関の一つである裁判所の主導で行われていること
であろう。司法が本質的に弱者救済のための機関であること，そして LGBT
当事者の権利擁護並びに権利の発展においては，特に裁判所の機能が重要で
あることに立脚した試みと言えよう。

17　http://www.onbar.org/wp-content/uploads/2017/06/LGBTQ_Sheet.pdf

第 5 章　LGBT と司法　法曹に求められているもの

5 まとめ

　本章では，LGBT 当事者の権利擁護における，司法，ひいては法曹三者の
役割について検討した。特に，以下の内容が本章のエッセンスである。

① 　裁判は当事者（原告・被告）がいて初めて行われるものだが，その裁判の
　影響は当事者のみならず，社会全般に大きなインパクトを与え得る。法曹
　三者は，司法を通じた LGBT 当事者の権利の発展に重要な役割を負って
　いる。

② 　法曹は可能な限り自己のジェンダーバイアスを排除して職務を行わなけ
　ればならない。LGBT 問題については，法専門職の職責として，最低限の
　知識を備え，その知識が絶えず展開・発展するものであることを認識して
　いなければならない。

③ 　法曹の LGBT 問題への理解を促すには，社会全般の LGBT 問題への理
　解促進も重要である。同時に，法曹コミュニティの多様性の促進，法曹養
　成・継続教育における LGBT 問題を含む，ジェンダー教育が不可欠であ
　る。

104

第**6**章

LGBT と企業

職場にLGBTアライが存在する効果と多様性を活かす企業施策

1 はじめに

　近年，ビジネスのグローバル化や市場の複雑化，多様性を取り巻く政策の変化に伴い，従業員の多様性は高まる傾向にあり，それは企業が多様性に着目する主な理由となっている[1]。LGBT など性の多様性に関しては，国際機関が性的指向や性自認，性表現を人権のイシューとして捉え，差別是正を推進する中，欧米企業を中心に，従業員のセクシュアリティによって公平性を欠かないように制度と職場環境を整備する動きが加速している。

　しかしながら，日本の企業では未だ LGBT など性的マイノリティに対する理解度が低く，多様な性の在り方への理解推進の取組と支援制度の導入は遅れている。それだけではなく，LGBT など性的マイノリティに対する社会の理解や法律に課題があることは否めず，LGBT 当事者は日常的に差別の問題に直面し，就労を脅かされている。日本においても国と自治体が LGBT 支援施策に取り組み始めた今，企業にとって LGBT のイシューは「知らない」では済まされない，喫緊の課題である。

　ダイバーシティ推進を経営戦略の根幹に据えて取り組む企業では，従業員の多様性は組織の創造性を高め，課題解決のための見解やアプローチを増やすとして，多様性がビジネスに貢献することが期待されている[2]。多様性を持

1　Jackson, S. E., May, K. E., & Whitney, K. (1995). Understanding the dynamics of diversity in decision-making teams. *Team effectiveness and decision making in organizations*, 204, 261.

2　Robinson, G., & Dechant, K. (1997). *Building a business case for diversity. Academy of Management Perspectives*, 11(3), 21-31.

105

第6章　LGBTと企業　職場にLGBTアライが存在する効果と多様性を活かす企業施策

つ従業員を増やすとともに，異なる属性を持つ従業員が効果的に協働する職場を醸成することは，組織とマネジメントにとって重要な課題である。

　多様性には，異なる教育や経験などから得られる個人の能力やスキル，価値観などのタスク型と呼ばれる属性と，性別や人種，年齢などのデモグラフィー型と呼ばれる属性があるとされている。多様性と組織のパフォーマンスに関する研究では，組織にポジティブに貢献する多様性はタスク型の属性であると実証されている。異なる能力やスキルを持つ従業員が集まることで，互いの得意不得意をカバーし合い，協働することで新たな発想が生まれることは想像に容易い。逆に，性別や人種，年齢などデモグラフィー型と呼ばれる属性の違いは，組織内に分断を生み，結果的に組織のパフォーマンスにネガティブに影響するとされている[3]。

　デモグラフィー型の属性が組織にネガティブな影響を及ぼす原因は，マジョリティによる偏見や差別の影響が大きい。従業員の多様性が高まる中で，デモグラフィー型の属性を有する組織が効果的に協働し，パフォーマンスを出すには，研修など理解促進の施策を導入することにより，多様性が活かされる組織文化に変革することが必要であるとされている[4]。

　さらに，デモグラフィー型の多様性には，性別，人種，年齢，身体的障がい，言語などのように目に見えやすい属性と，宗教，職業，国籍，疾患，性的指向や性自認のように目に見えにくい多様性が存在する[5]。企業はこれま

3　Jackson, S. E., May, K. E., & Whitney, K. (1995). Understanding the dynamics of diversity in decision-making teams. *Team effectiveness and decision making in organizations*, 204, 261.
　　Parens, E. (1998). What differences make a difference ?. *Cambridge Quarterly of Healthcare Ethics*, 7(1), 1-6.
　　Bell, S. T., Villado, A. J., Lukasik, M. A., Belau, L., & Briggs, A. L. (2011). Getting specific about demographic diversity variable and team performance relationships: A meta-analysis. *Journal of management*, 37(3), 709-743.
4　Thomas, K. M. (2005). *Diversity dynamics in the workplace*. Wadsworth Publishing Company.
　　Bell, S. T., Villado, A. J., Lukasik, M. A., Belau, L., & Briggs, A. L. (2011). Getting specific about demographic diversity variable and team performance relationships: A meta-analysis. *Journal of management*, 37(3), 709-743.

106

で，女性や身体障がい者のような目に見えやすい多様性を持つ従業員に対する支援施策を推進してきた。しかし，多様性が組織に与える貢献を高めるには，目に見えにくい多様性を含めたより広い視点で多様性を捉える必要がある[6]。

目に見えやすい属性とは異なり，性的指向や性自認のように目に見えにくい属性を持つ LGBT などの性的マイノリティは，差別により組織の中でマジョリティから孤立することを避けるために，自らの性的指向や性自認を秘匿する傾向がある[7]。差別の事実があったとしても，本人が訴え出ることはカミングアウトにつながる。そのため，性的マイノリティの従業員が直面する問題は，組織の中で可視化されにくくなる[8]。

LGBT などの性的マイノリティの従業員が組織の中で差別を感じずに，持てる力を最大限に発揮できる職場環境を醸成するには，性的マジョリティの従業員に対して LGBT の理解を促進し，差別を是正することが必要だと考える。

これまで，欧米の企業が先行して，LGBT など性的マイノリティの従業員の人権を保護するために，社内規定の改定や制度の整備を進めてきた。それらの企業では，LGBT のことを理解し，差別を是正するために行動する支援者のことをアライと表し，アライを職場に増やすための施策を導入している。アライは，英語で同盟，支援者を意味する Ally が語源であり，社会的

---

5 Tsui, A. S., & Gutek, B. A. (1999). *Demographic differences in organizations : Current research and future directions.* Lexington Books.

6 Williams, K. Y., & O'Reilly III, C. A. (1998). Demography and. *Research in organizational behavior,* 20, 77-140.
    Clair, J. A., Beatty, J. E., & MacLean, T. L. (2005). Out of sight but not out of mind : Managing invisible social identities in the workplace. *Academy of Management Review,* 30(1), p.78-95.

7 Bowen, F., & Blackmon, K. (2003). Spirals of silence: The dynamic effects of diversity on organizational voice. *Journal of management Studies,* p.1393-1417.

8 Clair, J. A., Beatty, J. E., & MacLean, T. L. (2005). Out of sight but not out of mind : Managing invisible social identities in the workplace. *Academy of Management Review,* 30(1), p.78-95.

第6章　LGBTと企業　職場にLGBTアライが存在する効果と多様性を活かす企業施策

に抑圧された人々の支援者，代弁者となり，差別を是正するために行動する人を指し，職場におけるアライの存在はLGBT当事者の職務満足度を向上する効果があるとされている[9]。

　本研究では，日本の職場におけるアライの存在に着目し，アライの存在がLGBT当事者の勤続意欲に与える影響と，職場にアライを育成するための研修をはじめとしたLGBT施策の効果を実証分析により考察した。それにより，国内企業のLGBT施策の効果と課題を明らかにするとともに，マジョリティに働きかけることにより，マイノリティの従業員が活かされる組織改革の提言としたい。

2 LGBTを取り巻く企業の状況

　LGBTを人権の課題と捉え，差別の是正を促進する世界の動きは，グローバルにビジネスを展開する企業にとって既に無視できない課題となっている。LGBTの理解を従業員に促進するだけでなく，同性パートナーに対する法的な保護や同性婚と同等の権利を認める国で従業員を雇用する場合は，従業員のセクシュアリティによって公平性を欠かないように制度を整備する必要がある。

　就業規則や人権規程に性的指向や性自認に対する差別を禁止する文言を入れたり，従業員の同性パートナーが利用できるように福利厚生制度の適用範囲を拡大したり，性別を移行するトランスジェンダーの従業員が働きやすいようにトイレなどの設備やドレスコードを見直し，医療的処置の際に利用できる休業制度を整備する必要がある。

　同性パートナーを持つ従業員を法的な保護のない国に配属する場合には，同性パートナーが同行するためのビザの手配は困難となる。同性愛が社会的，若しくは法的に罪とされる国や地域でビジネスを行う場合，同性愛者や

9　Brooks, A. K., & Edwards, K. (2009). Allies in the workplace: Including LGBT in HRD. *Advances in Developing Human Resources*, 11(1), p.136-149.

トランスジェンダーの従業員の配置に配慮が必要となる。そのような理由により，LGBT の従業員の業務遂行が困難となるケースや，従業員が配属に合意しないケースが想定される。こういったケースを対応する人事担当者がLGBT に関する適切な知識を有していなければ，従業員を危険に晒すことになる，また，企業にとってもビジネスの機会損失，退職リスク，訴訟リスクが発生する可能性がある。

日本において，欧米の外資系企業やグローバルにビジネスを展開する日系企業が先行して LGBT をダイバーシティ推進施策に組み込み，職場におけるLGBT への理解の促進や，人権規定の改定，業務上の対応方針策定，福利厚生制度の整備などを進めてきた理由は，このようなビジネスのニーズに所以している。

日本の社会では，LGBT 当事者にとって蔑称と捉えられる言葉が蔓延しており，笑いの対象になるケースが未だに見られる。どのような言葉を使うことが差別に当たるという認識が低いため，同性同士の仲の良い素振りを「ゲイ／レズではないか」，柔らかい物腰の男性を「ホモっぽい」，「オネエ」とからかったり，結婚していない人に対して同性愛者ではないかと噂したりする会話を，職場でもよく耳にする。そのような言動が LGBT 当事者に対して直接的に発せられたものではなかったとしても，LGBT 当事者は笑いの対象になるもの，カミングアウトしたらからかわれる，という印象を増長していることになる。

さらに，男女の役割意識の強い職場では，男らしさや女らしさという性別の既定概念を周囲の人から強要される。既定の男女のみを想定した制度や方針，設備は，性的マイノリティを差別しようという意思がなくても，性的マイノリティは存在しないものという印象を醸成する。そのような環境では，規定の男女の枠に当てはまらないセクシュアリティを持つ従業員は公平に制度や設備を利用することができない。また，性的マイノリティであることで差別の対象となりやすく，からかいやいじめ，不本意な配置転換，採用の取消し，解雇などの問題に直面することがある。[10]

しかしながら，国内でも LGBT に対する制度整備が少しずつではあるが

第 6 章　LGBT と企業　職場に LGBT アライが存在する効果と多様性を活かす企業施策

進んでいる。2015 年に東京都渋谷区と世田谷区が同性カップルに対して
パートナーであることを証明する書類を発行する条例を施行し，2019 年 7
月時点で 24 自治体，合計 521 組が同性のパートナーシップを認知されてい
る[11]。これらの自治体が同性パートナーに発行する証明書には婚姻のような法
的な強制力はないが，これまで従業員の配偶者を対象としてきた福利厚生制
度を，証明書の提示により同性パートナーにも適応を拡大する企業がでてき
ている。

　また，2016 年，厚生労働省の労働政策審議会雇用均等法分科会において
「セクハラ指針」の改定案が示され，「被害を受けたものの性的指向又は性自
認にかかわらず，当該者に対する職場におけるセクシュアルハラスメント
も，本指針の対象とする」と新たに明記する方針が 2017 年 1 月から施行さ
れた[12]。これにより，企業では，ハラスメント防止研修やガイドラインに，
LGBT に関する基礎知識や差別と捉えられる可能性のある言動や行動を記載
し，周知している。

　さらに，2020 年に東京オリンピック・パラリンピック競技大会が開催さ
れることは，政府や東京都をはじめとした自治体にも影響を与えている。国
際オリンピック協会（IOC）は，2014 年に，性的指向を理由とする差別の禁
止をオリンピック憲章に盛り込んだ[13]。それを受けて，東京オリンピック・パ
ラリンピック競技大会組織委員会は，雇用の場面などにおける性的指向や性
自認に関する差別禁止を明記した「持続可能性に配慮した調達コード[14]」を発
表した。ホストシティである東京都は，ダイバーシティを実現する国際都市

10　LGBT 法連合会『LGBT 差別禁止の法制度って何だろう？』（かもがわ出版，2016）228-
　　232 頁

11　特定非営利活動法人虹色ダイバーシティ「地方自治体の同性パートナー認知件数（2019 年
　　7 月 3 日時点）」。http://nijiirodiversity.jp/partner20190703/（2019）

12　厚生労働省「事業主が職場における性的な言動に起因する問題に関して雇用管理上講ずべ
　　き措置についての指針」（2017）

13　国際オリンピック協会「オリンピック憲章 Olympic Charter 2014 年版・英和対訳」（2014）

14　公益財団法人東京オリンピック・パラリンピック競技大会組織委員会「東京 2020 オリン
　　ピック・パラリンピック競技大会 持続可能性に配慮した調達コード 基本原則」（2016）

を目指し，「東京都オリンピック憲章にうたわれる人権尊重の理念実現のための条例[15]」を 2018 年 10 月に交付した。第 3 条では，「性自認及び性的指向を理由とする不当な差別的取扱いをしてはならない」とし，第 7 条において，「事業者は，その事業活動に関し，差別解消の取組を推進するとともに，都がこの条例に基づき実施する差別解消の取組の推進に協力するよう努めるものとする」としている。

　このような国内の政府や自治体の動きを受け，日系の企業でも LGBT 施策の導入が求められているが，実状はどうだろうか。2017 年に日本経済団体連合会（以下，経団連）が会員企業を対象に実施した調査「LGBT への企業の取り組みに関するアンケート[16]」によると，回答した 233 企業のうち 90.0％の企業が「LGBT の取組みが必要」と回答している。しかしながら，「実行している」と回答した企業は 42.0％にとどまる。

　日系企業で LGBT の取組が進まない原因として，施策を導入する人事担当者の LGBT に関する理解度が低いことが考えられる。また，LGBT の取組が進んでいない職場では，LGBT 当事者はカミングアウトすることをためらうため，LGBT 当事者が職場で直面する問題やニーズを人事が把握しにくいことも原因の一つと考えられる。さらに，日本には企業の LGBT 施策に関するデータや研究が少ない中で，人事担当者は手探りで施策に取り組んでいることも，日本で LGBT 施策の導入が遅れている原因であると，企業の人事部門での実体験から感じている。

　2016 年に日本労働組合総連合会が組合員に対して実施した意識調査の結果では，上司や同僚，部下が LGB なのは「嫌ではない」と 65.0％が答えているものの，35.0％が「嫌だ」と答えている。また，上司や同僚，部下がトランスジェンダーなのは「嫌ではない」と 73.7％と回答し，26.3％が「嫌

15　東京都「東京都オリンピック憲章にうたわれる人権尊重の理念の実現を目指す条例」
　　（2018）
16　日本経済団体連合会「ダイバーシティ・インクルージョン社会の実現に向けて」（2017）
　　10-14 頁。

第6章　LGBT と企業　職場に LGBT アライが存在する効果と多様性を活かす企業施策

だ」と答えている。職場において，LGBT 関連のハラスメントを受けたり，見聞きしたりした人は22.9％であった。[17] 日本では，LGBT に対する差別の認識が低いことは前述の通りであり，そもそも LGBT 関連のハラスメントが何かを把握できていない可能性がある。そのため，実際にはこの調査結果の数値以上の差別が行われていると考える。

　しかしながら，LGBT 当事者が差別に対して声を上げることはカミングアウトすることにつながるため，差別の二次被害を恐れる LGBT 当事者は沈黙することを選択する。差別が行き過ぎた際に訴訟に発展し，企業はそこで初めて問題を認識することになる。これは，企業にとって大きなリスクである。

3　組織における「沈黙の螺旋」の負の影響

　LGBT への差別的な言動がある職場では，同性愛や戸籍の性別とは異なる性表現をからかいの対象にしたり，集団から孤立させたりするなど，人間関係にネガティブな影響を与える行為が未だ存在する。それだけではなく，自らのセクシュアリティをカミングアウトしたことが原因で不本意に配置転換されたり，解雇されたりするなど，人事的な差別的行為を受けるケースも報告されている。[18] このように，意識的に差別する行為だけでなく，既定の男女のみを想定した発言や行動も，既定の枠に当てはまらない性的マイノリティの従業員を差別していると捉えられる可能性がある。

　しかしながら，LGBT 当事者が差別を見聞きしたり，直接的に差別を受けたりしても，さらに差別を受けることを恐れる当事者本人が訴え出ることは難しい。

　性別や年代，身体的障がい，人種のように目に見えやすい違いと比較し

17　日本労働組合総連合会「LGBT に関する職場の意識調査」(2016) 1, 6 頁。
18　日本労働組合総連合会「性的指向及び性自認（SOGI）に関する差別禁止に向けた取り組みガイドライン〜すべての人の対等・平等，人権の尊重のために〜」(2017)

て，性的指向や性自認のような目に見えにくい違いを持つ従業員は，集団からの孤立と差別を避けるために，組織の中でその違いを秘匿する傾向がある[19]。結果として，性的マイノリティの従業員が直面する問題やニーズは，組織の中で可視化されにくくなるのである[20]。LGBT当時者の従業員が自らのセクシュアリティを秘匿することで，職場にはLGBT当事者は「いないもの」とされてしまう。すると，性的マジョリティの差別的な価値観が組織の中で優勢となり，性的マイノリティはさらに沈黙を強いられ，ますます差別的な価値観が増大することになる。この現象は，社会における同調圧力によって，孤立を恐れるマイノリティが沈黙を強いられ，マジョリティ優勢の世論が形成されるという仮説「沈黙の螺旋」で説明できる[21]。図6—1では，沈黙の螺旋のプロセスに当てはめて，職場における性的マイノリティの問題を整

【図6—1　組織における沈黙の螺旋】

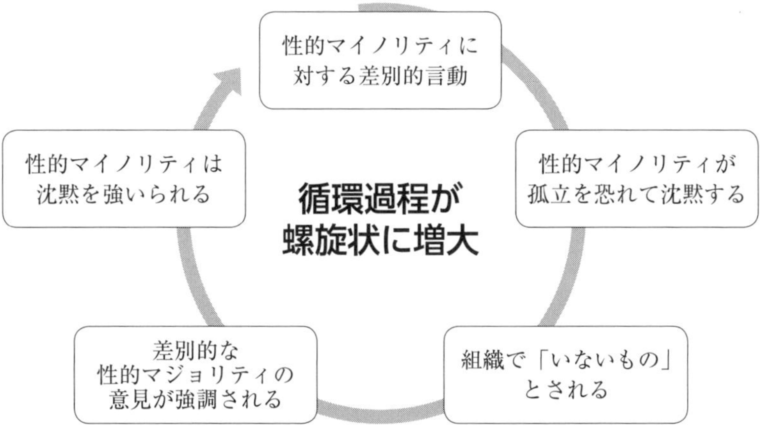

19　Bowen, F., & Blackmon, K. (2003). Spirals of silence: The dynamic effects of diversity on organizational voice. *Journal of management Studies*, p.1393-1417.

20　Clair, J. A., Beatty, J. E., & MacLean, T. L. (2005). Out of sight but not out of mind: Managing invisible social identities in the workplace. *Academy of Management Review*, 30(1), p.78-95.

21　Noelle-Neumann, E. (1991). The theory of public opinion: The concept of the spiral of silence. *Annals of the International Communication Association*, p.256-287.

第6章　LGBTと企業　職場にLGBTアライが存在する効果と多様性を活かす企業施策

理した。

　沈黙の螺旋が生じている職場では，マイノリティに属する社員は心理的安全性を感じることができず，様々な負の影響を及ぼす。心理的安全性を感じることができない性的マイノリティの従業員は，職場で良好な人間関係を構築することが困難になり，何か意見があったとしても自由に発言する機会を失う。いずれ，性的マイノリティの従業員がその職場で働き続けたいという意思は低下し，最悪のケースでは退職につながる[22]。

　また，沈黙の螺旋が組織にもたらす負の影響は，LGBT当事者に対するものだけではない。業務改善や新たなビジネスの創出に必要とされるイノベーションが生み出される職場環境には，多様な価値観や発想を受け入れる組織文化が必要となる。つまり，性的マイノリティに対する沈黙の螺旋を放置することは，異なる属性を持つ従業員が尊重されず，マジョリティによる同調圧力を肯定することになる。結果として，企業にとってイノベーションを生み出す職場環境を破壊していることになる[23]。

　企業におけるLGBT施策の目的は，LGBTの従業員を優遇することでも，特権を与えることでもない。真の目的は，マジョリティによる偏見と差別によって発生する沈黙の螺旋の存在に気づき，それを断ち切ることである。性的指向，性自認，性表現だけでなく，様々な違いを持つ従業員が組織の中で差別や孤立を感じずに，持てる力を最大限に発揮できる環境が醸成されることで，企業は持続的に成長する素地を作ることができるのである。

22　Muñoz, C. S., & Thomas, K. M. (2006). LGBTQ issues in organizational settings: What HRD professionals need to know and do. *New directions for adult and continuing education*, 2006(112), p.85-95.

　　Carmeli, A., Reiter-Palmon, R., & Ziv, E. (2010). Inclusive leadership and employee involvement in creative tasks in the workplace: The mediating role of psychological safety. *Creativity Research Journal*, 22(3), 250-260.

23　Baer, M., & Frese, M. (2003). Innovation is not enough: Climates for initiative and psychological safety, process innovations, and firm performance. *Journal of Organizational Behavior: The International Journal of Industrial, Occupational and Organizational Psychology and Behavior*, 24(1), 45-68.

4 「沈黙の螺旋」を断ち切るアライの役割の先行研究

　では，組織の中で生じている沈黙の螺旋を断ち切るにはどのような施策が有効だろうか。前述の通り，LGBT への差別がある職場では，セクシュアリティを隠して働いている LGBT 当事者が，差別に対して自ら声を上げることは困難である。そこで，職場における性的マジョリティがアライであることを表明し，LGBT 当事者が直面する問題に対して声を上げることで，組織における沈黙の循環を断ち切る役割を担うことができると考える。

　日本では，海外で差別の主な原因として挙げられる宗教によるネガティブな影響は少ないが，LGBT に関する正しい知識を学校教育や生活の中で得る機会がほとんどないことや，メディアによる偏ったイメージの定着により，LGBT に対する誤解が差別や偏見につながっている。そのため，LGBT に対して強固な差別的感情を持つ人は少ないと予想し，誤解と偏見を是正するための知識を提供することで，LGBT への認識はポジティブに変わる可能性がある。そこで，アライを職場に増やす施策として研修が有効であると考える。

　日本の職場における性的マイノリティに関する研究では，収入の額は LGBT 当事者の勤続意欲に対して有意な関連性はなく，むしろ LGBT に対する差別的言動が勤続意欲に対して負の効果をもたらすことが統計的に確認されている。[24]

　日本には職場における性的マイノリティやアライに関する研究がほとんど存在しないが，米国では数多くの研究が発表されている。米国で行われた従業員調査では，差別を受けるかもしれないという不安を持たずに，自らのセクシュアリティに関して会話する頻度が高いほど，LGBT の従業員のエンゲージメントが高くなることが確認された。[25] さらに，米国で働く LGBT 当事者を対象に実施された調査によると，LGBT 当事者がその職場で働き続け

24　平森大規（2015）「職場における性的マイノリティの困難—収入および勤続意欲の多変量解析 *Gender and Sexuality: Journal of Center for Gender Studies*」，10, 91-118 頁

第6章 LGBTと企業 職場にLGBTアライが存在する効果と多様性を活かす企業施策

たいと思う重要な要因として，LGBTであることが同僚から受容されていること，評価と雇用の継続を脅かさないこと，性的指向や性自認に関わらず，他の従業員と同等の権利と利益を得ることができる公平性があることと並んで，職場にアライの同僚が存在することが確認されている[26]。

アライの存在の効果に関しては，アライはLGBT当事者の課題やニーズを代弁し，LGBTに対する差別を是正しようと行動することにより，LGBT当事者にとって働きやすい職場を醸成するという，米国の職場における調査結果がある[27]。また，アライは，LGBTの従業員が直面する差別を是正するため，LGBTの従業員の職務満足度を向上する効果があるとされている[28]。

これらの先行研究では，LGBT当事者であることに対して差別をされることを恐れずに，気兼ねなく話すことができるアライの存在は，LGBT当事者に心理的安全性を与え，組織へのエンゲージメントを高める可能性があることを示している。そこで，日本の職場においてもアライはLGBT当事者の課題やニーズを代弁し，差別を是正する存在であることから，日本の職場においても同様に，アライの存在はLGBT当事者の勤続意欲を向上させるという仮説を立てた。

5 アライを育成するLGBT研修の効果の先行研究

これまで，複数の団体が，国内の企業で導入されているLGBT施策に関

---

25 Day, N. E., & Schoenrade, P. (1997). Staying in the closet versus coming out: Relationships between communication about sexual orientation and work attitudes. *Personnel Psychology*, 50(1), p.147-163.

26 Brooks, A. K., & Edwards, K. (2009). Allies in the workplace: Including LGBT in HRD. *Advances in Developing Human Resources*, 11(1), p.136-149.

27 Muñoz, C. S., & Thomas, K. M. (2006). LGBTQ issues in organizational settings: What HRD professionals need to know and do. *New directions for adult and continuing education*, 2006(112), p.85-95.

28 Ellis, A. L., & Riggle, E. D. (1996). The Relation of Job Satisfaction and Degree of Openness About One Æs Sexual Orientation for Lesbians and Gay Men. *Journal of homosexuality*, 30(2), p.75-85.

する調査報告書を発行し，どのような施策がLGBTの理解推進と差別の是正に有効であるかを提言している。

経団連は，LGBTに関する企業施策の調査結果と有効な施策の提言書により，LGBTへの理解促進に向けた社内各層への研修や勉強会の実施を提言している[29]。国内の企業及び団体におけるLGBTに関する取組を特定の基準で評価し，好事例を紹介する「PRIDE指標レポート[30]」では，LGBTを「必須の研修に組み込んで継続的に実施している，全社員を対象としている」ことを評価指標としている。

日本労働組合連合会は，「性的指向及び性自認（SOGI）に関する差別禁止に向けた取り組みガイドライン[31]」を発行し，管理・監督者を含む全ての労働者を対象とした研修を継続的に実施し，その中で性的指向と性自認に関する基礎知識と併せて，ハラスメントの具体的な事例や性別役割分担意識も含めたハラスメントの原因や背景などについても周知する研修や，勉強会の導入を提案している。

LGBT法連合会が監修し，発行された「性自認および性的指向の困難解決に向けた支援マニュアルガイドライン[32]」では，LGBTに対する差別防止施策としてまず取り組むことは，基礎知識やハラスメント規定，ハラスメントとなり得る言動について，人事部門や管理職層，一般社員に周知と啓発をするための研修の実施であるとしている。

このように，複数の団体が，LGBTへの理解を促進し，差別を是正する施策としてLGBT研修の必要性を提言している。しかしながら，研修の効果は実証されておらず，研修を実施することがLGBTへの理解と行動をどの程度促進するかについては確認されていない。

29　日本経済団体連合会「ダイバーシティ・インクルージョン社会の実現に向けて」（2017）10-14頁

30　PRIDE指標運営委員会「PRIDE指標2017レポート」（2017）

31　日本労働組合総連合会「性的指向及び性自認（SOGI）に関する差別禁止に向けた取り組みガイドライン～すべての人の対等・平等，人権の尊重のために～」（2017）

32　LGBT法連合会「性自認および性的指向の困難解決に向けた　支援マニュアルガイドライン」社会的包摂サポートセンター（2016）6頁

第6章　LGBT と企業　職場に LGBT アライが存在する効果と多様性を活かす企業施策

　米国で実施された調査では，LGBT 非当事者がアライとしての自己認識を得るために必要とされる要因として，LGBT 当事者から期待される行動を取れていること，そのために十分な知識を有していること，知識と行動に対して自信を持っていることを挙げている[33]。また，米国の大学で実施されたアライ育成のためのプログラムに関する調査では，アライになるきっかけは人によって異なるとした上で，自らをアライとして認識している人に共通している要素として LGBT 当事者が直面する問題や社会的な課題と，アライに期待される行動に関して知識を有していること，LGBT 当事者が期待する行動を実際に取れていること，アライとして行動する際に生じる疑問や不安について相談できる人がいることを挙げている[34]。

　これらの先行研究から，アライには適切な知識を有していることが必須であることがわかる。そこで，LGBT に関する正しい知識と，アライとして取るべき行動に関する知識の習得を目的とした研修は，日本の職場においてもアライ育成に有効だという仮説を立てた。

6　職場に LGBT アライが存在する効果の実証分析

　この分析に使用するデータは，特定非営利活動法人虹色ダイバーシティと国際基督教大学ジェンダー研究センターにより実施された「LGBT に関する職場環境アンケート 2016」の調査結果である[35]。

　職場における勤続意欲とアライの存在の関係性を分析するため，得られた回答の中から，企業や団体で働いた経験のある LGBT 当事者のみを分析を

33　Evans, N. J., & Wall, V. A. (1991). *Beyond Tolerance: Gays, Lesbians and Bisexuals on Campus.* American Association for Counseling and Development, 5999 Stevenson Ave., Alexandria, VA 22304 (Order No.72595; 23.95).

34　Ji, P., Du Bois, S. N., & Finnessy, P. (2009). An academic course that teaches heterosexual students to be allies to LGBT communities: A qualitative analysis. *Journal of Gay & Lesbian Social Services,* 21(4), 402-429.

35　特定非営利活動法人虹色ダイバーシティ＆国際基督教大学ジェンダー研究センター「LGBTと職場環境に関するアンケート調査 2016」(2016)

職場にLGBTアライが存在する効果の実証分析

【表6−1　分析データの度数分布】

		n	%
セクシュアリティ	非当事者（0）	482	30
	LGBT当事者（1）	1124	70
アライ	いない（0）	951	59.2
	いる（1）	655	40.8
勤続意欲	そう思わない（−2）	198	12.3
	ややそう思わない（−1）	125	7.8
	どちらとも言えない（0）	294	18.3
	ややそう思う（1）	435	27.1
	そう思う（2）	554	34.5
	サンプル数	1606	100

対象とした。さらに，LGBT当事者と非当事者に対してアライの存在が与え
る影響を比較するため，回答者のセクシュアリティと，職場におけるアライ
の有無を特定する質問項目へ回答しているサンプルだけを選択した。その結
果，分析対象は1,606となった。

　分析では，LGBT当事者と非当事者への影響を比較するため，性自認，出
生時の性別，性表現，現在の戸籍の性別，性的指向の回答を組み合わせて
「LGBT当事者」又は「LGBT非当事者」を特定するデータを作成した。具
体的には，出生時の性別と性自認と性表現で回答した性別が一致し，性的指
向が出生時で回答した性別と異なり，性的指向が女性又は男性である場合は
ヘテロセクシュアル（異性愛者），及びシスジェンダー（非トランスジェンダー）
であり，LGBT非当事者と判断した。さらに，それぞれの回答で「その他
（具体的に）」を選択し，フリーテキスト欄において自らのセクシュアリティ
を性的マイノリティとして特定しているケース，又は，「分からない」とし
ているケースはLGBT当事者とし，特定できないケース，若しくは無回答
の場合は分析の対象外とした。

　アライの有無を示すデータは，「あなたの現在の職場には，性的マイノリ
ティについて理解し，支援する人（アライ）がいるか，お答えください。自

第6章　LGBT と企業　職場に LGBT アライが存在する効果と多様性を活かす企業施策

【表6－2　アライの有無，勤続意欲の関係】

非当事者			勤続意欲					合計
			そう 思わない	ややそう 思わない	どちらとも 言えない	やや そう思う	そう思う	
アライ	いない	N	22	14	54	82	129	301
		%	7.3	4.7	17.9	27.2	42.9	100
	いる	N	12	10	33	42	84	181
		%	6.6	5.5	18.2	23.2	46.4	100
クラメールのV	0.052				有意確率	0.863		

LGBT 当事者			勤続意欲					合計
			そう 思わない	ややそう 思わない	どちらとも 言えない	やや そう思う	そう思う	
アライ	いない	N	111	66	133	174	166	650
		%	17.1	10.2	20.5	26.8	25.5	100
	いる	N	53	35	74	137	175	474
		%	11.2	7.4	15.6	28.9	36.9	100
クラメールのV	0.148				有意確率	0.000		

分自身がアライである場合も含みます」という質問の回答を使用した。勤続意欲を確認するには，「あなたは現在の職場で今後も働き続けたいと思うか，お答えください」という質問に対する5段階の回答を使用した。

　まず，職場におけるアライの存在と勤続意欲の関係性を分析したところ，非当事者の場合は，アライの存在と勤続意欲は統計的に関連しないことが分かった。LGBT 当事者の場合は，アライの存在は勤続意欲に統計的に関連があることが分かった（表6－2）。

　さらに，アライが存在しない職場と比較して，アライが存在する職場の方が勤続意欲の高い LGBT 当事者の比率が13.5パーセントポイント高く，アライが存在する職場と比較して，アライが存在しない職場の方が勤続意欲の低い LGBT 当事者の比率が8.7パーセントポイント高いことが分かった。これにより，米国で行われた先行研究と同様に，日本の職場においても，アラ

120

国内企業における LGBT 研修の効果測定

イの存在は LGBT 当事者の勤続意欲を向上させる可能性があることが分かり，仮説が支持された。

　LGBT に対する社会の理解や法律には未だ課題のある日本では，LGBT 当事者が働く上で直面する問題は多く，職場で気軽にカミングアウトできる環境ではない。そこで，アライが LGBT の理解者，支援者として職場における差別的な問題を代弁し，差別的行為を是正するために行動することにより，LGBT 当事者は仲間が存在することを認知し，結果として勤続意欲を高めていると想定する。この分析により，LGBT 当事者にとって働きやすい職場を醸成するにはアライの存在は重要であり，企業は差別的言動を防止するための施策とともに，組織の中の性的マジョリティをアライとして育成することが有効である可能性が示唆された。

7　国内企業における LGBT 研修の効果測定

　ここでは，組織の中の性的マジョリティをアライとして育成するための施策として，LGBT 研修が有効かを確認した。具体的には，LGBT 研修の中で教えられるアライに求められる LGBT に関する知識の理解度と，アライとしての行動の実践度（行動度）を測ることで，LGBT 研修がアライを育成する効果を分析した。

　この分析に使用するデータは，国内の食料品製造業の企業である日本たばこ産業株式会社と特定非営利活動法人虹色ダイバーシティと筆者の共同調査

【表6－3　受講形態の度数分布】

	n	%
クラスルーム形式研修受講者	55	15.5
eラーニング形式研修受講者	130	36.6
クラスルーム＋eラーニング研修受講者	68	19.2
未受講者	102	28.7
合計	355	100

注）重回帰分析に使用したデータの度数分布は【補足データ】に記載した。

121

第6章　LGBT と企業　職場に LGBT アライが存在する効果と多様性を活かす企業施策

として実施された，LGBT に関する社内アンケート調査の結果である。[36]当該
企業の従業員が通常アクセスする従業員用サイトのトップページに，2018
年3月9日から30日までの21日間，任意の調査協力依頼が掲載され，452
名が回答した。回答者には，2016 年から 2017 年にかけて，虹色ダイバーシ
ティが実施したクラスルーム形式の LGBT 研修と，虹色ダイバーシティが
設計し，2017 年に従業員を対象に提供された e ラーニング形式の LGBT 研
修の受講者と未受講者が含まれる。

　アライとして求められる知識の理解度を測るためには，研修で提供された
情報をどの程度理解しているか，得た知識を実践する自信があるかを確認す
る8つの質問への回答を使用した。アライとしての行動度を測るためには，
LGBT について理解し，理解促進や差別防止を支援する行動を取れているか
を確認する9つの質問への回答を使用した。それぞれのデータを構成する質
問は表6—4の通りである。

　留意点として，分析に使用したデータは，LGBT に関するアンケート調査
に任意で協力した結果のため，もともと LGBT のテーマに興味，関心を
持っている従業員が回答している可能性がある。回答者が LGBT に対して
ある程度の知識を有していると，回答に偏りを生じさせる可能性があるが，
この分析では，研修受講者と未受講者の理解度と行動度を比較するため，研
修の効果は測定できると考えた。

　まず，LGBT 研修の受講歴の有無と，アライとして求められる知識の理解
度，及びアライとしての行動度の関係性を分析した。表6—5の理解度の分
析の結果，研修受講者と未受講者の理解度の正回答の平均値を比較すると，
研修の未受講者は5.09 で，受講者の6.04 の方が高い。これにより，研修未
受講者と比較して，研修受講者の理解度の方が高いことが分かった。表6の
行動度の分析結果に関しても，研修受講者と未受講者の行動度の正回答の平
均値を比較すると，研修の未受講者は0.91 で，受講者の1.71 の方が高い。

36　特定非営利活動法人虹色ダイバーシティ「ALLY を増やす取り組みに関する調査結果」
　　http://nijiirodiversity.jp/2018_jt_survey-report/（2018）

これにより，研修未受講者と比較して，研修受講者の行動度の方が高いことが分かった。

米国の先行研究では，アライの育成にはLGBTに関する知識と，アライとして取るべき行動に関する知識を提供することが必要であるとされている。この分析により，そのような知識を提供する研修は，日本においてもアライ育成に有効であることが確認できた。

また，研修受講者と未受講者の正回答率をまとめた。表6―7によると，理解度の質問に対する研修受講者の正解率は75.5％に達したが，行動度の質問に対する正解率は19.0％と著しく低い結果であった。この分析結果により，LGBT研修を受講することは，LGBTへの理解を促進する効果を期待できるが，研修を受講するだけでは，アライとしての行動を導き出す効果は十分ではないことが分かった。

ただし，アライに求められる適切な知識を有していないと，アライとしての行動を取ることが難しいことは，先行研究で確認されている[37]。そこで，理解度と行動度の相関関係を分析したところ，先行研究の結果と同様に，アライに求められる知識の理解度はアライとしての行動度を高める可能性があることを統計的に確認できた（表6―8）。

さらに，クラスルーム形式の研修の受講者と，eラーニング形式の研修の受講者，クラスルーム形式とeラーニング形式の両研修の受講者という三つの受講形態によって，理解度と行動度への影響に差が生じるかを検証した（表6―9）。理解度に関しては，クラスルーム形式の研修受講者の正回答の平均値が6.47と最も高く，eラーニング形式の研修受講者の正回答の平均値は5.67と最も低いことが分かった。行動度に関しては，クラスルーム形式とeラーニング形式の両研修の受講者の正回答の平均値が2.49と最も高く，eラーニング形式の研修受講者の正回答の平均値は1.30と最も低いこ

37　Evans, N. J., & Wall, V. A. (1991). *Beyond Tolerance : Gays, Lesbians and Bisexuals on Campus*. American Association for Counseling and Development, 5999 Stevenson Ave., Alexandria, VA 22304 (Order No.72595 ; 23.95).

第6章　LGBTと企業　職場にLGBTアライが存在する効果と多様性を活かす企業施策

【表6―4　アライとしての理解度と行動度を測る質問】

アライに求められる知識の理解度を確認するための設問（8問）

				n	%
1．社内にLGBTに関する差別禁止規定や相談窓口などの支援があることを知っていますか？		0　いいえ		75	21.1
		1　はい		280	78.9
2．日本の「社会」の中で，LGBTの人々は様々な問題に直面していると思いますか？		0　いいえ		57	16.1
		1　はい		298	83.9
3．日本の「職場」の中で，LGBTの人々は様々な問題に直面していると思いますか？	0　そう思わない	0　いいえ		83	23.4
	0　あまりそう思わない				
	0　どちらとも言えない				
	1　ややそう思う				
	1　そう思う	1　はい		272	76.6
4．LGBTの人々は，子ども時代にいじめにあう可能性が他の人より高いと思いますか？	0　そう思わない	0　いいえ		56	15.8
	0　あまりそう思わない				
	0　どちらとも言えない				
	1　ややそう思う				
	1　そう思う	1　はい		299	84.2
5．あなたは，LGBT，アライの言葉の意味を，他の人に適切に説明できると思いますか？	0　そう思わない	0　いいえ		156	43.9
	0　あまりそう思わない				
	0　どちらとも言えない				
	1　ややそう思う				
	1　そう思う	1　はい		199	56.1
6．日本での同性同士の法的保証について，当てはまると思う選択肢を選んでください。	0　同性婚ができる	0　不正解		137	38.6
	0　一部の自治体のみ同性婚ができる				
	1　一部の自治体のみパートナーの登録ができる				
	0　結婚はできないが事実婚と同様の社会保障がある				
	0　分からない	1　正解		218	61.4
7．部下から「性別を変えて働きたい」と相談を受けた上司が，周りにも周知すべきと考え，職場でカミングアウトするよう促しました。この対応は適切だと思いますか？	0　そう思う	0　いいえ		93	26.2
	0　ややそう思う				
	0　どちらとも言えない				
	1　あまりそう思わない				
	1　そう思わない	1　はい		262	73.8

124

国内企業における LGBT 研修の効果測定

8．同僚からLGBTであるとカミングアウトされ，どうしたらいいか分からなかったので，「どう対応したら良いか教えて欲しい」と本人に聞きました。この対応は適切だと思いますか？	0　そう思わない	0　いいえ	136	38.3
	0　あまりそう思わない			
	0　どちらとも言えない			
	1　ややそう思う			
	1　そう思う	1　はい	219	61.7

アライとしての行動の実践度を確認するための設問（9問）

				n	%
あなたは自分がアライであることを周囲に表明するために何かしていますか？（複数回答）	1　周囲に積極的に話をしている	0　いいえ	337	94.9
		1　はい	18	5.1
	2　虹色のステッカーを貼っている	0　いいえ	289	81.4
		1　はい	66	18.6
	3　虹色のグッズを身につけている	0　いいえ	342	96.3
		1　はい	13	3.7
	4　SNS等で関連する投稿を評価・拡散	0　いいえ	348	98
		1　はい	7	2
	5　その他	0　いいえ	348	98
		1　はい	7	2
6	あなたはLGBTに関して他の人の理解を深めるために情報を提供していますか？	0　まったくしない 0　あまりしていない 0　どちらとも言えない 1　ときどきしている 1　よくしている	0　していない	270	76.1
			1　している	85	23.9
7	自分自身のLGBTに関する知識や理解を深めるために，何かしていますか？	0　まったくしない 0　あまりしていない 0　どちらとも言えない 1　ときどきしている 1　よくしている	0　していない	257	72.4
			1　している	98	27.6
8	LGBTに対する誤解や差別的言動を見聞きしたら，積極的に訂正していますか？	0　まったくしない 0　あまりしていない 0　どちらとも言えない 1　ときどきしている 1　よくしている	0　していない	206	58
			1　している	149	42
9	LGBTの人と会話をする機会はありますか？	0　まったくしない 0　あまりしていない 0　どちらとも言えない 1　ときどきしている 1　よくしている	0　していない	272	76.6
			1　している	83	23.4

第 6 章　LGBT と企業　職場に LGBT アライが存在する効果と多様性を活かす企業施策

【表6―5　研修受講歴と理解度の平均の差】

		理解度									平均
		0	1	2	3	4	5	6	7	8	
未受講者	n	2	2	2	11	19	21	22	17	6	5.09
	%	2.0%	2.0%	2.0%	10.8%	18.6%	20.6%	21.6%	16.7%	5.9%	
受講者	n	0	0	7	13	26	27	71	62	47	6.04
	%	0.0%	0.0%	2.8%	5.1%	10.3%	10.7%	28.1%	24.5%	18.6%	

注）1 ）平均値の差は 0.01 水準で有意
　　2 ）平均の差の t 検定の経過分析は【補足データ】に記載した。

【表6―6　研修受講歴と行動度の平均の差】

		行動度										平均
		0	1	2	3	4	5	6	7	8	9	
未受講者	n	60	17	10	7	5	3	0	0	0	0	0.91
	%	58.8%	16.7%	9.8%	6.9%	4.9%	2.9%	0.0%	0.0%	0.0%	0.0%	
受講者	n	72	59	53	35	20	8	1	3	2	0	1.71
	%	28.5%	23.3%	20.9%	13.8%	7.9%	3.2%	0.4%	1.2%	0.8%	0.0%	

注）1 ）平均値の差は 0.01 水準で有意
　　2 ）平均の差の t 検定の経過分析は【補足データ】に記載した。

【表6―7　研修未受講者と受講者の正回答率】

	理解度	行動度
未受講者	63.6%	10.1%
受講者	75.5%	19.0%
差分	11.9%	8.9%

注）差分は，受講者の正回答率 - 未受講者の正回答率として算出した。

【表6―8　理解度と行動度の相関関係分析】

		行動度
理解度	相関係数	0.354**
	有意確率（両側）	0.00
	度数	355

注）** $p < .01$，スピアマンの順位相関関係分析

国内企業における LGBT 研修の効果測定

【表6－9　研修受講形態と理解度・行動度の平均の分散分析】

		理解度 0	1	2	3	4	5	6	7	8	平均
クラスルーム形式	n	0	0	1	0	3	6	17	14	14	6.47
	%	0.0%	0.0%	1.8%	0.0%	5.5%	10.9%	30.9%	25.5%	25.5%	
eラーニング形式	n	0	0	6	9	19	18	32	28	18	5.67
	%	0.0%	0.0%	4.6%	6.9%	14.6%	13.8%	24.6%	21.5%	13.8%	
クラスルーム＋eラーニング形式	n	0	0	0	4	4	3	22	20	15	6.40
	%	0.0%	0.0%	0.0%	5.9%	5.9%	4.4%	32.4%	29.4%	22.1%	

注) 1) 平均値の差は 0.01 水準で有意
　　2) 平均の差の t 検定の経過分析は【補足データ】に記載した。

		行動度 0	1	2	3	4	5	6	7	8	9	平均
クラスルーム形式	n	13	15	10	12	4	0	0	0	1	0	1.73
	%	23.6%	27.3%	18.2%	21.8%	7.3%	0.0%	0.0%	0.0%	1.8%	0.0%	
eラーニング形式	n	53	28	26	13	6	1	1	1	1	0	1.30
	%	40.8%	21.5%	20.0%	10.0%	4.6%	0.8%	0.8%	0.8%	0.8%	0.0%	
クラスルーム＋eラーニング形式	n	6	16	17	10	10	7	0	2	0	0	2.49
	%	8.8%	23.5%	25.0%	14.7%	14.7%	10.3%	0.0%	2.9%	0.0%	0.0%	

注) 1) 平均値の差は 0.01 水準で有意
　　2) 平均の差の t 検定の経過分析は【補足データ】に記載した。

とが分かった。

　これらの分析により，LGBT 当事者の講師が対面で実施するクラスルーム形式の研修は，eラーニング研修と比較して，受講者の理解度と行動度を促進する効果が高いことが確認できた。eラーニング形式の研修が理解度と行動度に対して最も効果が低い原因として，LGBT をテーマにした研修に限らず，コンピュータの画面を見ながら独自に進めるeラーニングよりも，講師から対面で説明を受け，不明なことがあれば質問することができるクラスルーム形式の方が，研修内容に関する理解がより深まることが想定される。

　また，当該企業で実施されたクラスルーム形式の研修は，虹色ダイバーシティから派遣された LGBT 当事者の講師が実施した。LGBT 当事者の講師が，自らの体験談を交えながら講義を進めるため，LGBT 当事者が直面する

127

第6章　LGBTと企業　職場にLGBTアライが存在する効果と多様性を活かす企業施策

課題に対する理解が深まると考える。そのため，eラーニング形式の研修よりも，LGBTに対する共感や支援の意思を醸成しやすいことが，アライとして行動したいという受講者の意思に繋がると想定する。

　企業がLGBT研修を導入する際は，eラーニング形式の研修によって幅広い従業員にLGBTに関する知識を習得させると同時に，経営者，人事，

【表6─10　記述統計】

	n	最小値	最大値	平均値	標準偏差
年代	355	20	60	37.44	10.966
性別（男性，女性）	355	0	1	0.78	0.415
管理職	355	0	1	0.23	0.422
クラスルーム形式研修受講	355	0	1	0.15	0.362
eラーニング形式研修受講	355	0	1	0.37	0.482
クラスルーム＋eラーニング研修受講	355	0	1	0.19	0.394
研修未受講	355	0	1	0.29	0.453
身近な当時者の有無	345	0	1	0.31	0.464
職場のアライの有無	355	0	1	0.45	0.498

【表6─11　理解度の重回帰分析】

被説明変数：理解度	標準化係数 ベータ
年代	− 0.079
男性ダミー	− 0.147**
管理職ダミー	0.154*
研修形態（基準：研修未受講）	
クラスルーム形式ダミー	0.214**
eラーニング形式ダミー	0.178**
クラスルーム＋eラーニング形式ダミー	0.194**
身近な当時者ダミー	0.057
周囲のアライ行動ダミー	0.190**

注）* p<.05, ** p<.01

国内企業における LGBT 研修の効果測定

【表6—12　行動度の重回帰分析】

被説明変数：行動度	標準化係数 ベータ
年代	− 0.065
男性ダミー	− 0.120*
管理職ダミー	0.078
研修形態（基準：研修未受講）	
クラスルーム形式ダミー	0.125*
eラーニング形式ダミー	0.146*
クラスルーム＋eラーニング形式ダミー	0.307**
身近な当時者ダミー	0.337**
周囲のアライ行動ダミー	0.266**

注）＊ p<.05，＊＊ p<.01

及び管理・監督者のように，職場環境を是正する鍵となる層から順に，クラスルーム形式の研修を実施し，行動を促進することが効果的であると考える。

　さらに，研修の他に理解度と行動度に影響があると考える要因に関しても分析した。重回帰分析という統計手法を使用することで，理解度と行動度に影響がある可能性のあるデータを選択し，それらが理解度と行動度に与える影響を除外した上で，LGBT 研修だけが理解度と行動度に与える影響が確認できる。また，選択したデータの理解度と行動度への影響の度合いを比較することができる。この分析では，回答者の年代，性別，管理職かどうか，身近に LGBT 当事者が存在するか，職場にアライが存在するか等を，理解度と行動度に影響を与える要因として選択した。

　その結果，LGBT に関する知識の理解度と行動度に影響を与えると想定するデータの影響を除外しても，LGBT 研修を受講することは理解度と行動度を上げることを統計的に確認できた。よってこの分析でも，LGBT 研修はアライとして求められる理解とアライとしての行動を促進し，アライを育成する効果があるということが分かった。

第6章　LGBTと企業　職場にLGBTアライが存在する効果と多様性を活かす企業施策

　前項で研修受講者の理解度と行動度の正回答率を比較したところ，研修を受講するだけでは，アライとしての行動を引き出す効果は低いという結果が出たが，この分析により，行動度への影響は，身近なLGBT当事者の存在と，アライとして行動している人の存在の方が研修を受講することよりも，大きいことが確認できた。

　行動度を高める要因の中では，身近なLGBT当事者の存在の効果が最も大きい。その理由として，身近にLGBT当事者がいない人よりも，身近にLGBT当事者がいる人の方が，アライとして実際に行動する機会が増加することが想定される。

　しかし，理解度に対する身近なLGBT当時者の存在の影響は統計的に確認できなかった。これは，本調査において確認している理解度は，LGBT当事者が身近にいるという事実だけでは得ることができない知識が含まれていることが原因であると考える。本調査で確認している理解度は，研修で提供されたアライとして求められる知識の理解度であり，LGBTの存在に対して差別的意識を有しているかどうかを意味する理解度ではない。理解度を確認する質問には，「社内にLGBTに関する差別禁止規定や相談窓口などの支援があることを知っていますか？」，「あなたは，LGBT，アライの言葉の意味を，他の人に適切に説明できると思いますか？」，「日本での同性同士の法定保証について，当てはまると思う選択肢を選んでください」などが含まれる。そのため，身近なLGBT当事者の存在よりも，LGBT研修を受講することの方が，アライとして求められる知識の理解度を高める効果が高いと考える。米国の先行研究の調査でも，LGBT当事者と個人的な繋がりがあることや，LGBTに対する支援の意思があることだけでは，アライと認識されるには十分ではないとされている[38]。

　また，アライとして行動している人の存在は，理解度と行動度に対してプ

38　Evans, N. J., & Wall, V. A. (1991). *Beyond Tolerance: Gays, Lesbians and Bisexuals on Campus*. American Association for Counseling and Development, 5999 Stevenson Ave., Alexandria, VA 22304 (Order No.72595; 23.95).

ラスの影響があることが分かった。周囲のアライの存在が理解度を高める原因としては、虹色のステッカーを貼ったり、LGBTについて話したりするアライが身近に存在することで、周囲の人がLGBTの情報に接する機会が増え、結果としてLGBTに関する理解がより促進されると考える。周囲のアライの存在が行動度を高める原因としては、ロールモデルからアライとしての行動を学び、疑問や課題に対してアドバイスを受けることが有効であるという研究結果が参考になる。[39]

　本調査のアライとしての行動には、「差別的な言動を訂正する」、「他の人へLGBTの情報を提供する」という行動が含まれている。これらの行動を取るには、LGBT当時者が直面する問題や、LGBT当事者にとって差別として捉えられる可能性がある言動に関する知識を有しているとともに、自分が取ろうとしている行動は正しいという自信が必要となる。[40]この分析により、アライとして行動する人がロールモデルとなることで、新たにアライになろうとする人にとって行動を開始しやすい環境が醸成されている可能性が示唆された。

8 まとめ—マジョリティを動かすことによる多様性を活かす組織改革

　今日の日本では、LGBTなど性的マイノリティに対する社会の理解や法律に課題があることは否めない。LGBT当事者は日常的に差別の問題に直面し、就労を脅かされている。そのような差別と集団からの孤立を恐れ、組織の中で自らのセクシュアリティを秘匿することを選択するLGBT当事者が、日本の職場では多く存在する。

39　Ji, P., Du Bois, S. N., & Finnessy, P. (2009). An academic course that teaches heterosexual students to be allies to LGBT communities: A qualitative analysis. *Journal of Gay & Lesbian Social Services*, 21(4), 402-429.

40　Evans, N. J., & Wall, V. A. (1991). *Beyond Tolerance : Gays, Lesbians and Bisexuals on Campus*. American Association for Counseling and Development, 5999 Stevenson Ave., Alexandria, VA 22304 (Order No.72595; 23.95).

第 6 章　LGBT と企業　職場に LGBT アライが存在する効果と多様性を活かす企業施策

　組織の中に存在する差別によって，LGBT など性的マイノリティが沈黙し，居ないものとされることで，性的マジョリティの差別的な考えや価値観が優勢となり，性的マイノリティはさらに沈黙を強いられ，ますます差別的な価値観が組織の中で増大することになる。この現象は，社会における同調圧力によって，孤立を恐れるマイノリティが沈黙を強いられ，マジョリティ優勢の世論が形成されるという「沈黙の螺旋」モデルにより説明できる[41]。

　沈黙の螺旋が組織にもたらす負の影響は，LGBT 当事者の勤続意欲の低下だけではなく，多様な発想を受け入れる組織文化の醸成を阻害する。企業が沈黙の螺旋を放置することで，組織の中の同調圧力が高まり，マイノリティの属性を持つ従業員だけでなく，集団とは異なる見解や意見を持つ従業員の心理的安全性が低下し，自由に発言することができなくなる。結果として，新たなビジネスの創出や業務改善に必要とされるイノベーションを生み出す環境を破壊する[42]。沈黙の螺旋を断ち切ることは，企業の持続的成長のために必要不可欠である。

　つまり，企業における LGBT 施策とは，LGBT の従業員を優遇することでも，特権を与えることでもない。マジョリティによる偏見と差別によって発生する沈黙の螺旋を断ち切り，性的指向や性自認，性表現に関わらず，様々な違いが尊重され，マイノリティが活躍できる職場環境を整えるものである。

　本研究では，沈黙の螺旋を断ち切る存在として，アライの存在の効果に着目した。国内では，複数の団体により，アライの重要性や，LGBT 研修の実施が提言，報告されているが，その効果は実証されていない。本稿は，日本の職場におけるアライの存在効果と，アライを育成する研修効果に統計的に

41　Noelle-Neumann, E. (1991). The theory of public opinion: The concept of the spiral of silence. *Annals of the International Communication Association*, p.256-287.

42　N Baer, M., & Frese, M. (2003). Innovation is not enough: Climates for initiative and psychological safety, process innovations, and firm performance. *Journal of Organizational Behavior: The International Journal of Industrial, Occupational and Organizational Psychology and Behavior*, 24(1), 45-68.

アプローチした，初めての研究となる。

　本研究の分析により，アライの存在がLGBT当事者の勤続意欲を高める効果と，LGBT研修がアライを育成する効果が実証された。さらに，アライのロールモデルの存在と，身近なLGBT当事者の存在が，アライとしてLGBT当事者を支援し，差別を是正する行動をさらに促進することが確認された。まさに，アライは，組織における沈黙の螺旋を断ち切る存在となり得る可能性が，この分析により明らかになった。

　アライとして一般的とされる行動には，LGBTやアライに関する勉強会の実施，LGBT団体や社内のネットワークへの支援，LGBT当事者にとって差別的な制度や方針の問題の提示，LGBT当事者との友好な関係の構築に加え，LGBTの尊厳を表す虹色のステッカーやアイテムの掲示がある。[43]国内で先進的にLGBT支援施策に取り組む企業でも，アライの存在に着目し，アライを職場で可視化する施策を導入している。2009年から国内でいち早くLGBT支援施策を開始した野村證券株式会社では，LGBT当事者の尊厳を表す6色の虹色の「Allyステッカー」をLGBTの理解者，支援者に配布し，職場のデスクに貼ることでアライであることを公表する仕組みを推進している。[44]

　また，本研究で有効性を確認した，マジョリティを動かすことにより，マイノリティに対する差別を是正し，沈黙の螺旋を断ち切る施策は，他の属性の多様性にも有効であると考える。組織には，目に見えにくい疾患を持つ従業員や，障害者手帳を取得していない障害を持つ従業員，介護やサポートが必要な親近者がいる従業員など，他者からは認識することが困難な多様性が

43　DiStefano, T. M., Croteau, J. M., Anderson, M. Z., Kampa - Kokesch, S., & Bullard, M. A. (2000). Experiences of being heterosexual allies to lesbian, gay, and bisexual people: A qualitative exploration. *Journal of College Counseling*, 3(2), 131-141.

44　東由紀，北村裕介（2015）「野村ホールディングス「アライ（Ally）になろう!!」の取り組みを軸に，多様なバックグラウンドを持つ人が活躍できる職場づくりを推進」，『労政時報』，（3892）87-92頁

　　東由紀（2017）「インタビュー　野村證券株式会社 92.4%のアライを目指して（特集LGBT対応の社内設計）」，『ビジネス法務』，17(3) 81-86頁

第6章　LGBTと企業　職場にLGBTアライが存在する効果と多様性を活かす企業施策

存在する。そのような属性を持つマイノリティは，性的マイノリティと同様に，組織の中でマジョリティから孤立することを避けるために，若しくは言いにくさから，違いを秘匿する可能性が考えられる。また，性別や国籍，身体障がいのように目に見えやすい違いを持つ従業員も，差別や不公平さを感じていても，職場の中で声を上げることによって，マジョリティから孤立することを恐れて秘匿する可能性がある。

　マイノリティが沈黙する原因や環境を作り出しているのは，マジョリティの価値観である。特定のマイノリティ属性を差別しようという意思がなくても，マジョリティの価値観を普通であり，当たり前であると強調することは，マイノリティの属性を持つ従業員の存在を否定し，阻害している。声を上げにくいマイノリティの従業員が直面する問題について，マジョリティに属する従業員が理解し，是正しようという意識を持ち，行動することが，多様性を受け入れる組織を醸成するために重要だと考える。そこで，アライというコンセプトを，LGBTなどの性的マイノリティに対してだけでなく，様々なマイノリティの属性に対しても活用することを提言したい。

　多様性には様々な分類や定義が存在する。人と違う何かを感じていれば，それがダイバーシティであるという考え方がある。[45]多様性の受容とは，特定の属性を優遇するものでも，マジョリティという受容する側と，マイノリティという受容される側のような，強者と弱者の関係性を生み出すものでもないはずである。特定の属性のマジョリティは，マイノリティを一方的に支援するのではなく，マジョリティであっても何かしらのマイノリティである可能性があるのである。多様性は誰もが持つものであり，誰もが誰かのアライになれることに気づくことが必要であると考える。

　企業のダイバーシティ経営を推進する目的と施策は多様である。まずは，どのような経営目的を達成するために多様性を推進するのかを明確にした上で，特定の属性の従業員が差別や不公平な制度により阻害されている事実が

---

[45]　Williams, K. Y., & O'Reilly III, C. A. (1998). Demography and. *Research in organizational behavior*, 20, 77-140.

134

あれば，その是正に取り組む必要があることは明確である。さらに，真のダイバーシティ経営を推進するために，アライのコンセプトを取り入れることにより，相互支援の組織文化を醸成すべきである。

　本研究で使用したデータは，LGBT に関する任意のアンケート調査の結果であるため，LGBT のテーマに興味，関心がある人が回答していると想定される。そのため，LGBT に対して明らかな嫌悪感を持つ従業員，若しくはLGBT に対して無関心な従業員は，本研究に使用したデータには含まれていない可能性が高い。そのような嫌悪感を持つ従業員の意識が変わらない限り，LGBT 当事者に対する差別は完全に是正されることはない。そのため，無作為に選定した回答者に対してアンケート調査を実施した上で，分析を行うことが今後取り組むべき課題である。

第6章　LGBTと企業　職場にLGBTアライが存在する効果と多様性を活かす企業施策

補足データ

【補足データ表1：研修受講者と未受講者の理解度の平均の差のt検定】

グループ統計量

	研修受講歴ダミー	度数	平均値	標準偏差	平均値の標準誤差
理解度	未受講者	102	5.09	1.741	0.172
	受講者	253	6.04	1.555	0.098

独立サンプルの検定

		等分散性のためのLeveneの検定		2つの母平均の差の検定	
		F値	有意確率	t値	有意確率（両側）
理解度	等分散を仮定する	2.159	0.143	−5.036	0.000
	等分散を仮定しない			−4.8	0.000

【補足データ表2：研修受講者と未受講者の行動度の平均の差のt検定】

グループ統計量

	研修受講歴ダミー	度数	平均値	標準偏差	平均値の標準誤差
行動度	0	102	0.91	1.372	0.136
	1	253	1.71	1.638	0.103

独立サンプルの検定

		等分散性のためのLeveneの検定		2つの母平均の差の検定	
		F値	有意確率	t値	有意確率（両側）
行動度	等分散を仮定する	4.401	0.037	−4.353	0.000
	等分散を仮定しない			−4.691	0.000

まとめ—マジョリティを動かすことによる多様性を活かす組織改革

【補足データ表3：研修受講形態ごとの理解度の記述統計と平均の分散分析】

記述統計

理解度

	度数	平均値	標準偏差	標準誤差	平均値の95%信頼区間		最小値	最大値
					下限	上限		
1	55	6.4727	1.30319	0.17572	6.1204	6.825	2	8
2	130	5.6692	1.66304	0.14586	5.3806	5.9578	2	8
3	68	6.3971	1.36195	0.16516	6.0674	6.7267	3	8
4	102	5.0882	1.74119	0.1724	4.7462	5.4302	0	8
合計	355	5.7662	1.66519	0.08838	5.5924	5.94	0	8

等分散性の検定

		Levene 統計量	自由度1	自由度2	有意確率
理解度	平均値に基づく	3.259	3	351	0.022
	中央値に基づく	2.165	3	351	0.092
	中央値と調整済み自由度に基づく	2.165	3	348.536	0.092
	トリム平均値に基づく	3.172	3	351	0.024

分散分析

理解度

	平方和	自由度	平均平方	F 値	有意確率
グループ間	102.623	3	34.208	13.66	0
グループ内	878.971	351	2.504		
合計	981.594	354			

平均値同等性の耐久検定

理解度

	統計量 a	自由度1	自由度2	有意確率
Welch	14.665	3	169.599	0.000

a 漸近的 F 分布

第6章　LGBTと企業　職場にLGBTアライが存在する効果と多様性を活かす企業施策

【補足データ表4：研修受講形態ごとの行動度の記述統計と平均の分散分析】

記述統計

行動度

	度数	平均値	標準偏差	標準誤差	平均値の95%信頼区間 下限	上限	最小値	最大値
1	55	1.7273	1.53303	0.20671	1.3128	2.1417	0	8
2	130	1.3000	1.52321	0.13359	1.0357	1.5643	0	8
3	68	2.4853	1.67058	0.20259	2.0809	2.8897	0	7
4	102	0.9118	1.37231	0.13588	0.6422	1.1813	0	5
合計	355	1.4817	1.60563	0.08522	1.3141	1.6493	0	8

等分散性の検定

		Levene 統計量	自由度1	自由度2	有意確率
行動度	平均値に基づく	1.557	3	351	0.2
	中央値に基づく	1.662	3	351	0.175
	中央値と調整済み自由度に基づく	1.662	3	336.228	0.175
	トリム平均値に基づく	1.637	3	351	0.181

分散分析

行動度

	平方和	自由度	平均平方	F 値	有意確率
グループ間	109.231	3	36.41	15.907	0.000
グループ内	803.4	351	2.289		
合計	912.631	354			

まとめ―マジョリティを動かすことによる多様性を活かす組織改革

【補足データ表5：「周囲のアライ行動ダミー」を作成した変数の度数】

周囲のアライ行動	n
周囲にLGBTに関して話をしている	28
虹色のステッカーを貼っている	114
虹色のグッズを身につけている	42
関連イベントに参加している	24
SNS等で関連する投稿を評価・拡散している	4
差別的言動を注意している	33
その他（具体的に）	1
特に何もしていない	200

注）「特に何もしていない」を0，それ以外のいずれかの行動を選択した回答を1として「周囲の
アライ行動ダミーを作成した。

第7章 LGBT と家族

同性婚の禁止は憲法に違反するか

1 はじめに

2019 年 3 月現在，同性婚を認める国は 25 か国となった[1]。日本では，自治体レベルでの同性パートナーシップ証明の発行などがみられるようになったが[2]，同性婚はいまだ認められてはいない。そのような中で，2019 年 2 月 14 日，日本で初めての同性婚訴訟が全国 4 か所の地方裁判所に一斉提訴された[3]。わずか 9 年前には「同性婚の法律を，日本でも策定するように求める動きに発展するかもしれない」[4]と考えられていた。当時は同性婚の実現の要求すら夢のまた夢にすぎなかった。それがいま現実のものとなってきている。

同性婚の禁止を憲法的に考えるに当たっては，①同性カップルの婚姻の権利の侵害と考える「権利アプローチ」（憲法 24 条 1 項など）と②性的指向に基づく異性カップルと同性カップルの差別と考える「平等アプローチ」（憲法 14 条 1 項など）の 2 つがある[5]。本章では，このうち後者を主眼に，日本における同性婚の禁止の合憲性を検討する。日本国憲法による「平等の要請は，事柄の性質に即応した合理的な根拠に基づくものでないかぎり，差別的な取

---

1 EMA 日本「世界の同性婚」http://emajapan.org/promssm/world（2019 年 3 月 30 日閲覧）。

2 「渋谷区男女平等及び多様性を尊重する社会を推進する条例」など。大島梨沙「ロー・ジャーナル 渋谷区同性パートナーシップ条例の意義と課題」法学セミナー 60 巻 8 号（2015）1 頁以下等参照。

3 「同性カップルは問う 同性婚『認めないのは違憲』，一斉提訴」朝日新聞 2019 年 2 月 15 日朝刊 35 面等参照。

4 風間孝・河口和也『同性愛と異性愛』（岩波書店，2010）188 頁。

5 松井茂記『LAW IN CONTEXT 憲法』（有斐閣，2010）2 頁以下等参照。

扱いを禁止する趣旨」である[6]。そして，当該差別的取扱いの合憲性は，問題となっている権利や利益の重要性や区別事由が自らの意思や努力によって変えることができるかどうかなどに応じて違憲審査基準の密度を調整した上で，基本的にはその目的と手段の合理性の双方から判断される[7]。この点，アメリカでは 2015 年の同性婚の容認化に至る過程で，「平等アプローチ」における問題設定の在り方，違憲審査基準及び同性婚の禁止により達成される政府利益に関し，充実した議論が展開された。

　本章は，このようなアメリカの議論を参考にしながら，最終的に，同性婚の禁止は，婚姻という重要な権利について本人の意思や努力では変えられない性的指向という特性に基づいて異性カップルと同性カップルを差別的に取り扱うものであって，これにより達成しようとする目的と手段の間には合理的関連性は認められず，したがって上記のような憲法の趣旨に違反するものと結論づけるものである。そのために，以下では，まずアメリカにおける同性婚の実現経緯について概説し，連邦最高裁判所によるウィンザー判決（United States v. Windsor）[8] とオバーゲフェル判決（Obergefell v. Hodges）[9] を紹介する。その上で，オバーゲフェル判決に先立ち連邦地方裁判所と連邦控訴裁判所が展開した「平等アプローチ」からの詳細な議論を基に，日本において「同性婚の禁止は憲法に違反するか」のテーマに挑戦する。

2　アメリカにおける同性婚の実現経緯

(1)　概説[10]

　アメリカ全土にわたる同性婚の容認化を達成したのは，2015 年 6 月 26 日の前掲オバーゲフェル判決である。同判決において，連邦最高裁は，同性婚

6　最大判昭和 48 年 4 月 4 日 刑集 27 巻 3 号 265 頁，最大判昭和 39 年 5 月 27 日 民集 18 巻 4 号 676 頁等参照。

7　芦部信喜〔高橋和之補訂〕『憲法〔第 7 版〕』（岩波書店，2019）129 頁以下等参照。

8　570 U.S. 744 (2013).

9　576 U.S. -, 135 S.Ct. 2584 (2015).

141

第 7 章　LGBT と家族　同性婚の禁止は憲法に違反するか

を禁止する州法について合衆国憲法修正 14 条のデュープロセス条項と平等保護条項[11]の下で違憲と判示し，同性カップルに婚姻の権利を承認した。

　連邦制をとるアメリカでは，婚姻や家族に関する事項は，基本的に各州の管轄とされている。そのため，オバーゲフェル判決以前は，同性婚を認める州，同性パートナーシップ制度を認める州，同性婚も同性パートナーシップ制度も認めず異性婚のみを認める州が併存しているという状況にあった。

　当初，アメリカでは，ベイカー判決（Baker v. Nelson[12]）やディーン判決（Dean v. District of Columbia[13]）などが，同性婚を禁止する州法を形式的に又は実体的に合衆国憲法に照らし合憲であると判断していた。1971 年のベイカー判決では，ミネソタ州最高裁は，同性カップルによる婚姻許可状の発給の求めに対して，婚姻と生殖の結び付きを重視した上で，婚姻とは一男一女の結合をいうとする伝統的婚姻観に依拠し，原告の主張を退けた[14]。原告は，連邦最高裁に対してミネソタ州婚姻法が修正 14 条のデュープロセス条項や平等保護条項などに違反するとして上訴したが，翌 1972 年，連邦最高裁は「実質的な連邦問題がない」とする一行決定により上訴を却下した。また，1992 年のディーン判決では，コロンビア特別区上位裁判所は，同性婚を容

10　以下の議論に関し，鈴木伸智「同性のカップルに対する法的保護」青山法学論集 42 巻 4 号（2001）242 頁以下，駒村圭吾「道徳立法と文化闘争」法学研究 78 巻 5 号（2005）83 頁以下，ジョージ・チョーンシー〔上杉富之・村上隆則訳〕『同性婚』（明石書店，2006），羽渕雅裕『親密な人間関係と憲法』（帝塚山大学出版会，2012）77 頁以下，白水隆「同性婚の是非」大沢秀介・大林啓吾編著『アメリカの憲法問題と司法審査』（成文堂，2016）37 頁以下等参照。

11　修正 14 条のデュープロセス条項と平等保護条項の規定は次のとおりである。「州は，何ぴとからも，法の適正な過程によらずに，その生命，自由または財産を奪ってはならない」，「また州は，その権限内にある者から法の平等な保護を奪ってはならない」。田中英夫編『BASIC 英米法辞典』（東京大学出版会，1993）234-237 頁。

12　191 N.W.2d 185 (Minn. 1971), *appeal dismissed*, 409 U.S. 810 (1972).

13　Civ. A. No. 90-13892, 1992 WL 685364 (D.C. Super. Ct. June 2, 1992), *affirmed*, 653 A.2d 307 (D.C. 1995).

14　この時期，ケンタッキー州やワシントン州でも同様の訴訟が提起されたが，いずれの裁判所も，同性婚は婚姻に該当しないがゆえに憲法によって保護されないとする非常に形式的な判断を下している。*See, e.g.*, Jones v. Hallahan, 501 S.W.2d 588 (Ky. 1973); Singer v. Hara, 522 P.2d 1187 (Wash. Ct. App. 1974).

142

認していない法律を連邦憲法上のデュープロセス条項や平等保護条項のいずれにも違反しないと判示した。その際，同裁判所は，デュープロセスの審査において，「憲法が同性カップルに対して婚姻する権利を与えているか」との問題設定の下で，これを否定し，平等保護の審査において，同性婚を禁止することは「生殖の促進」，「ソドミー行為の承認の回避」及び「婚姻の保護」という州の正当な利益と合理的に関連していると結論づけている。

状況の変化が訪れたのは，1993年のハワイ州最高裁によるベアー判決（Baehr v. Lewin）[15]である。同裁判所は，ハワイ州憲法下において，同性婚の禁止は性差別[16]であって厳格な審査に服するとして事件を原審に差戻した。この判断は，アメリカ国内では初めて同性カップルの主張を受け入れたものであったが，同性婚に反対する勢力にとっては多大な脅威として受け止められ，婚姻防衛法（Defense of Marriage Act, DOMA）[17]の制定につながった。1996年の差戻審（Baehr v. Miike）[18]も同性婚を禁止する州法がハワイ州憲法の平等保護条項に違反すると判示したが，結局，1998年のハワイ州憲法修正により立法府に婚姻を異性カップルに留保する権限が付与された。

同性婚容認州誕生のきっかけとなったのは，2003年のマサチューセッツ州最高裁によるグッドリッジ判決（Goodridge v. Department of Public Health）[19]である。同裁判所は，同性婚の禁止が州憲法上のデュープロセス及び平等保護の両観点から違憲であると判示した。その際，同裁判所は，「結婚するかどうか，だれと結婚するかは全ての個人の自由とデュープロセスの権利のもっとも基本にある」とし，「生殖の促進」などの州が主張する利益について同

15　852 P.2d 44 (Haw. 1993).

16　なお，同性婚の禁止は一般に「性差別」ではなく「性的指向に基づく差別」とされてきた。*See, e.g.*, Kerrigan v. Commissioner of Public Health, 957 A.2d 407 (Conn. 2008)；Varnum v. Brien, 763 N.W.2d 862 (Iowa 2009).

17　婚姻防衛法の概要や経緯については，小泉明子「家族の価値（family values）とはなにか（二・完）」法学論叢170巻2号（2011）65頁以下，拙稿「同性婚と異性婚における法的保護の平等」比較法雑誌46巻3号（2012）313頁以下等参照。

18　Civ. No.91-1394, 1996 WL 694235 (Haw.Cir.Ct. 1996).

19　798 N.E.2d 941 (Mass. 2003).

143

第7章　LGBT と家族　同性婚の禁止は憲法に違反するか

性婚の禁止と合理的に関連しないと述べている。同判決を受け，2004 年にマサチューセッツ州が同性婚容認州となったのち，2008 年以降，判決や州法あるいは州民投票によってコネチカット州，アイオワ州，バーモント州，ニューハンプシャー州，コロンビア特別区……とアメリカにおける同性婚の容認化は拡大していくことになる[20]。

(2)　ウィンザー判決（2013年）[21][22]

　本件は，連邦法上の婚姻を異性婚に限定し，同性婚を認める州や国で同性婚を実現したカップルに対して連邦法上の婚姻に伴う利益の付与（本件では，特に連邦遺産税に係る配偶者控除）を認めない婚姻防衛法 3 条の合憲性が問題となった事件である。

　連邦最高裁は，5 対 4 で，婚姻防衛法 3 条について，修正 5 条のデュープロセス条項の下でデュープロセスと平等保護の双方から違憲であると判示した[23]。ケネディ裁判官の法廷意見は，「婚姻防衛法は，州による婚姻の定義を〔連邦が〕認めて受け入れるという通常の伝統」から逸脱し，「連邦が婚姻と

20　なお，同性愛者の権利保護をめぐっては，同性愛者の保護の禁止を定めたコロラド州憲法の規定を修正 14 条の平等保護条項に基づき違憲とした 1996 年のローマー判決（Romer v. Evans, 517 U.S. 620 (1996)）及びソドミー禁止法を修正 14 条のデュープロセス条項に基づき違憲とした 2003 年のローレンス判決（Lawrence v. Texas, 539 U.S. 558 (2003)）も併せて重要である。

21　井樋三枝子「同性婚に関する 2 つの合衆国最高裁判決」外国の立法 256-2 号（2013）4-5 頁，宍戸常寿「合衆国最高裁の同性婚判決について」法学教室 396 号（2013）156 頁以下，尾島明「同性婚の相手方を配偶者と認めない連邦法の規定と合衆国憲法」法律のひろば 67 巻 2 号（2014）64 頁以下，白水隆「同性婚をめぐる合衆国最高裁の 2 つの判例」アメリカ法 [2014-1] 161 頁以下等参照。

22　同日，連邦最高裁は，同性婚を排除する内容のカリフォルニア州憲法修正（Prop 8）が問題となったホーリングスワース判決（Hollingsworth v. Perry, 570 U.S. 693 (2013)）において，Prop 8 の発案者である上訴人に当事者適格がないと判断している。これにより Prop 8 を合衆国憲法修正 14 条の下で違憲と判示していた連邦地裁判決（Perry v. Schwarzenegger, 704 F.Supp.2d 921 (N.D.Cal. 2010)）が確定することとなった。

23　修正 5 条のデュープロセス条項の規定は次のとおりである。「何びとも……法の適正な過程によらずに，生命，自由または財産を奪われることはない」。田中・前掲注 11 230-231 頁。なお，ここにいう「自由」に平等保護条項を読み込むことにより，連邦政府に対しても平等保護条項が存在するものと解釈されている。

144

して承認することによって得られる利益や責任を同性カップルから奪うことになる」と述べた。かくして，法廷意見は，州が同性カップルに婚姻する権利を付与することで彼らに対して尊厳と地位を与えたにもかかわらず，婚姻防衛法は彼らに対して損害と侮蔑を生じさせるという。その上で，法廷意見は，婚姻防衛法の目的（異性のみの婚姻法に反映される伝統的・道徳的な教えを保護する利益と同性婚を第二級の婚姻として扱う狙い）と効果（州法の下で婚姻した同性婚カップルに不平等を課す）が州法の下で「有効な同性婚にある人々を貶めることである」とした。

(3) オバーゲフェル判決（2015年）[24]

本件は，同性婚を法律婚として認めない又は他の州や国で有効に成立した同性婚の効力を認めないオハイオ，ミシガン，ケンタッキー，テネシー各州の規定の合憲性が問題となった事件である。上訴人らは，婚姻する権利又は他の州で有効に成立した婚姻に完全な承認を与えられる権利を否定することによって，被上訴人（州公務員）らが合衆国憲法修正14条に違反すると主張した。連邦地裁では4州6件の訴訟でいずれも違憲判決が出ていたものの，これらを統合審理した第6巡回区連邦控裁は2対1で合憲判決を下していた。

連邦最高裁は，5対4で，原判決を破棄した。ケネディ裁判官の法廷意見は，大要以下のとおりである。

「連邦最高裁は，長い間，婚姻の権利が合衆国憲法によって保護されると判示してきた」が，それは，ⅰ）婚姻に関する個人の選択が個人の自律に関わり，ⅱ）婚姻は当事者2人の結び付きを支え，ⅲ）婚姻により子どもと家族を守り，育児・出産・教育という権利が生み出され，ⅳ）婚姻が社会秩序

---

24 大林啓吾「州が同性婚を認めないのは合衆国憲法修正14条に基づく婚姻の権利を侵害し平等に反するとして，違憲判断を下した事例」判例時報2294号（2016）12-13頁，駒村圭吾「同性婚と家族のこれから」世界873号（2015）23頁以下，尾島明「同性婚を認めない州法の規定と合衆国憲法」法律のひろば69巻3号（2016）54頁以下，小竹聡「Obergefell v. Hodges, 135 S.Ct. 2584 (2015) 判決（2015年6月26日）」法学セミナー62巻6号（2017）8頁以下等参照。

の基礎であることに基づく。これらの理由は，異性カップルだけでなく同性カップルにも当てはまる。「婚姻を異性カップルに限定することは長きにわたって自然かつ正当と思われてきたが，婚姻という基本的権利の中心的意味と整合しないことはいまや明らかである」。

「婚姻の権利は，個人の自由に内在する基本的権利であって，修正14条のデュープロセス条項及び平等保護条項の下で，同性カップルはこのような権利と自由を奪われない」。「ベイカー〔連邦最高裁〕判決は，覆されるべきであり，いま覆される」。

以上のような理由でもって，連邦最高裁は，本件各規定が修正14条のデュープロセス条項及び平等保護条項に違反すると判示し，これによりアメリカの全ての州において同性婚の容認化が達成された。

3 連邦地裁及び連邦控裁における議論

このように，アメリカでは，オバーゲフェル判決により，あるいはこれら一連の判決を経て，同性婚の実現に至った。オバーゲフェル判決は「平等権の問題として正面から対応」したものではなく[25]，また，オバーゲフェル判決を含む一連のケネディ裁判官による法廷意見は「審査基準論以前に違憲判断を下し得た」ものであって「目的手段審査をするまでもなく，あるいはせいぜい目的の審査において，違憲性は確定していた」とみられるものであった[26]。それゆえ，下級審判決とは異なり，違憲審査基準論や同性婚の禁止により達成される政府利益に関する議論には立ち入っていない。そこで，以下では，日本への示唆という観点から，連邦地裁及び連邦控裁が展開した議論を参照していく。

なお，アメリカにおける平等保護の違憲審査では，基本的に，次表のよう

---

25 白水隆「オバーゲフェル判決を振り返る」立教アメリカン・スタディーズ38号（2016）129頁。
26 駒村圭吾「同性婚訴訟と憲法解釈」アメリカ法［2016-2］230-231頁。

なかたちで目的手段審査が行われている。このうち，厳格審査と中間審査は合わせて「高められた審査基準」と呼ばれることがあり，連邦最高裁が示してきた大凡の基準，すなわち@歴史的に差別の被害を受けてきたこと，⑥社会貢献能力と関係がないこと，©不変の特性であること，@政治的権力がないこと[27]への該当性をもって，当該差別が「疑わしい区分」又は「疑わしい区分に準ずる区分」として，「高められた審査基準」の適用対象となることがある[28]。

厳格審査	差別事由が違憲性の推定が及ぶ「疑わしい区分」であること（e.g., 人種） 差別的取扱いの対象となる権利が「基本的権利」であること（e.g., 選挙権） →やむにやまれぬ政府利益を達成するために必要不可欠なものであることが求められる
中間審査	差別事由が違憲性の推定が及ぶ「疑わしい区分に準ずる区分」であること（e.g., 性別） →重要な政府利益と実質的関連性を有していることが求められる
合理性審査	厳格審査と中間審査のいずれにも該当しない場合 →正当な政府利益と合理的関連性を有していることが求められる

(1) 連邦地裁判決

オバーゲフェル判決の原々判決には，既述のとおり，4州6件の連邦地裁判決が存在する。ここでは，そのうち，主として同性婚を法律婚として認めない州法の合憲性が問題となったデボア第一審判決（DeBoer v. Snyder）[29]（ミシガン州）及びラブ判決（Love v. Beshear）[30]（ケンタッキー州）の2件を紹介する[31]。

① デボア第一審判決

デボア第一審判決では，同性婚を禁止するミシガン州憲法修正の合憲性

27　*See, e.g.,* San Antonio Independent School District v. Rodriguez, 411 U.S. 1 (1973); Lyng v. Castillo, 477 U.S. 635 (1986); City of Cleburne v. Cleburne Living Center, Inc., 473 U.S. 432 (1985).

28　より詳細には，樋口範雄『アメリカ憲法』（弘文堂，2011）440頁以下，松井茂記『アメリカ憲法入門〔第8版〕』（有斐閣，2018）398頁以下等参照のこと。

29　973 F.Supp.2d 757 (E.D.Mich. 2014).

30　989 F.Supp.2d 536 (W.D.Ky. 2014).

第 7 章　LGBT と家族　同性婚の禁止は憲法に違反するか

が問題となった。連邦地裁は，当該州法が合理性審査ですら耐え抜けないことを理由に，「合理性審査」を適用した。[32]

　被告側が提示した利益は，ⅰ）「子育てに最適な環境を提供すること」，ⅱ）「伝統的な婚姻の定義を変更するまえに慎重に行動すること」，ⅲ）「伝統と道徳を守ること」の 3 点であった。これに対し，連邦地裁は，ⅰ）に関しては，同性カップルが育てた子どもと異性カップルが育てた子どもに違いがないという科学的証拠のほか，ミシガン州では子どもを産んだり育てたりする能力が結婚や離婚の条件とはされていないこと，同性カップルが子どもを何らかの方法で育てている場合に親権を持つ親が死亡してしまうと子どもが法的に不安定な状況に置かれてしまうこと，子どもにとって最適な環境を突き詰めるのならば異性カップルでも一定の条件を備えた人しか結婚できないことになってしまうこと，同性婚を禁止しても同性カップルによる家族の形成や子育てを減らすことにも異性カップルによるそれを増やすことにもならないことを挙げ，同性婚の禁止と合理的に関連しないとした。[33]また，ⅱ）に関しては，「憲法上の権利の剥奪は迅速な是正を求める」ことや「憲法の基本的な保障はいまこの場における保障であって，圧倒的に説得力のある理由がない限り，迅速に実現されなければならない」ことを指摘して，合理性審査を通過し得ないとし，[34]ⅲ）に関しても，伝統や道徳それ自体では合理的根拠とならないとし，[35]違憲判断を下した。

31　これに対し，主として他の州や国で有効に成立した同性婚の効力を認めない州法の合憲性が問題となったのが，オバーゲフェル第一審判決（Obergefell v. Wymyslo, 962 F.Supp.2d 968 (S.D.Ohio 2013)），ヘンリー判決（Henry v. Himes, 14 F.Supp.3d 1036 (S.D.Ohio 2014)），バーク判決（Bourke v. Beshear, 996 F.Supp.2d 542 (W.D.Ky. 2014)）及びタンコ判決（Tanco v. Haslam, 7 F.Supp.3d 759 (M.D.Tenn. 2014)）の 4 件である

32　*DeBoer,* 973 F.Supp.2d at 769.

33　*Id.* at 770-772.

34　*Id.* at 772 (quoting Watson v. Memphis, 373 U.S. 526, 532-533 (1963)).

35　*Id.* at 772-773.

② ラブ判決

ラブ判決では，同性婚を禁止するケンタッキー州の憲法と法律の規定の合憲性が問題となった。連邦地裁は，前掲ⓐ～ⓓの基準について，ⓐ同性愛者に対する差別の歴史は明らかであること，ⓑ性的指向が社会貢献能力と関係がないこと，ⓒ性的指向が不変の特徴であること及びⓓ同性愛者には政治的権力がないことを確認した上で，性的指向は「疑わしい区分に準ずる区分」として「中間審査」を適用した。なお，ラブ判決は，ⓒとⓓが論争的であることを踏まえ，ⓒ「実際に特性を変えられるかどうかではなく，その特性がその個人のアイデンティティにとって不可欠なものであって差別を回避するために特性を変更するように求めることが不適切かどうか」，ⓓ「同性愛者が長年にわたって政治的な影響と成功を収めてきたかどうかではなく」，「不当な差別から政治的に自身を守る力を有しているかどうか」がそれぞれ問題であることを付言している[36]。

　もっとも，ラブ判決は，問題の州法がいかなる基準の審査にも耐えられないことを理由に「合理性審査」の下で同性カップルの婚姻からの排除と被告側が提示する利益の合理的関連性を検討した。連邦地裁は，「自然な生殖の能力を有する関係の形成を奨励し，促進し，支援する」という政府利益に関しては，同性カップルを婚姻から排除しても婚姻や出産を選択する異性カップルあるいは子どもの数に変わりはなく，また，「伝統的な婚姻が安定的な出生率に貢献し，州の長期的で経済的な安定性を確保することにつながる」という政府利益に関しても，「よくいっても非論理的で，困惑すらさせるもの」と一蹴し，合理的関連性を否定し，違憲判断を下した[37]。

(2) デボア控訴審判決

　これら連邦地裁による違憲判決に対し，オバーゲフェル判決の原審であるデボア控訴審判決（DeBoer v. Snyder）（第6巡回区）は，既述のとおり，2対1

36　*Love,* 989 F.Supp.2d at 545-547.

37　*Id.* at 548.

第7章　LGBTと家族　同性婚の禁止は憲法に違反するか

で合憲判決を下したものだった。ここでは，同判決の多数意見と反対意見において展開された同性婚を法律婚として認めない州法の合憲性に関する対立の中身をみていく。

①　サットン裁判官多数意見（クック裁判官同調）

サットン裁判官多数意見は，「修正14条は，州に対し，婚姻を1人の男性と1人の女性の間の関係として定義することを禁止しているか[39]」，さらには，「修正14条は，州に対し，婚姻の定義に同性カップルを含むよう拡大することを要請しているか[40]」との問題設定の下で，民主主義・連邦主義・先例拘束性の原理をベースに検討をしていく。すなわち，同性婚を認めるか否か，それは連邦の裁判所ではなく各州の民主的なプロセスによって解決されるべき事柄であり，下級裁判所として連邦控裁はベイカー判決という連邦最高裁の先例に拘束されるとする[41]。

その上で，多数意見は，まず，「原意主義」の観点から，アメリカでは建国からグッドリッジ判決が下る2003年まで「全ての州が婚姻を男女間の関係と定義していた，つまり，修正14条は州に対してそのように婚姻を定義することを要請とはいえないまでも，許容はしているのである」と説明し[42]，違憲審査基準については，同性カップルによる「基本的権利」の主張も「疑わしい区分」の主張も退け，合理性審査を採用した。

なお，多数意見は，「基本的権利」については，「合衆国憲法上，婚姻の権利とりわけ同性婚の権利はどこにも存在しておらず」，また，婚姻を基本的権利であるとしたラビング判決（Loving v. Virginia）なども[43]「婚姻が『私たちのまさに存在と存続にとって基本的』である」として「生殖を基にした婚姻の定義に言及」したものであって，「婚姻という文言を再定義

38　772 F.3d 388 (6th Cir. 2014), *cert. granted,* 135 S.Ct. 1040 (2015).

39　*Id.* at 396.

40　*Id.* at 399.

41　*Id.* at 396, 399-402.

42　*Id.* at 404.

43　388 U.S. 1, 12 (1967); *See also* Zablocki v. Redhail, 434 U.S. 374, 383 (1978); Turner v. Safley, 482 U.S. 78, 94-95 (1987).

150

したのではなくその伝統的意味を受け入れた」のだと述べている[44]。また，「疑わしい区分」についても，前掲@〜dの項目のうち，@差別の歴史に関し，「同性愛者が偏見を経験してきたという嘆かわしい事実は否定できない」けれども，同性愛者への差別の歴史と異性婚主義は無関係であるから，「差別の歴史に基づく司法審査の強化という通常の場合は認められる飛躍はうまくいかない」と述べ[45]，d政治的権力の有無に関し，複数の先例[46]とは異なり，同性愛者については「『政治的権力のなさ』が『多数派の政治的なプロセスからの特別な保護』を必要とするような状況」などには当たらず，グッドリッジ判決から今日の判決に至る11年間で同性愛者が多くの成功を収めた実績や同性愛者に差別的な法制度が撤廃されてきたこと[47]などを踏まえれば，「修正14条は，極めて著しく成功した影響力のある利益集団を全ての民主的なイニシアティブの明確な属性から保護するものではない」と述べている[48]。

そして，「合理性審査」の項目において，多数意見は，「デュープロセス条項であるか平等保護条項であるかにかかわらず，法律はなによりもまず，正当な政府の方針を合理的に推進するものでなければならない」ことを確認しつつ，「裁判官が法律の『もっともらしい（plausible）』理由—たとえそれが立法者を実際に動機づけたものでなかったとしても—を考え出すことができる限り，裁判官が市民としてそれがいかに不正で不当で愚かなものだと思ったとしても，当該法律は有効でなければならない」という[49]。

44 *DeBoer,* 772 F.3d at 410-412.

45 *DeBoer,* 772 F.3d at 413. 通常，差別の歴史の有無は当該集団が歴史的に差別の被害を受けてきたかどうかにのみ基づいて判断されるものであり，問題となっている法律や制度が当該差別に加担したかどうかは考慮されない。したがって，このような多数意見の考え方は疑問である。

46 *See, e.g., Rodriguez,* 411 U.S. at 28.

47 ここでは，「聞くな言うな（Don't Ask, Don't Tell）」と同性愛者がシンシナティ市から一定の特権を得られないことを内容とする市憲章修正が挙げられている。

48 *DeBoer,* 772 F.3d at 415.

49 *Id.* at 404.

151

第 7 章　LGBT と家族　同性婚の禁止は憲法に違反するか

　では，「もっともらしい理由」とは何か。多数意見によれば，政府が婚姻を男女のそれと定義して規制するのは，「特に，意図的であろうがなかろうが，男性と女性の性行為によって生じた結果を規制するため」ないし「特に，計画性の有無にかかわらず，子どもの誕生のために安定した家族単位を作るため」だという。つまり，「人々は性行為をするために政府の奨励を必要としない」が「子どもがよく成長できる安定した関係を築き上げ維持するために政府の奨励を必要とするだろう」，さらに言い換えれば，「州は，婚姻の地位を創設し，それを納税に係る特権や控除などの方法で援助することによって，子どもを儲ける 2 人の人間に対し，子どもを育てるという目的のために一緒にいるという動機を生み出した」のである[50]。なお，このような考え方は「無責任な生殖」理論 ("irresponsible procreation" theory)[51] と呼ばれるものである。

　多数意見は，今日において生殖を中心とする関係性から愛情や献身によって特徴づけられる関係性へと婚姻の価値が変容していること，そして安定した家族という関係性の質や子育ての能力が性的指向ではなく個人の選択と責任にかかっていることは認める。しかし，一方で，生殖を抜きにした愛情や献身に基づく婚姻の定義では，婚姻に際して同性カップルも異性カップルも愛し合うことが要件とされていないという現実を説明できないがゆえに過大（要件が過剰）であり，3 人又は 4 人の成人同士の関係性において愛情や献身を共有する能力を欠くと考える理由がなく複婚について憲法上不合理であることを説明できないがゆえに過小（要件が過少）であると批判する[52]。

　かくして，多数意見は，婚姻の伝統的な定義が，同性愛者の関係に州法の下で公的な威厳をもたせる機会を否定し，同性愛者から種々の利益や地位を奪い，このような損害が同性カップルだけでなく彼らの子どもにも及

50　*Id.* at 404-405.

51　*Id.* at 422 (Daughtrey, J., dissenting). あるいは，「予想外の生殖」理論 ("accidental procreation" theory) と呼ばれることもある。

52　*Id.* at 405-407.

152

ぶことを認めながらも，問題の解決を図るのは立法者であって裁判官ではなく，ベイカー判決という連邦最高裁の先例の下で連邦控裁にできるのは当該州法が何らかの考え得る根拠を有しているかどうかを決定することであってその論理的根拠が反対の根拠に匹敵するかどうかを判断することではないと再度確認している[53]。

② ドートリー裁判官反対意見

ドートリー裁判官反対意見は，このようなサットン裁判官多数意見に対し，「州法上の同性婚の禁止は修正14条の平等保護を侵害するか」という問題設定を行い，「真の問題は，本件訴訟においてひとりひとりの原告とその子どもたちにとって何が問題となっていて，それについてどうすべきかに関係している」という[54]。

多数意見の問題設定ないし原意主義の観点からの分析に対し，反対意見は，それは「『修正14条を採択した人々が州に対して同条が婚姻の定義を変更するよう要請するとは理解していなかった』ということを除いて，修正14条についてほとんど教えてはくれない」とし，婚姻の伝統的な定義，すなわち「『男性と女性の間の関係によって定義される社会制度』としての婚姻の見方」についても，地域や時代によって婚姻制度が様々であることを引き合いに出して「今も昔も普遍的に受け入れられている婚姻の定義はない」と反論する[55]。

反対意見がもっとも熱意をもって取り組んだのは，「無責任な生殖」理論への反駁である。反対意見によれば，同理論を提唱する人々は，第一に，「同性婚の容認化によって，結婚せずに子どもを儲ける異性カップルに婚姻制度を過小評価させるおそれがあり，一方又は両方の生物学的親による意図しない子どもの放棄を引き起こす」，第二に，「同性カップルは自分たちだけでは望んだ子どもも望まない子どもも生み出すことができない

---

53 *Id.* at 407-408.

54 *Id.* at 421 (Daughtrey, J., dissenting).

55 *Id.* at 434.

第7章　LGBT と家族　同性婚の禁止は憲法に違反するか

から，それゆえ彼らは計画と費用を要する〔生殖補助医療などの〕子育て
手段に目を向けなければならないから，同性の両親が率いる家族単位の安
定性は公的な婚姻の利益がなくとも保証される」と主張するという。しか
し，第一の点については，異性カップルによって「放棄された多くの子ど
もたちは同性カップルによって養子縁組されており，そのような子どもた
ちは養親が結婚することで感情的にも経済的にも豊かになる」のであっ
て，第二の点については，「望まない子どもを儲けた無責任で未婚の異性
カップルが婚姻に導かれ，多くの精神的及び経済的な利益が与えられるの
に，模範的な両親となった同性カップルが婚姻の権利を否定され，その責
任ある行動のために罰せられるのは，なんと皮肉なことだろう」。反対意
見はこのように述べて「無責任な生殖」理論が同性婚を禁止する根拠とは
なり得ないことを示した。[56]

　ところで，反対意見は，多数意見による先例拘束性の原理の主張につい
ても，ベイカー判決がイリノイ州を除く全州でソドミー行為が違法だった
時点のものであることや1972年から2014年まで42年間にわたって連邦
最高裁がベイカー判決を一貫して引用していないことを根拠に，拘束から
の解放を主張した。[57]また，多数意見の背後にある「人民に決定させる（let
the people decide）」という考え方に対しては，裁判所には人民の意見にか
かわらず修正14条に基づく個人の権利を決定する責任があることなどを
指摘し，さらには，「時間をかける（give it time）」・「様子を見守る（wait
and see）」という考え方に対しても，憲法上の権利の拡大が問題となると
きはいつでも慎重な行動が反対派の普遍的な主張としてあらわれるが，裁
判所が仮にその主張に耳を傾けていたならば過去の人種や性別に基づく差
別に関してもまだ様子を見守っていたことだろうと反論した。[58][59]

56　*Id.* at 422.

57　*Id.* at 430-431.

58　ここでは，異人種間婚姻を禁止する州法を違憲とした前掲ラビング判決と男性将校と女性
　将校の間の配偶者の扶養手当をめぐる差別的取扱いを違憲としたフロンティエロ判決
　（Frontiero v. Richardson, 411 U.S. 677 (1973)）が参照されている。

(3) 整理と検討

以上の議論を比較してみてみると，その対立点が，第一に問題設定の在り方，第二に違憲審査基準，第三に同性婚の禁止により達成される政府利益の３点にあることがわかる。そこで，以下では，第一の点に関してデボア控訴審判決の多数意見と反対意見の違いについて，第二・第三の点に関してはオーバーゲフェル判決の下級審判決に加え，他巡回区連邦控裁の違憲判決であるキッチン判決（Kitchen v. Herbert）[60]（第10巡回区），ボスティック判決（Bostic v. Schaefer）[61]（第4巡回区），バスキン判決（Baskin v. Bogan）[62]（第7巡回区）及びラタ判決（Latta v. Otter）[63]（第9巡回区）も参照しながら整理・検討する。

デボア第一審判決 （第6巡回区）	合理性審査 〔違憲〕	• 合理性審査でも違憲となるため，合理性審査を適用 • 「子どもの福祉」などの政府利益（目的）と同性婚の禁止（手段）の合理的関連性を否定
ラブ判決 （第6巡回区）	中間審査 （合理性審査） 〔違憲〕	• 同性愛者／性的指向に関し，前掲ⓐ〜ⓓの基準を全て肯定し，中間審査を採用（ただし，実際の適用は合理性審査） • 「子どもの福祉」などの政府利益（目的）と同性婚の禁止（手段）の合理的関連性を否定
デボア控訴審判決 （第6巡回区）	合理性審査 〔合憲〕	• 多数意見は，民主主義・連邦主義・先例拘束性の原理をベースに，「無責任な生殖」理論に基づき合憲と判示 • 反対意見は，「無責任な生殖」理論が同性婚を禁止する根拠になり得ないことなどを理由に多数意見に反対
キッチン判決 （第10巡回区）	厳格審査 〔違憲〕	• 婚姻の権利が「基本的権利」であることから，厳格審査を適用 • 「無責任な生殖」理論という目的に対する同性婚の禁止という手段の過小包摂性を指摘
ボスティック判決 （第4巡回区）	厳格審査 〔違憲〕	

---

59 *DeBoer*, 772 F.3d at 434-435 (Daughtrey, J., dissenting).

60 755 F.3d 1193 (10th Cir.), *cert. denied*, 135 S.Ct. 265 (2014).

61 760 F.3d 352 (4th Cir.), *cert. denied*, 135 S.Ct. 308 (2014).

62 766 F.3d 648 (7th Cir.), *cert. denied*, 135 S.Ct. 316 (2014).

63 771 F.3d 456 (9th Cir. 2014), *cert. denied*, 135 S.Ct. 2931 (2015).

第 7 章　LGBT と家族　同性婚の禁止は憲法に違反するか

バスキン判決 （第 7 巡回区）	合理性審査 〔違憲〕	• 合理性審査でも違憲となるため，合理性審査を適用 • 「無責任な生殖」理論を批判
ラタ判決 （第 9 巡回区）	高められた 審査基準 〔違憲〕	• 第 9 巡回区の先例が性的指向に基づく差別には高められた審査基準を適用するとしていることから，高められた審査基準を採用 • 同性婚が異性婚に影響を及ぼすという実証的証拠がないことを確認 • 婚姻の意義や効果に基づき「無責任な生殖」理論を否定

①　問題設定

　デボア控訴審判決の多数意見は，「修正 14 条は，州に対し，婚姻を 1 人の男性と 1 人の女性の間の関係として定義することを禁止しているか」又は「修正 14 条は，州に対し，婚姻の定義に同性カップルを含むよう拡大することを要請しているか」と問いを設定した。これは，州法上の婚姻を異性婚に限定することに対する修正 14 条の態度，すなわち修正 14 条が禁止・要請・許容のうちどれを採用しているのかを問うものである。多数意見は，結論としては「修正 14 条は州に対して〔男女間の関係として〕婚姻を定義することを要請とはいえないまでも，許容はしている」とあるように，合衆国憲法が「異性婚の許容」の立場であることを確認するものであった。これに対し，反対意見は，「州法上の同性婚の禁止は修正 14 条の平等保護を侵害するか」と問いを設定した。これは，婚姻できる異性カップルと婚姻できない同性カップルの間の差別的取扱いを修正 14 条の平等保護の問題として取り組むものであった。

　両者は，一見すると，同性婚の禁止の合憲性という問題に全く違ったアプローチをしているようにもみえる。しかしながら，反対意見は，合衆国憲法が同性婚に関して要請ないし禁止であるならば，そもそも修正 14 条の平等保護を侵害するかという問題設定が成り立たないことから，「同性婚の許容」を暗黙の前提にしていることがわかる。また，多数意見も，修正 14 条に関して異性婚の要請と同性婚の禁止のいずれについても明示的

156

又は黙示的に否定するものであることから反対意見同様に「同性婚の許容」を暗黙の前提としており，また，当初の問題に対して既に原意主義の観点から結論を導き出しているにもかかわらず反対意見同様に合理性審査によって同性婚の禁止の合憲性を検討している。両者の違いは，多数意見が合理性審査によってデュープロセスと平等保護の両方を射程とするものであるのに対して反対意見が平等保護のみを対象とするものであることを除けば，何を問題として提起するかという点にとどまり，憲法論としては「合衆国憲法は同性婚を要請・禁止・許容しているか」そして「同性婚の禁止は合衆国憲法に違反しないか」という二段階のアプローチを採用している点で共通しているといえる。

② **違憲審査基準**

性的指向に基づく差別に対して適用される違憲審査基準に関し，連邦最高裁による確固とした判断はいまだ存在しない。そのため，下級裁判所ごとに見解の相違がみられる状況となっている。上記判決のうち，「合理性審査」を適用したのは，デボア第一審判決とデボア控訴審判決であった。しかし，第一審と控訴審はその理由を異にしており，第一審が，合理性審査ですら違憲となることを理由としたのに対し，控訴審は，直接的には原告による「基本的権利」と「疑わしい区分」の主張を退ける形で，間接的には民主主義・連邦主義・先例拘束性の原理を背景とするものであった。また，合理性審査といっても，第一審が「合理性審査を適用しながら違憲判断を導く」牙のある合理性審査であったのに対し，控訴審は「ほんのわずかでも何らかの合理性があるとされれば合憲と」する牙のない合理性審査であった[64]。なお，デボア第一審判決と同様の理由で「合理性審査」を適用した連邦控裁判決として，バスキン判決（第7巡回区）がある[65]。これに対し，「中間審査」を適用したのが，ラブ判決であった。同判決は，同性愛者ないし性的指向に関して②差別の歴史，ⓑ社会貢献能力との関係のな

64　樋口・前掲注 28　488-489 頁。

65　*Baskin*, 766 F.3d at 656.

第 7 章　LGBT と家族　同性婚の禁止は憲法に違反するか

さ，ⓒ不変性及びⓓ政治的権力のなさの全てを認めた上で，「疑わしい区分に準ずる区分」と位置づけるものであった。

　ところで，これら判決よりも厳格な基準を適用した連邦控裁判決に，ラタ判決（第 9 巡回区），ボスティック判決（第 4 巡回区）及びキッチン判決（第 10 巡回区）がある。このうち，ラタ判決は，第 9 巡回区の先例における[66]ウィンザー判決の解釈を基に，性的指向に基づく差別には「スティグマ又は第二級の地位というメッセージを〔州が〕発信・強化しないことを保証するために，〔州の行為の〕実際の目的を調査し，その結果生じる不平等を慎重に検討しなければならない」ことを内容とする「高められた審査基準」が適用されるとした。[67]これに対し，ボスティック判決とキッチン判決は，婚姻の権利が「基本的権利」であって，そこには異性婚も同性婚も含まれることを前提に，「厳格審査」を適用した。「基本的権利」に関し，どちらの判決もラビング判決における「婚姻の自由は長きにわたって自由な個人による秩序ある幸福の追求にとって不可欠な個人の権利のひとつとして認識されてきた」[68]という一説を引用し，とりわけ，ボスティック判決では，「連邦最高裁が，何十年にもわたって，婚姻の権利が社会規範の変化に対応して拡大する自由の利益であることを証明してきた」ことが述べられ，[69]キッチン判決では，先例における婚姻の権利への言及を引用し，「連邦最高裁が長きにわたって婚姻を『人生におけるもっとも重要な関係』であると認識してきた」ことなどが確認されている。[70]ボスティック判決及びキッチン判決がデボア控訴審判決とほぼ同一の判例を参照しながら「基本的権利」について見解を異にしたように，婚姻と生殖の結び付きをいかに

66　SmithKline Beecham Corp. v. Abbott Labs., 740 F.3d 471 (9th Cir. 2014).

67　*Latta*, 771 F.3d at 468.

68　*Loving*, 388 U.S. at 12.

69　*Bostic*, 760 F.3d at 376 (citing *Loving*, 388 U.S. at 4, 12; *Zablocki*, 434 U.S. at 375, 383-384, 390-391; *Turner*, 482 U.S. at 82, 94-99).

70　*Kitchen*, 755 F.3d at 1209-1211 (quoting Maynard v. Hill, 125 U.S. 190, 205 (1888); citing Meyer v. Nebraska, 262 U.S. 390, 399 (1923); *Loving*, 388 U.S. at 12; *Zablocki*, 434 U.S. at 384; *Turner*, 482 U.S. at 95-96).

評価するか，すなわち婚姻が有する社会的意義と個人的意義のどちらに重点を置くかによって異性婚の権利と同性婚の権利の区別の可否も変わってくることがみてとれる。

③ **同性婚の禁止により達成される政府利益**

州政府側から提示される利益は，事件によって様々であるが，ⅰ）子どもの福祉，ⅱ）異性婚制度という歴史や伝統ないし道徳の維持，ⅲ）連邦主義・民主主義ないし慎重な行動に関わるものにひとまずは大別し得る。ⅱ）とⅲ）の点についてはデボア第一審判決とデボア控訴審判決の上記議論にゆずり，ここでは，ⅰ）子どもの福祉を特に検討する。

「子どもの福祉」といっても，実際の内容は，同性婚が異性カップルの結婚・出産・子育てに与える影響に関する議論，子どもの最適な発達に関する議論，そして「無責任な生殖」理論など多岐に及ぶ。第一の異性カップルへの影響については，デボア第一審判決やラブ判決で既にみたように，同性婚を禁止しても異性カップルの結婚・出産・子育ての件数が増加することはなく，ラタ判決では，「同性婚の容認化が異性間の結婚や関係に害悪を与える，実際には影響を及ぼすという考えに対する実証的証拠はない[71]」ことが確認されている。第二の子どもの最適な発達，すなわち子どもは同性カップルよりも生物学的な父と母たる異性カップルに育てられた方がいいとする議論についても，デボア第一審判決が述べたように，同性カップルと異性カップルによって育てられた子どもの両者に違いがないことは複数の社会学的・心理学的な研究からも明らかであって，親としての資質や能力に関しても異性カップルにおいてそれが結婚や離婚の条件とされることはおよそなく，さらに，子どもの福祉を追及するならば同性婚の禁止ではなく容認に向かうべきといえるだろう。

「子どもの福祉」に関し，もっとも論争的であったのが，第三の「無責

71　*Latta,* 771 F.3d at 469. 2004 年に同性婚を容認したマサチューセッツ州で，過去 10 年間，結婚率の減少や離婚率の増加がないことを示すデータを参照している。*See also Kitchen,* 755 F.3d at 1223; *Bostic,* 760 F.3d at 384.

第 7 章　LGBT と家族　同性婚の禁止は憲法に違反するか

任な生殖」理論である。すなわち意図的でない・計画的でない子どもを持つリスクに焦点を当てることによって婚姻の恩恵を異性カップルに限定することを正当化する議論である。これは，2003 年のグッドリッジ判決のコーディ裁判官反対意見により初めて司法の意見に組み込まれたものであった[72]。この議論は，いくつかの州裁判所の多数意見・相対多数意見・補足意見などで支持された結果，同性婚を禁止する州法の合憲性に寄与したこともあったが[73]，2008 年にはカリフォルニア州最高裁によって同様の州法を州憲法下で違憲と判断するに当たって「州は『責任ある生殖』を促進するという正当な利益を紛れもなく有しているが，当該利益は基本的な憲法上の婚姻の権利の保護を主張する人の分類を定義又は制限するための有効な根拠としてみなすことはできない[74]」とされ，同じ頃，学説においてもこれを否定する見解が既にみられていた[75]。

　デボア控訴審判決の多数意見は，この「無責任な生殖」理論について「もっともらしい理由」と認定したものの，デボア控訴審判決の反対意見はもとより，本章で参照してきた全ての連邦控裁判決も同性婚禁止の有効な根拠としては取り上げなかった。とりわけ「無責任な生殖」理論を「州が確信を持って出した唯一の理論的根拠」と位置づけるバスキン判決は，同理論をして「真剣に取り上げられないほどに欠点だらけである」と非難した[76]。「厳格審査」を採用したボスティック判決とキッチン判決は，高齢や不妊，子どもを持たない選択をした異性カップルが存在するように，同性カップルは「無責任な生殖」をできない唯一の類型ではないとして，

72　*Goodridge,* 798 N.E.2d at 995 (Cordy, J., dissenting).

73　*See, e.g.,* Morrison v. Sadler, 821 N.E.2d 15, 24-25 (Ind.Ct. App. 2005); Hernandez v. Robles, 855 N.E.2d 1, 7 (N.Y. 2006) (plurality opinion); Anderson v. King County, 138 P.3d 963, 1002 (Wash. 2006) (Johnson, J., concurring).

74　In re Marriage Cases, 183 P.3d 384, 432 (Cal. 2008).

75　*See, e.g.,* Kerry Abrams & Peter Brooks, *Marriage as a Message : Same-Sex Couples and the Rhetoric of Accidental Procreation,* 21 Yale J. L. & Human. 1, 5 (2009); Edward Stein, *The "Accidental Procreation" Argument for Withholding Legal Recognition for Same-Sex Relationships,* 84 Chi.-Kent L.Rev. 403, 435 (2009).

76　*Baskin,* 766 F.3d at 656.

日本における同性婚の禁止の合憲性

「無責任な生殖」理論という目的に対する同性婚の禁止という手段の過小包摂性を問題視した。[77][78]

また，ラタ判決は，「異性カップルには予想外の妊娠の可能性があるため，婚姻はそのようなカップル同士と彼らの子どもを結び付けるがゆえに重要である……ということは理解し得る。しかし，このことが同性カップルには婚姻による安定や統一の効力が不要だということを提起するとき，〔この〕議論は脱線してしまう。……子どもを育てるということは困難なことである。婚姻は，異性カップルの場合と同様に，同性カップルによる子育ても支援する」，また，「婚姻は単に生殖に関するものではなく，精神的支援や公的な約束のあらわれに関するものでもある。……婚姻の地位はしばしば給付金や財産権のほか，無形の利益を受け取る前提条件である」[79]とし，意図的でない・計画的でない子どもを持つリスクに対する保護の必要性と同性婚の禁止の正当化を分離し，婚姻の意義と効果に基づいて「無責任な生殖」理論を否定する考えを示した。[80]

このように，多くの連邦地裁や連邦控裁の判断において，「子どもの福祉」という政府利益も同性婚禁止を正当化する論拠とはなり得ないことが示された。

4 日本における同性婚の禁止の合憲性

以上のアメリカにおける議論を参考に，最後に，日本における同性婚の禁

---

77 *Bostic,* 760 F.3d at 381-383; *Kitchen,* 755 F.3d at 1220-1222.

78 平等審査における過大包摂と過小包摂の問題については，橋本基弘「民法787条ただし書きをめぐる憲法問題」中央ロー・ジャーナル2巻3号（2005）2頁以下等参照。

79 *Latta,* 771 F.3d at 471-472 (quoting *Turner,* 482 U.S. at 95-96).

80 なお，第二の点と第三の点に関しては，特にそれが同時に主張されるとき，同性カップルが「悪い親」と「良い親」（対応して，異性カップルが「良い親」と「悪い親」）と対照的に想定される矛盾についても指摘がみられるところである。*See, e.g.,* Courtney G. Joslin, *Searching for Harm: Same-Sex Marriage and the Well-Being of Children,* 46 Harv. C.R.-C.L. L.Rev. 81, 90 (2011).

161

第 7 章　LGBT と家族　同性婚の禁止は憲法に違反するか

止の合憲性について日本国憲法 14 条 1 項と 24 条の観点から検討する。[81] 3 -
⑶-①で整理したように，問題の設定は二段階でなされる必要がある。第一
の問題は，憲法は同性婚を要請・禁止・許容しているかである。この点，憲
法 24 条 1 項が「婚姻は，両性の合意のみに基いて成立」すると規定してい
ることから，かつては同性婚禁止説が通説的見解だった。[82] しかし，今日で
は，同条の主眼は「家」制度の否定と廃止であって同性婚を積極的に排除す
る意図はなかったという制定趣旨などに基づいて同性婚許容説が次第に有力
な見解となりつつある。[83] では，憲法が同性婚を許容していることを前提とし
た場合，第二の問題は，同性婚を認めていない民法等の法律の規定が憲法
14 条 1 項および 24 条に違反しないかである。ここでは，違憲審査基準と同
性婚の禁止により達成される政府利益が問題となる。

　この点，違憲審査基準に関して参考となるのが，国籍法違憲判決（最大判
平成 20 年 6 月 4 日[84]）と再婚禁止期間一部違憲判決（最大判平成 27 年 12 月 16 日[85]）
である。前者は，日本国民である父と日本国民でない母の間に出生した子に

81　日本における同性婚の可能性を検討するものとして，齊藤笑美子「家族と憲法」憲法問題
　　21 号（2010）108 頁以下，田代亜紀「現代『家族』の問題と憲法学」佐々木弘通・宍戸常寿
　　編著『現代社会と憲法学』（弘文堂，2015）73 頁以下，木村草太「憲法と同性婚」杉田敦編
　　『グローバル化のなかの政治』（岩波書店，2016）81 頁以下，同性婚人権救済弁護団編『同性
　　婚 だれもが自由に結婚する権利』（明石書店，2016）141 頁以下，白水隆「同性婚と日本国憲
　　法」毛利透他編『比較憲法学の現状と展望』（成文堂，2018）591 頁以下等がある。

82　この点，「憲法 24 条は，……（同性カップル等からなる）『超現代家族』への展開にブレー
　　キを掛ける方向に機能する」（辻村みよ子「憲法 24 条と夫婦の同権」法律時報 65 巻 12 号
　　（1993）46 頁），「憲法 24 条 1 項は，婚姻が両性の平等のみに基づいて成立するとしているの
　　で，婚姻は異性間でしか行われない」（植野妙実子「憲法 24 条 家族の権利と保護」法学セミ
　　ナー 545 号（2000）85 頁）などの見解がある。しかし，辻村は状況の変化によって同性婚を
　　認めようとする動きがみられる「今日の学説の変化も，個人の尊重や幸福追求権が重視され
　　る昨今では，あながち無理な解釈とは言えない」（『憲法と家族』（日本加除出版，2016）129
　　頁）としており，植野も 24 条「2 項が家族に関する事項について，個人の尊厳と両性の平等
　　に立脚していることを定めているので，個人の尊重に基づき同性婚を認める余地もある」
　　（『憲法 24 条 今，家族のあり方を考える』（明石書店，2005）82 頁）としている。

83　文言解釈に関し，木村・前掲注 81 86-89 頁等参照。

84　民集 62 巻 6 号 1367 頁。

85　民集 69 巻 8 号 2427 頁。

162

つき父母の婚姻と認知により嫡出子たる身分を取得した子（準正子）に限り届出による日本国籍の取得を認める国籍法3条1項を違憲とした判決であるが，この中で，最高裁は，日本国籍が「重要な法的地位」であること及び準正要件が「自らの意思や努力によっては変えることのできない」ものであることを踏まえ，「慎重に検討することが必要である」とし，「権利・利益あるいは法的地位の重要性と区別事由とを総合的に考慮し，審査密度のレベルを設定するという方向性を示した[86]」。一方，後者は，女性にのみ6か月の再婚禁止期間を設ける民法733条1項（当時）の規定のうち100日超過部分を違憲とした判決であるが，この中で，最高裁は，婚姻及び家族に関する事項について，「憲法24条2項は，……具体的な制度の構築を第一次的には国会の合理的な立法裁量に委ねるとともに，……個人の尊厳と両性の本質的平等に立脚すべきであるとする要請，指針を示すことによって，その裁量の限界を画したもの」であることを示すとともに，「婚姻をするについての自由は，憲法24条1項の規定の趣旨に照らし，十分尊重に値するもの」であって「婚姻に対する直接的な制約を課す……〔民法733条1項〕については，その合理的な根拠の有無について……事柄の性質を十分考慮に入れた上で検討をすることが必要である」とし，国籍法違憲判決と「同様のフレームワークの下，……権利・利益の重要性（およびその制約の度合い[87]）」を考慮した。両者において，最高裁は，区別の目的の合理性と区別と目的の間の合理的関連性から憲法適合性審査を行うという日本における平等審査としては厳格な基準を採用したものと評価されている[88]。

　さて，同性婚の問題は，婚姻の権利についての性的指向という区別事由に基づく差別的取扱いであって，婚姻に対する直接の制約と考えられる。確かに前掲再婚禁止期間一部違憲判決では「婚姻をするについての自由は，憲法24条1項の規定の趣旨に照らし，十分尊重に値するもの」として婚姻の自

86　安西文雄他『憲法学読本〔第3版〕』（有斐閣，2018）111頁〔安西文雄〕。

87　同上113頁。

88　蟻川恒正「婚外子法定相続分最高裁違憲決定を読む」法学教室397号（2013）102頁以下，巻美矢紀「憲法と家族」論究ジュリスト18号（2016）86頁以下等参照。

第7章　LGBTと家族　同性婚の禁止は憲法に違反するか

由に対する憲法上の保障の程度について積極的にも消極的にも受け取れる表現をとった。しかし，婚姻の権利は，そもそもオバーゲフェル判決による婚姻の権利の説示[89]やボスティック判決やキッチン判決による「基本的権利」としての婚姻の権利の理解にみられるようにそれ自体として重要な価値を有するものである。さらに，ラタ判決が示した生殖だけにとどまらない婚姻が有する多様な意義と効果は，日本における婚姻の権利の重要性を考える上でも少なからず当てはまるものである[90]。現に日本の最高裁は婚姻をするについての自由について言及する脈絡において，「婚姻は，これにより，配偶者の相続権（民法890条）や夫婦間の子が嫡出子となること（同法772条1項等）などの重要な法律上の効果が与えられるものとされている」ことを指摘した。この点は，ラタ判決と同様の方向を示していると解される。また，性的指向に関しても，ラブ判決でみたように，ⓐ差別の歴史，ⓑ社会貢献能力との関係のなさ，ⓒ不変性及びⓓ政治的権力のなさの全てを肯定し得る区別事由である[91]。とりわけ，同判決がⓒ不変性に関して述べたように，性的指向は「実際に特性を変えられるかどうかではなく，……特性を変更するように求めることが不適切かどうか」によって「自らの意思や努力によっては変えることのできない」ものと判断されなければならない。以上に鑑みれば，日本の憲法論としても，同性婚の禁止は，婚姻という重要な権利について，本人の意思や努力では変えられない性的指向という特性に基づいて異性カップルと同性カップルを差別的に取り扱うものであって，婚姻に対する直接の制約であるところ，審査密度レベルの引き上げは十分に考えられる。

　同性婚の禁止により達成される政府利益については，日本においても，ア

89　ただし，オバーゲフェル判決が婚姻の意義の重要性を殊更に強調したことの問題点について，大林・前掲注24 13頁，駒村・前掲注24 25頁等参照。

90　日本における婚姻の法的効果に関し，木村・前掲注81 84頁以下，また，同性カップルが被っている法律上の不利益や日本における同性カップルによる子育ての実際に関し，同性婚人権救済弁護団編・前掲注81 99頁以下・59頁以下・118頁以下等参照。

91　ただし，特に差別の歴史に関しては，日本においてはローマー判決で争われた同性愛者の保護の禁止やローレンス判決で争われたソドミー禁止法などの経験がなく，アメリカと同列に語り得るかについて留意する必要がある。

164

メリカ同様に，異性婚制度という歴史や伝統及び子どもの福祉などが根拠としてみられるところである。しかし，審査密度レベルの引き上げを前提とすれば，異性婚制度の歴史や伝統はそれのみをして同性婚禁止の正当化論拠とはなり得ず，また，同性婚の容認化と子どもの福祉との因果関係については厳密な社科学的・心理学的な見地に基づく科学的な立証が政府側に求められる。子どもの福祉については，ここまで整理・検討してきたアメリカの経験が指し示すように，たとえ同性婚を容認しても，異性カップルの結婚や出産に影響が及ぶことはなく，子どもの最適な発達が脅かされることはない。また，国家には意図的でない・計画的でない子どもを持つリスクに対する保護の必要性があったとしてもそれを根拠に同性婚の禁止を正当化することはできない。むしろ同性婚の禁止が同性愛者を異性婚主義に取り込むことでそこでの結婚や出産を促すことであるならば，それは目的として相当なものとはいえず，厳密な科学的証明なく異性カップルが育てた子どもと同性カップルが育てた子どもに最適な発達という点で優劣をつけるならば，それこそが同性カップルや彼らが育てる子どもに対する差別的メッセージとなりかねない。以上の理由から，少なくとも子どもの福祉という目的と同性婚の禁止という手段の間に合理的関連性は認められず，同性婚を認めていない民法等の法律の規定は，憲法14条1項に違反するとともに，憲法24条にも違反するものである。

5 おわりに

　以上，本章では，アメリカにおける同性婚の容認化を実現したオバーゲフェル判決に至る過程で下級裁判所が展開した同性婚禁止の合憲論と違憲論を参考としながら，日本で同性婚を認めていない現行の民法等の規定が憲法14条1項及び24条に違反するかを検討してきた。

　確かに日本とアメリカでは婚姻や家族に関する法制度をはじめとして異なる点も多い。しかしながら，婚姻や家族の実態の変化・多様化，その在り方に対する国民の意識の変化・多様化がみられる昨今，上記の議論は，日本に

第7章　LGBT と家族　同性婚の禁止は憲法に違反するか

おいても異性婚の権利と同性婚の権利を区別する理由がないことを示す上で重要な示唆に富むものと思われる。以上の考察により，そう遠くはない将来，日本においても同性婚が実現すると結論づける。

92　なお，非嫡出子法定相続分違憲決定（最大決平成 25 年 9 月 4 日　民集 67 巻 6 号 1320 頁）参照。

第8章

LGBT と大学

LGBT/SOGI 対応の現状と課題

1 はじめに

　本章は，中央大学で連続講座の企画運営をはじめダイバーシティ推進事業に深く関わる立場から，LGBT/SOGI が大学という場とどのようにつながるのか，関連の文献を紹介し論点を整理することを目的とする。様々な大学における LGBT/SOGI に関する取組を紹介し，今後考えるべきいくつかの課題を提示してみたい。

　なお，現在，ジェンダーやセクシュアリティに関する課題について考える際には，個別の性的指向や性自認を持った人のうち社会的に少数派となる同性愛者・両性愛者やトランスジェンダーに焦点を当てる LGBT の表記と，SOGI，つまり性的指向（Sexual Orientation）と性自認（Gender Identity）という包括的な枠組みの中で課題を捉える方向の，双方の射程を把握しておくことが，課題を的確に理解して考える助けになるだろう。この章では LGBT/SOGI の表記を含め，文脈に応じて二つの概念を併せて使っていくこととする。

1　LGBT と SOGI の解説としては以下に詳しい。風間孝ほか『教養のためのセクシュアリティ・スタディーズ』（法律文化社，2018）3 頁，谷口洋幸「LGBT/SOGI に関する包括的な法整備の必要性」三成美保編著『教育と LGBTI をつなぐ』（青弓社，2017）107-117 頁

167

第 8 章　LGBT と大学　LGBT/SOGI 対応の現状と課題

2　LGBT/SOGI と大学

⑴ LGBT/SOGI から見る大学

　大学の中心的機能としてまず挙げられるのは，研究による学術知の蓄積
と，教育によるその伝達・継承であろう。そこには学生対象に教室で行われ
る正規の授業だけではなく，中央大学の連続講座のように，より広く社会へ
の貢献を目的として一般に開かれた企画も含まれる。また，教育を受けた者
が次に教育する側となって知を継承し，より良い社会の実現に貢献していく
という，研究者・教育者の育成も大学の重要な役割である。

　LGBT/SOGI の観点からそれらの機能を十全に果たす場として大学を描く
に当たっては，以下の点を考える必要がある。

① 　多様な性別・性自認や性的指向を持つ学生がみな平等に学ぶことができ
る環境が整えられているかどうか。

② 　ジェンダーやセクシュアリティに関する内容を様々な学問分野で学ぶこ
とができるか。裏返せば，ジェンダーやセクシュアリティについての研
究・教育を自由に行える環境であるか。

③ 　多様な性自認や性的指向を持つ教職員がみなその違いによって不利益を
被ることなく働ける環境であるか（なお，学生にとっても教職員にとっても，大
学とは多くの時間を過ごす生活の場ともなり得るため，この環境とは教室に限定され
ず，衣食住を含む具体的な生活環境まで含まれる）。

　これらの要素がどれだけ現状で満たされており，どこが欠けているかの確
認が LGBT/SOGI と大学について考える出発点である。

⑵ 「LGBT/SOGI と大学」について学ぶためのリソース

　初等・中等教育と比較するとまだ数は少ないものの，LGBT/SOGI の観点
から大学教育に関して書かれたものはここ数年で大幅に増えてきている。

　単独の書籍としては，日本学術会議のシンポジウムをもとにした『教育と
LGBTI をつなぐ—学校・大学の現場から考える』（青弓社，2017）がある。こ
の本は大学教育に焦点を当てることをその「独自性」と謳っており，三成美
保が広く教育現場における当該課題の概観を提示した上で（序章），大学に関

168

する個別論考として，隠岐さや香による当事者性を持つ研究者に関する調査報告（第6章），河嶋静代による学生支援の現状と課題をめぐる調査報告（第7章），高橋裕子による女子大学におけるトランスジェンダー学生の受け入れに関する論考（第8章）が収録されている。田中かず子による国際基督教大学の具体的な取組事例についてのコラムもあり，基本的な論点を押さえるにはまずはこの本を紐解くのが有益であろう。

特に，三成が挙げる「教育でのLGBTIの権利保障を考えるときの主な課題」のうち，「『学ぶ権利』の包括的保障」「教職員・研究者の権利保障」，そしてそれを支える「啓発研修の義務化」，「根拠法の整備」については，大学と直接関わる課題として受け止め考える必要がある[3]。

雑誌論文では，2010年代後半より，多くの大学の紀要論文の中に個別の大学での調査結果や支援の取組を報告する論考が増えている。一般誌においても，主に後述する事件に焦点を当てる形で，大学という場について論じた文章を見つけることができる。

出版物ではないが，LGBT/SOGIを冠に，大学の取組や果たすべき役割をテーマに複数の大学でともに考えるシンポジウム等が多く開催されているのも，近年の傾向と言えよう。

⑶ **フェミニズム，ジェンダー研究からLGBT/SOGIへ**

LGBT/SOGIという用語が前景化される以前から，フェミニズムやジェンダー研究の流れの中で，ジェンダー・セクシュアリティの観点から大学という場がはらむ問題については，繰り返し論じられ，実際の変化につながってきた。

遡れば，20世紀初めに出版されたフェミニズム文学の古典，ヴァージニア・ウルフの『自分ひとりの部屋』の中に既に，現在と共通する問題意識を見出すことができる[4]。ウルフが1928年にケンブリッジ大学の女子学生に向

2　15頁

3　32-37頁。なお，残る一つの課題は「セクシュアリティ／性に関する早期教育の必要性」である。

4　ヴァージニア・ウルフ著，片山亜紀訳『自分ひとりの部屋』（平凡社，2015）

第 8 章　LGBT と大学　LGBT/SOGI 対応の現状と課題

けて行った講演が元になったこの本は，女性が大学教育を受けられるように
なっても様々なジェンダー格差が大学に存在していたことを，想像力豊かに
描き出す。

　ウルフが示す大学内での男性と女性の格差は，立ち入りを許される領域の
違い（例えば語り手は女性であることで図書館への入館を断られる）や供される食事
を含めた設備の違いなど，自由に快適に学問を追求できる環境が整えられて
いるかどうかに始まり（第一章），女性が男性によって学問の対象として客体
化されても学問をする主体としては扱われてこなかったことや（第二章），女
性同士の親密な関係は可視化されず歴史に埋もれていたことまで（第五章）
幅広い。フェミニズム運動の中で，大学という場をジェンダー公正な空間に
していくことは常に重要な課題であり，またそこには SOGI に関わる問題意
識も周縁的にではあるが存在し続けてきたといえる。

　海外及び日本の大学におけるジェンダー教育全般については，既に多くの
論考がまとめられている。中でも早稲田大学のジェンダー研究所がまとめた
２冊の論集では，研究内容の報告に加え，大学教育自体について考え，意見
を交換し，発信することの重要性を，LGBT/SOGI を含む多様な観点から見
ることができる[5]。これからの LGBT/SOGI と大学教育についての考察は，
こうした蓄積と接続した形で進められる必要があるだろう。

3 　大学における LGBT/SOGI 課題の可視化の流れ

　日本の大学という場で LGBT/SOGI をめぐる課題が可視化され，活発な
変化が見えるようになってきたのは，主に 2000 年代以降だ。特に 2010 年代
半ばからは，「マイノリティ属性を持つ学生への支援」という形での取組が
急速に広がりつつある。これは，文部科学省が義務教育における性的マイノ

5　小林富久子ほか編『ジェンダー研究／教育の深化のために─早稲田からの発信』（彩流社，
　2016），村田晶子ほか編著『なぜジェンダー教育を大学でおこなうのか─日本と海外の比較から
　考える』（青弓社，2017）

リティの児童・生徒，特に性同一性障害の児童・生徒への配慮を求めたことで，大学以前の教育現場が変化してきたことにも呼応した動きだとも考えられる[6]。「支援」という枠組みについては後でまた取り上げることとして，ここから，近年の大学に関わる流れを大まかに追ってみたい[7]。

(1) 学生からの提言と大学の変化

　なによりまず，1980年代以降，フェミニズム・女性学やジェンダー論が日本の大学の制度内にも取り入れられていく中で，学問として，また社会運動として，セクシュアリティに関する研究へのアクセスも開かれてきたことは重要であった。ジェンダー・セクシュアリティに関する研究が，周縁的な扱いとはいえ大学で学べるようになったことは，この後の変化を支える人たちを生み出し，変化の基盤となったと考えられる。

　2000年代に入ると，日本の研究・教育におけるフェミニズムやジェンダー学はバックラッシュによって困難な時期を迎えた。だが一方で，この時期，大学に在学する現役の学生たちが性的少数者としての立場から自分たちの要求を大学に伝え，大学がそれに応えるという動きが生まれている。この代表的な例が国際基督教大学だ。2004年のジェンダー研究センター設立を中心に，2000年代初めから継続的に，教職員が学生からの働きかけを受けながら大学内で様々な取組を形にしていく経緯は，田中（2017）に詳しい[8]。ジェンダー研究センターの特徴は，研究・教育にも力を注ぐと同時に，LGBT当事者のための居場所となる空間の確保を重視し，また相談窓口を含む学内の制度の問題点を可視化し，改善を図っていった点にある。

　個別の大学ごとの取組だけでなく，2000年代半ばには，複数の大学をつなぐ形でインカレ・サークルのRainbow College（レインボーカレッジ）が立

6　文部科学省の動きに関しては以下に詳しい。渡辺大輔「『性の多様性』教育の方法と課題」『教育とLGBTIをつなぐ』146-166頁

7　筆者が東京の大学勤務であることから関東圏の情報を中心に扱う。

8　田中かず子「性的マイノリティ問題への取り組み―国際基督教大学での実践からみえてきたこと」『教育とLGBTIをつなぐ』236-246頁

ち上がり，LGBT 当事者学生のための交流の場と，生活上の困難を解決するための情報提供を始めている[9]。こうして学生同士の交流が進むことで，個々の大学を超えて大学一般に共通する課題が洗い出され，学生の視点から，大学で学ぶ権利の保障と学ぶ環境の整備において何が課題であるかの可視化が進んだと考えられる。特にトランスジェンダーの学生のための環境・制度整備の必要性は当初から重要課題として認識されており，多くの大学での取組につながってきている。

⑵　教育と研究をつなぐ試み

　研究面では，2007 年にクィア学会が設立され，残念ながら 2015 年に活動休止となったものの，様々な学問分野にわたってジェンダー・セクシュアリティに焦点を当てた研究を進める一つのプラットフォームとして機能し，大学教育の理念や手法についても考える場となった。

　また，2007 年には日本教育学会関東地区で「教育学 meets クィア・スタディーズ—〈大学教育とクィア〉に関する諸課題を考える」と題されたシンポジウムが開かれており，この時期の大学における状況の貴重な記録となっている。

　シンポジウムの報告書の中で，広瀬裕子が，大学でこのテーマを考える際にはコミュニティとアカデミズムの双方を視野に置いていく必要があるという，非常に重要な指摘をしている[10]。現在まで，LGBT/SOGI に関しては大学でも学生の生活環境の整備が中心となっており，いわばコミュニティの視点が先行し，アカデミズムの中での学問分野としての制度化という展開にはなかなか結びついていない。研究と教育をつなぐ試みとしては，2010 年から東京大学で一般参加者に広く門戸を開いたクィア理論入門講座が開講されており，2018 年まで毎年多くの参加者を集めているが，この講座の人気も裏

　9　加藤慶「セクシュアル・マイノリティの学生に対する教育支援—学生参加型アプローチ」日本教育学会 2007 年関東地区研究活動報告書『教育学 meets クィア・スタディーズ—〈大学教育とクィア〉に関する諸課題を考える』（2008 年 3 月）19-26 頁; Rainbow College ウェブサイト http://rainbowcollege.blog68.fc2.com〈2018 年 4 月 18 日参照〉

　10　広瀬裕子「アカデミズムにおける『モグラたたき』と『ゲットー化』」前掲報告書，13 頁

を返せば，このテーマで学術的に充実した正規の講座がいまだ多くの大学で提供されていないということの証左であるかもしれない[11]。

(3) 学生支援の具体的な取組

2019 年現在，複数の大学が LGBT/SOGI に関するガイドラインの策定などを進めており，その多くがインターネット上で公開されている。環境整備を進めるに当たり，既存のハラスメント防止啓発，男女共同参画，障害学生支援などの制度が利用されており，学生が主導する新しいタイプの流れもこうした枠組みの中に落とし込む形で制度化されているようだ。さらには，企業の動きを追うような形で，これらの領域をつないで「ダイバーシティ」の枠組みが導入され始めているのも，最近の動きである。

個別の大学の中で，国際基督教大学に加えて早稲田大学も，独立した場所の確保に成功している。国際基督教大学は前述のジェンダー研究センターを2004 年に，早稲田大学は GS（ジェンダー・セクシュアリティ）センターを 2017年に立ち上げたことで，拠点・居場所となる空間を持ち，そこでの活動を通して外部への発信を続けている。

国際基督教大学のジェンダー研究センターは，設立当初から教育プログラムの提供と研究者育成まで視野においた研究の充実を活動の中心に置いており，シンポジウムなどのイベント運営や学術ジャーナルの発行含め，研究・教育のコンテンツを広く共有するためのプラットフォームの役割も果たしてきている[12]。充実したニュースレターやジャーナルに加えて，大学という場でどのように学生支援の制度を整えられるかを分かりやすく可視化した「ジェンダー・セクシュアリティとキャンパスライフ Vol 1：できることガイドin ICU」[13]や「ジェンダー・セクシュアリティとキャンパスライフ Vol 2：やれることリスト 108 at University」[14]等の，汎用性のある資料を広く公開す

---

11 クィア理論入門公開講座（http://crystalqueer.net/qskomaba）〈2019 年 4 月 18 日参照〉
12 ジェンダー研究センターウェブサイト（http://subsite.icu.ac.jp/cgs/）〈2019 年 4 月 18 日参照〉
13 http://subsite.icu.ac.jp/cgs/resource/gscl01v1.html
14 http://subsite.icu.ac.jp/cgs/resource/gscl02v1.html

第8章　LGBTと大学　LGBT/SOGI対応の現状と課題

る活動は，他大学の取組にも大きく影響を与えてきた（ただし，研究センターの位置づけで研究組織の枠を超えた取組を行う困難もあるという[15]。）。

　一方の早稲田大学は，大学の中長期事業計画に学生発案の企画を盛り込む学内コンペで，総長賞を受賞したことから設立が決まったという訴求力のあるストーリーを持ち，学生支援の性質を前面に出した運営・発信を続けている[16]。独立した学生支援組織であることから，カリキュラム等の研究・教育の領域には踏み込んでいない点が国際基督教大学との違いだが，活動の状況を積極的に発信している点では共通している。どちらのセンターも，キャンパス内にセーフスペースとして物理的空間を確保する重要性と，その運営を継続する上での多種多様な課題を知るための先行事例である。

　筑波大学，関西学院大学，京都精華大学，龍谷大学なども取組を積極的に進めている。しばしば紀要や学会誌に活動の詳細が発表されており，それぞれの現場での苦労を知ることができて参考になる[17]。筑波大学は，詳細なガイドラインと合わせて便利なワークシートも公開するなど，一歩踏み込んだ支援の形を広く学外者とも共有する工夫がなされている[18]。様々な大学が行っている活動の特徴やその意義については，加藤悠二（2018）がコンパクトにまとめている[19]。最近は啓発のために各大学が工夫を凝らしたチラシやリーフレット，ステッカーなどのグッズも作成していて，広くいわゆるLGBT当事者以外にも訴える工夫がなされている印象である。

　また，大学のいわゆる「出口」である就職・キャリア支援の領域では，早稲田大学の学生団体から出発したNPO法人ReBitが積極的に支援を進めて

15　生駒夏美「大学の企業化と人権の危機」『現代思想』2016年11月44巻21号（青土社）215頁

16　GSセンター　ウェブサイト（https://www.waseda.jp/inst/gscenter/：活動報告として）渡邉歩「学生に安心できる居場所を―包括的支援と啓発に取り組む早大GSセンター」『新聞研究』2019年2月号（No.811）

17　例えば榎本てる子ほか「〈研究ノート〉キリスト教主義大学におけるLGBT学生に対する人権保障の取り組みに関する調査」『関西学院大学人権研究』（21号，2017年3月）1-13頁

18　筑波大学ガイドライン（https://www.tsukuba.ac.jp/students/pdf/lgbt_guidline.pdf）

19　加藤悠二「大学における『LGBT学生支援』」「研究委員会企画シンポジウム3　今，教育現場でLGBTの子どもたちは」日本心理教育学会『教育心理学年報』57巻，2018，291-292頁

いる。ReBit が主催するキャリア支援フォーラムの Rainbow Crossing は，2018 年度，大学との連携を強化する方針を打ち出し，開催場所を提供した東京大学だけでなく，後援大学を積極的に募る形で，大学と企業をつなぐ姿勢を示した[20]。

　ここに挙げた以外にも多くの大学や団体が取組を進め，情報も急増している現状であるが，学生の生活支援について環境整備を検討している大学は，まずは河嶋（2017），田中（2017）と併せて，前述の国際基督教大学の「できることガイド」「やれることリスト」や，筑波大学の「LGBT+ 等に関する筑波大学の基本理念と対応ガイドライン」を参照すれば，取り組むべき基本的な事項を網羅できるだろう。

4　社会を動かした二つの事件

　2010 年代後半には，大学において LGBT/SOGI を考える重要性を社会に広く訴える契機となった二つの出来事があった。

　一つ目は，2016 年に大きく報道された一橋大学アウティング事件である。2015 年に，一橋大学法科大学院に所属していた学生が同性の友人への恋愛感情を打ち明けたところ，仲間たちのグループ内でそのことが明かされてしまい，大学の諸機関に相談したが解決に向かわず，キャンパス内の建物から転落死したという痛ましい事件であった。2016 年になって，この学生が亡くなった経緯が遺族による大学への訴訟という形で明らかにされると，広く世間の注目が集まり，何よりもまず，アウティングという概念が多くの人たちに認識されるきっかけとなった。この件は，大学関係者にとっては，学生支援の難しさと重要性，大学が負う社会的責任とリスク，学内の組織が協力してよりインクルーシブな環境を作ることがいかに切迫した課題であるかを突きつけられる切実な出来事であった[21]。

　二つ目に，2018 年にお茶の水女子大学が，2020 年度よりトランスジェン

20　中央大学を含む 10 校が賛同大学であった。

第 8 章　LGBT と大学　LGBT/SOGI 対応の現状と課題

ダーの女子学生を受け入れるという表明をした[22]。これに先立つ 2017 年に日本女子大学で開催されたシンポジウムで，既に複数の女子大学でこの件についての検討が進められていたことが語られている[23]。この件は，お茶の水女子大学の，というだけでなく，現代の女子大学にとっての重要な課題を示し，またより広い文脈でジェンダー公正な社会の在り方を考える必要性を喚起した。その後他の女子大学でも具体的な検討が進められていることが報道されている[24]。

　これら二つの出来事は，大学関係者に止まらず広く社会の注目を集め，大学という場における LGBT/SOGI の課題が切迫したものであることを学内外に知らしめた。2018 年には LGBT/SOGI と大学について考える複数のシンポジウムが開催されて，この二つの事案を含む多くの課題について最新の知見を得る機会に多くの参加者が集まり，社会の高い関心を示していた。

　2018 年の 1 年間を見ても，4 月には LGBT 法連合会によって明治大学で開催された「SOGI は今？」の「教育の現場から～大学の場合～」と題された分科会内で，アウティングやハラスメント防止啓発の取組について現状の報告があった。7 月には一橋大学アウティング裁判の報告会を兼ねたシンポジウムが明治大学で開かれた。8 月には IDE 大学協会近畿支部による「ダイバーシティが切り拓く大学教育―障害を持つ学生や当事者をどう支援する

21　本事件については，『現代思想』（青土社）2016 年 11 月号に「ジェンダーから見た大学」という小特集が組まれ，前掲の生駒による論考のほか，南和行と清水晶子が寄稿している。清水は『世界』（岩波書店）の同じく 2016 年 11 号にも「一橋大学事件から考える」という枠で「大学は〈大学〉を守れるのか―大学におけるセクシュアル・マイノリティ」という優れた論考を寄稿している。また，砂川秀樹の『カミングアウト』（朝日新書，2018）や石田仁の『はじめて学ぶ LGBT―基礎からトレンドまで』（ナツメ社，2019）でも本事件についての考察があり参考になる。

22　お茶の水女子大学「トランスジェンダー学生の受け入れについて」http://www.ao.ocha.ac.jp/menu/001/040/d006117.html

23　日本女子大学人間社会学部 LGBT 研究会編『LGBT と女子大学―誰もが自分らしく輝ける大学を目指して』（学文社，2018）

24　2019 年 6 月には奈良女子大学が，同年 9 月には宮城女子学院大学が正式な受け入れの方針を公表した。

176

か―」が京都大学で，10 月には筑波主催のシンポジウム「いま大学で対応する SOGI（性指向・性自認）/LGBT+」が筑波大学東京キャンパスで開催された。12 月には，学術会議での公開シンポジウム「LGBT/SOGI 施策―国・自治体は何をすべきか―」のなかで学術への期待にも触れられており，また日本学生支援機構の「学生生活にかかる喫緊の課題に関するセミナー」でも「性的指向・性自認の多様なあり方の理解増進」が喫緊の課題に挙げられた。[25]

　こうした LGBT/SOGI と大学を考える機会の多くが個別の大学による学生支援の事例共有に時間を割いている。その中で興味深い試みとして，4 月の LGBT 法連合会のシンポジウムでは，参加大学の 3 学長による「SOGI の多様性に関する学長共同宣言」が出された。[26] 個別の大学ごとにダイバーシティに関する宣言を出す例が急増している中，複数大学の学長による共同宣言という試みは新規性があり，その先の展開が期待された。ただ，やや残念なことに，この共同宣言を受けた具体的な動きは現時点では明確に見られないようだ。「宣言」のより効果的な使い方が期待されるところである。

5　今後の課題

　これまで挙げた流れを踏まえて，今後考えていくべき課題をいくつか挙げていきたい。

　既に示したように，学生支援に関する論点の整理や具体的な取組事例はかなり蓄積されてきており，対応すべき項目自体は明確になっている。したがって，次に必要なのは，実施における困難を具体的な実務のレベルで共有し，ともに解消策を探るような大学同士の横のネットワークであろう。

25　日本学生支援機構は「大学等における性的指向・性自認の多様な在り方の理解増進に向けて」という「教職員向け理解啓発資料」もウェブで公開している。https://www.jasso.go.jp/gakusei/about/publication/__icsFiles/afieldfile/2018/12/07/lgbt_shiryo.pdf

26　「SOGI（性的指向・性自認）の多様性に関する学長共同宣言」http://lgbtetc.jp/wp/wp-content/uploads/2018/05/20180430 第 1 分科会 PPT.pdf

第8章　LGBTと大学　LGBT/SOGI対応の現状と課題

LGBT/SOGIに関して充実した取組を進めている大学同士，またこれから環境整備を進めようとする大学が，受験生確保のためなどの競争で優位を保つためにそれを利用するのではなく，草の根の実務レベルでの情報共有をしていく仕組みの構築が望まれる[27]。

　その上で，LGBT/SOGIと大学というテーマについて，何よりも学生，特に学部学生を念頭に置いた学生生活の支援に比重が大きく傾いている現状は，安全・安心に学べる環境を整えることが大学にとって最重要課題であるとはいえ，それ以外の課題がかき消されてしまう懸念もある。アカデミズムとコミュニティの双方から「大学」という場の意義を考えた時，以下のような点も今後併せて考えることが重要であろう。

(1)　研究・教育内部での制度化

　学生の生活環境整備は対応が進む一方で，教育内容や教育手法についての議論があまり進んでいないことを，クレア・マリィや森山至貴が指摘している[28]。多くの日本の大学において，カリキュラムの中で体系的にセクシュアリティ関連の学問領域を学べる学部・学科は依然として少なく，授業が置かれていても多くの場合は導入科目として，また様々な領域の教育内容のほんの一部として取り入れられるに留まっている。つまり，LGBT/SOGIについてはあくまで学生（あるいは教職員）の属性として捉えられており，より深く大学の研究や授業と不可分の領域として研究・教育の中に制度化する方向には進んでいないのだ。

　しかし，ジェンダーやセクシュアリティについての差別や不公正を正していくためには，アカデミズムの領域でジェンダー・セクシュアリティに関する専門的な知見が深められることも必要である。そもそもフェミニズムや

27　2016年から「LGBTA大学教職員ネットワーキング」という懇親の集まりが組織されており，また2019年6月に，筑波大学が中心となり，学生支援体制の研究に焦点を当てた学会「ユニバーシティー・ダイバーシティー・アライアンス（UDA）」の立ち上げが報道された。実質的なネットワークの構築に向けて今後の展開が注視される。

28　クレア・マリィ「大学におけるクィア・スタディーズの意義」『教育学meetsクィア・スタディーズ』1-10頁；森山至貴「大学でクィア・スタディーズを教える」『神奈川大学評論』第88号（2017年11月）74-82頁など

今後の課題

ジェンダー公正を目指す運動においても，学問として制度化されることは重要なステップであった。学生の生活支援だけ対応すれば良いという姿勢は，ともすればLGBT/SOGIの課題を私的領域に留め置く構図ともつながり兼ねない。

村田晶子は「日本の高等教育におけるジェンダー教育／研究の課題」として，「ジェンダー視点での教育／研究課題・領域の拡大」「大学教育・専門職教育での教育方法の見直し」「生涯にわたる学習・教育を支えるジェンダー教育の機関へ」「組織化の実践と研究」の４項目を挙げて論じている。これらは全てLGBT/SOGIについても当てはまる[29]。もちろん，村田の議論における「ジェンダー視点」の中に当然LGBT/SOGIも含まれているのだが，従来のジェンダー学の枠組みの中では，SOGIにおいてはマジョリティである異性愛・シスジェンダー女性／男性の枠組みが無意識の前提とされ，性的マイノリティの在り方は「これも触れておく必要がある」という形だけの扱いになりがちであった。LGBT学生の生活支援の枠組だけでは，こうした研究・教育制度の内部に分け入って変革を促す姿勢が見えづらくなってしまう。このいわば隙間に落ち込んだ状態をどう動かすのかについて，大学にいる者は考えるべきであろう。

マリィや森山が2000年代半ばから論じている，「クィア・ペダゴジー」という論点は，この隙間への一つの応答だといえる。現行の教育内容や手法に「LGBTという特殊なテーマも」付け加えるという形ではなく，そもそも私たちの「知の生産」について，そこを規定する力としていかに異性愛主義が強く働いているかを認識し，知をめぐる権力構造自体を問い直していくような教育を考える必要性をマリィは問う。

実際，現在でも教育の現場で常に「当事者」の存在と声が求められ続ける現状がある。マリィが疑義を呈する「表面的当事者性」，つまりマイノリティとされる側のみが常に一方的に説明を求められ続け，異性愛主義社会の

29　村田晶子「日本の大学におけるジェンダー教育の課題―社会を変革する希望の糧に」『なぜジェンダー教育を大学で行うのか』160-169頁

第 8 章　LGBT と大学　LGBT/SOGI 対応の現状と課題

権力構造が変化しない中でむしろ「当事者」こそが拘束され続ける状況について考える必要は，ますます高まっているように感じられる[30]。

「当事者」のストーリーに絶対的な効果を見出す活動の手法と，「知の生産」の構図こそを問う学問・研究は，どのように重なり得るのか。また，知／無知について深く考察する場としての大学の在り方を，学問の権威―大学という場が帯びる・帯びさせられる権威―と併せてどのように考えていくべきか。こうした問いを追求することは時に運動の流れを阻害する力とも捉えられてしまうが，学術の場である大学においてこそ，丁寧な考察を続ける必要があろう。

関連して，教職員への研修も，広い意味での教育手法の問題としても捉えられるだろう。世界各国の制度が急速に変化していく現在，例えば法律学や政治学においても，LGBT/SOGI に関連して起きる法制度の変更を知識として教える必要は増すばかりだ。その際にどのような言葉でどのような態度で教えるかの感度を高めることが，ジェンダー・セクシュアリティ研究以外の分野の教員にも求められている。

センシティブなテーマをどのように教えるのか，権力の不均衡を無視した両論併記やディベートの持つリスクも含め，教員は，学問的誠実さと繊細さの両方を持ちながら，自らの専門性にあぐらをかかず謙虚に知らないことを学んでいく必要がある。これは決して容易なことではない。大学における教職員の研修を考える際には，ただ LGBT/SOGI の基礎知識を扱うだけでなく，このような側面での教員との意見交換も重要だろう。

なお，大学という場での異性愛主義の問い直しは，LGBT/SOGI の性的側面をどう扱っていくかという課題ともつながっていく。この点は風間孝の，現行のメディア報道において LGBT が「脱性化」されないと語られない，という指摘とも重なるだろう[31]。大学という場は，#MeToo 運動やキャンパ

30　クレア・マリィ「性意のあることば」『現代思想』26 巻 10 号（青土社，1998 年 8 月号）122-135 頁

31　風間孝「表層的変化にとどまる報道の課題―いまだに回避される性的側面と性的マイノリティ間の差異」『新聞研究』2019 年 2 月号（No.811）

スでの性暴力への抵抗などという形でも今日的な性の問題に向き合っている。そこで性について忌避したりただ教条的に捉えたりせず，しかも性的な加害に加担しない形での扱い方を模索する課題も，困難であるが喫緊のものである。[32]

(2) 言語・概念への意識

LGBT と SOGI の概念は，冒頭でも触れたとおりそれぞれ異なる射程を持っている。しかし，曖昧な理解の元で，SOGI が LGBT の単なる言い換えであるかのように受け止められ，両者が同じものとして扱われてしまう場合も少なくないようだ。社会的少数者が権利を獲得する運動をする上で，言語の問題は常に重要であったこと，また LGBT それぞれが単なるカテゴリーの名称ではなく，アイデンティティの政治の歴史と切り離せないことを考えると，言語や概念の重みを敏感に理解し重視する必要性は，前項のアカデミックな領域での展開の不足とも重なる問題かと思われる。

中でも，LGBT が乱暴にひとまとめにされることの問題は繰り返し指摘されている。そこで不可視化されるのは LGBT それぞれの間の差異であり，さらにはそこに内包される不均衡でもある。例えばバイセクシュアリティの消去・不可視化はよく指摘されるが，「支援」の枠組みとの関係から考えると，「困りごと」単位での捉え方により，バイセクシュアリティの存在が断片化されて見えなくなっているとも考えられる。一方で SOGI については，本来であればマジョリティを含めて性的指向，性自認があまねく存在するにもかかわらず，LGBT ＝マイノリティの人々についての話だと受け止めるのでは，平等・公正ではない社会の現状を問うことにつながらない。

この点に関しては，連続講座の関連企画として，2018 年 10 月に JACET 英語辞書研究会の主催による「辞書 x LGBT 談話会」が開催され，小室夕里とクレア・マリィの報告に基づいて用語の違いが社会に与える影響について考える機会を持った。こうした領域での思考の積み重ねも学術の意義であ

---

32 大学で寮を設置する際に，ほとんど議論なくジェンダーで完全に分けられたフロアが取り入れられることが多いが，これも性的側面の回避と関連しているように思われる。

第8章　LGBTと大学　LGBT/SOGI対応の現状と課題

り，実務的な学生対応などの現場との往還が必要だろう。

(3)　「割合」の扱い方

　近年，LGBT/SOGIに関する統計調査が少しずつ増加しており，データが蓄積されてきている[33]。そして，大学に限ったことではないが，そうした統計を使ってLGBTについて説明する際に，調査で示された割合をわかりやすい比喩で説明していく形が定形となっているようだ。例えば，LGBTの人がいる割合は左利きの人と同じ，ある特定の苗字と同じ，という説明である。これは確かにとてもわかりやすいのだが，一つ注意すべき点がある。たとえLGBTの人口比での割合が計算できたとしても，その割合が社会全体に均等に分布しているわけではないということだ。

　2018年，ジェンダー関連で社会に衝撃を与えたもう一つのニュースが，複数の大学での医学部入試における女子受験生の不当な取り扱いであった。そのようにあからさまな不公正でなくとも，金井景子が指摘するように，幼少期から規範に沿うことを求められて応えられず困難を抱えてきた者が，学業で持てる力を発揮できず，望んでも高等教育の扉を開けられないことは十分考えられる[34]。その可能性から目を背けて，大学の全ての構成員が既に均等に多様であるという前提で大学という場を考えることはできないはずだ。新自由主義的な競争に勝っていく人たちとそうでない人たちの格差と社会的排除については，大学がメリトクラシーと深く結びついている現状において，語りにくい問題だが，常に念頭に置いていかなければならないだろう。

(4)　「ダイバーシティ」の枠組みを問う

　大学において「ダイバーシティ」の枠組みが強調されるようになってきているのも今日的な現象である。現在，中央大学を含め多くの大学がダイバーシティ推進を掲げ，ダイバーシティ宣言を発表し，その枠組の中にLGBT/SOGIを位置づける流れが明らかに存在する。確かに「ダイバーシティ推

33　量的データの捉え方に関しては，釜野さおり「性的マイノリティをめぐる量的データ―ダイバーシティ推進の文脈における両義性」（『女性学』2018年vol.26）に詳しい。

34　金井景子「セクシュアル・マイノリティ問題に関する教師の『当事者性』と『聴く力』」『ジェンダー研究／教育の深化のために』382頁

182

進」によって新しい可能性が開かれる側面もあるが，それがLGBTに固有の課題を見えなくする効果も生んでしまう懸念が，例えば藤本由香里とジェームズ・ウェルカーの対談の中で表明されている。[35]ダイバーシティの枠組みが可能にする分野横断的な取組の位相と，個別の課題への目配りを両立する方策を探っていくことが重要といえよう。

　また，企業におけるビジネスやマーケティングの文脈が先行するダイバーシティ推進の流れを，大学における「LGBT対応」に無批判に導入する問題について，生駒が『現代思想』の論考で一橋大学アウティング事件と関係付けて詳述している。大学がビジネス的なダイバーシティ戦略を取り入れることが，ともすれば表面的，近視眼的な広報に終始してしまい，本来的な人権擁護としての多様性への保障につながらないどころか，教員・研究者・大学職員まで含む職場としての大学が抱える問題を覆い隠す隠れ蓑として機能してしまう可能性の指摘は，決して無視できない。

⑸　大学改革との関連

　ダイバーシティの枠内に包摂されつつあるLGBT/SOGI関連の動きが，現在日本の大学が翻弄されている改革の流れとどう関わっていくのかも，避けられない論点だ。特に急速に進みつつある学生支援の実務の担い手としては，学生ボランティアや，若手研究者・実務家が登用されることが多い。しかし，例えば大学でセンターを設立しても相応の人件費をつけなければ継続が困難であるところ，現在日本の大学は総じて人件費削減に苦しんでいる。予算が限られるときに，学生や若手研究者・実務家を，安い（時には無償の）労働力として位置付けてしまう危険性は既に現実のものである。

　また，隠岐（2017）による，社会におけるマイノリティ属性を持つ研究者が置かれている現状調査の結果も非常に重い。[36]LGBT学生に対する支援が整いつつある一方で，教職員の当事者性にはあまり注意が払われない。マイノ

　35　藤本由香里，ジェームズ・ウェルカー「ジェンダー・セクシュアリティ，グローバリゼーションをめぐって」『神奈川大学評論』第88号（2017年11月）
　36　隠岐さや香「日本の大学での性的少数者に関する調査結果」『教育とLGBTIをつなぐ』195-210頁

第8章 LGBT と大学 LGBT/SOGI 対応の現状と課題

リティ属性のある研究者には，自分自身のアイデンティティと研究テーマとのネゴシエーションの必要性，SOGI においてはマジョリティである学生との権力関係の複雑さなど，マジョリティの立場であれば経験する必要のない困難がある。この理解に基づいて，研究・就業支援の検討がなされる必要がある。

　日本学術振興会は，2018 年に共同研究の公募に当たり「実社会対応プログラム」のテーマの一つとして「LGBT および性的少数者をめぐる社会的ダイバーシティの実現に関する研究」を設定した。学術機関における研究テーマとして，少なくとも現在，LGBT/SOGI は重視されているようだ。果たして，こうしたテーマに研究資金が振り分けられる流れは，研究の現場で研究者がもつ困難の解消と結びついていくのだろうか。特に，この共同研究プログラムに「実務家」との連携という条件が付されている点は興味深い。海妻径子は，男性学という学問分野を扱って，「ソーシャル・アクション」がアメリカの大学で「産業化」という形で制度化される状況を論じているが，LGBT/SOGI という社会的課題を通じて，私たちは，大学という場をどのように構想していけるのだろうか。[37]

6　おわりに

　これまで挙げてきた論点の多くは，中央大学での取組の中で筆者自身も直面してきた課題である。連続講座の企画運営の中でも，研究と実務をいかにしてつなぎ，大学全体の取組に還元できるのか，試行錯誤の日々であった。

　中でも，学問領域の特徴と当事者性の課題が，連続講座の中で常に浮かび上がっていた。通常，ジェンダーがテーマの場合講師が女性に偏りがちなところ，法律・政治学，法曹実務の分野ではそれが逆転し，講師陣のジェンダーバランスに苦慮することになった。学問分野によるジェンダーの不均衡

37　海妻径子「研究と実践は大学寄附講座の上で交叉するか？―米国の大学における男性学の制度化と文化支配」『現代思想』（青土社，2016 年 11 月号）124-134 頁

を実感する機会であった。また，参加者から回収したアンケートにはほぼ毎回登壇者の当事者性を問うコメント（登壇者の当事者性（の推測）と講演の内容の評価をつなげるもの）が複数あり，クィア・ペダゴジーの観点から今後分析すべき課題と受け止めている。

　蓄積された知を共有し，より良い社会を築いていくための場として，これからも大学が社会の中で一定の重要な役割を担っていくことは疑いない。大学が改革の波に揉まれる中で，でき得る限り多様性に開かれインクルーシブな大学はどのようにして実現でき，またそこで研究や学問はどのように形を変えるのか。学生にとって人生で重要な変化の時期を過ごす場であることをどれだけ真摯に捉えて行動していけるのか，私たち1人ひとりが考えながら動いていく必要があるだろう。その際に，何より重要なのは，大学間の競争ではなく，協働をしていくことだと考える。ダイバーシティ・マーケティングとは異なる形での，教育現場ならではのダイバーシティ推進の在り方を複数の大学で共に描けるか，「ダイバーシティ」を単なるお題目ではない複層的なつながりの場として構築していけるか。これからますます，それぞれの立場からの関わり方が問われていくことだろう。

第9章

LGBT と人権
世界人権宣言 70 周年を迎えて

1 はじめに

　2018 年は世界人権宣言が採択されてから 70 年目にあたる。「すべての人民とすべての国とが達成すべき共通の基準」（前文）として採択されたこの宣言は，「人種，皮膚の色，性，言語，宗教，政治上その他の意見，国民的もしくは社会的出身，財産，門地，その他の地位」（2 条）など，特徴や属性にかかわらず，すべての人が人権享有主体であることを確認した。その歴史は，有色人種，女性，少数民族，宗教的・言語的少数者，外国籍者，難民・国内避難民，移住者，障害者など，等しく人間でありながらも，その特徴や属性のみを理由に人権の享有を妨げられてきた人々がいることを浮き彫りにする営みであった。

　2011 年に国連人権理事会で採択された決議 17/19 は，性的指向と性自認（Sexual Orientation and Gender Identity）（以下，SOGI）をこの流れに位置づけ，LGBT（レズビアン，ゲイ，バイセクシュアル，トランスジェンダーなどを含む性的少数者の総称）も等しく人権享有主体であることを確認した。以後，国連人権高等弁務官による報告書や啓発冊子の公表，国連 LGBT コアグループの形

1　U.N.Doc. A/HRC/RES/17/19, 14 July 2011.

2　U.N.Docs. A/HRC/19/41, 17 November 2011; A/HRC/29/23, 4 May 2015.

3　Office of the High Commissioner for Human Rights (hereinafter, OHCHR), Born Free and Equal: Sexual Orientation and Gender Identity in International Human Rights Law, U.N. Doc. HR/PUB/12/06, 2012. 同冊子の日本語訳は，国連人権高等弁務官事務所（山下梓訳）『みんなのための LGBTI 人権宣言：国際人権法における性的指向・性別自認』（合同出版，2016）。

186

成，特別手続に基づく独立専門家 (Independent Expert) の任命，特別ウェブサイト「UN Free and Equal」の開設など，LGBT の人権は国連の人権施策における主要課題の一つと認識されてきた。

転機となった国連人権理事会決議の当時，理事国であった日本は賛成票を投じた。後に組織された国連 LGBT コアグループの一員にも名を連ねている。文字通り，国連による LGBT の人権施策では中核の地位にある。ところが後述のとおり，日本は国内の LGBT の人権保障については，条約機関や国連機関から様々な改善勧告を受けている。この現状をどう考えるべきか。

本章では，まず，LGBT の人権について，なぜ，そして，どのように国連の人権保障システムが取り組むのか確認する。その上で，日本に向けられた LGBT 関連の改善勧告を概観し，勧告の実現可能性について考察する。

2 なぜ国連が取り組むのか

そもそも，なぜ国連は，日本を含め，各国の国内における人権状況に改善勧告を出すのか。国際社会は主権平等 (sovereign equality) を原則としており，他国だけでなく (友好関係原則宣言)，国連も「本質上 (essentially) いずれかの国の国内管轄権内にある事項に干渉する権限」をもたない (国連憲章 2 条 7 項)。にもかかわらず，国連はなぜ各国の人権状況に「干渉」する。それはなぜか。そして，なぜ課題の一つに LGBT の人権が含まれなければなら

4　アルゼンチン，ブラジル，クロアチア，フランス，イスラエル，日本，オランダ，ニュージーランド，ノルウェー，アメリカ，ヨーロッパ連合 (EU)，国連人権高等弁務官，ヒューマン・ライツ・ウォッチ (Human Rights Watch)，アウトライト・アクション・インターナショナル (OutRight Action International，旧国際ゲイ・レズビアン人権委員会 (International Gay and Lesbian Human Rights Commission)) をメンバーとして開始された国連内部の自律的な取組。国家代表や国連高官だけでなく市民社会がメンバーに加わっている点にも特徴がある。

5　U.N. Doc. A/HRC/RES/32/2, 15 July 2016, para. 3.

6　OHCHR, *Free and Equal*, https://www.unfe.org/en (last visited 30 July 2019).

第9章　LGBTと人権　世界人権宣言70周年を迎えて

ないのか。

(1)　国際関心事項としての人権

　国連の活動として，国際社会の平和と安全の維持を目的とした「安全保障」や諸国の経済発展への協力を目的とした「開発援助」，地球環境の保全と持続可能性の維持を目的とした「環境保護」がよく知られている。これらの大規模な活動に隠れがちであるが，すべての人の人権享有の実現を目的とする「人権保障」も，国連の重要な活動の一つである。

　国連は，設立目的の一つとして「人権及び基本的自由を尊重するように助長奨励することについて，国際協力を達成すること」を掲げた（国連憲章1条3項）。その基準として1948年に採択された世界人権宣言の前文には次のような一節がある。

　　　「人権の無視（disregard）及び軽侮（contempt）が，人類の良心を踏みにじった野蛮行為（barbarous acts）をもたらし言論及び信仰の自由が受けられ，恐怖及び欠乏のない世界の到来が，一般の人々の最高の願望として宣言されたので……」

　この一節は国連が人権保障に取り組むようになった次のような背景を示している。

　戦間期の国際社会では，人権保障は専ら国内の管轄事項に位置づけられ，国際紛争に繋がりかねない一部の例外的な内容を除き，国際連盟による介入には馴染まないと考えられていた。その中で，枢軸国に代表されるような全体主義体制をとる国家は，次第に人間よりも国家を優先した法政策を選択していく。ドイツのナチス政権下で制定されたユダヤ民族との婚姻等を禁止した「ドイツ人の血と名誉を守る法律（Gesetz zum Schutze des deutschen Blutes und der deutschen Ehre）」やユダヤ系ドイツ人の市民権を剥奪した「帝国市民法（Reichsbürgergesetz）」がその典型例である。これらの法律が水晶の夜（Kristallnacht）事件，さらには強制収容所におけるホロコーストのような惨劇へと直結していった。一定の民主的手続を経て成立した国内の法政策が人

188

権蹂躙行為へと帰結した事実は，第二次世界大戦において連合国側が戦争目的の一つに人権擁護（＝人権侵害からのすべての人を解放すること）を掲げる契機となった。このため，戦勝国側である連合国 (the United Nations) によって第二次世界大戦後に設立された国際連合 (the United Nations, 連合国) では，人権が国際関心事項の一つに位置づけられ，現在に至るものである。

(2) 取り残されたLGBTの人権

ドイツのナチス政権によるホロコーストの対象となった人々のうち，ユダヤ民族は一般的に熟知されている。しかし，対象とされた社会的集団はそれだけではない。右の画像は，強制収容所に掲示されていた収容者識別のための標章一覧である。政治犯 (Politisch) は赤色，正規刑法犯 (Berufs Verbrecher) は緑色，移民 (Emigrant) は青色，聖書研究者（エホバの証人，Bibel forscher）は紫色，同性愛者 (Homosexuell) は桃色，反社会性をもつ者（障害者を含む，Asozial）は黒色の逆三角形が，上着と外套の左胸，そしてズボンの右側に縫い付けられていた。ユダヤ民族には黄色の三角形を2枚組み合わせてダビデの星をあらわす標章が用いられており，ユダヤ民族かつ他の社会的集団に属する場合には，黄色い

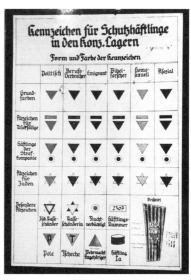

ベルリン同性愛博物館 (Schwules Museum) に展示されている標章一覧（著者撮影 2019）

三角形の標章も追加されていたこともわかる（一覧の4段目）。LGBTという概念が登場する以前のため明確ではないものの，ゲイやトランス女性には主

---

7 ドイツのナチス政権については，例えば，石田勇治『ヒトラーとナチ・ドイツ』（講談社，2015）など。

第 9 章　LGBT と人権　世界人権宣言 70 周年を迎えて

に同性愛者＝桃色の標章が，レズビアンやトランス男性には主に反社会性を
もつ者＝黒色の標章が付けられていたといわれる[8]。

　先述のとおり，ホロコーストという野蛮行為（barbarous acts）を繰り返さ
ないことを誓った世界人権宣言は，「人種（race），皮膚の色（colour），性
（sex），言語（language），宗教（religion），政治上その他の意見（political or
other opinion），国民的もしくは社会的出身（national or social origin），財産
（property），門地（birth)」による差別の禁止を明記した（2条）。ユダヤ民族
や政治犯，宗教的少数者や外国籍者などのホロコーストの対象となった社会
集団は，このように国連による人権保障のための活動の当初から明確な対象
とされてきた。国連はその後も人権侵害を受けやすい事由を「発見」し，す
べての人の人権享有の実現に向けた取組を継続している。1975 年には国連
総会で障害者権利宣言が採択され，2006 年には法的拘束力のある条約も成
立した。

　ところが，強制収容所において迫害を受けてきた LGBT は，国連による
人権保障において，60 年以上にわたり，いわば「取り残された」存在で
あった。もちろん，全く議論がなかったわけではない。1990 年代には個人
通報制度（個人が国家による人権侵害を条約機関に通報する制度（後述））のもとで議
論が展開され，個別事案の解決も試みられてきた。しかし，包括的な人権享
有の対象としての明確な位置づけは，前述の 2011 年の国連人権理事会決議
を待たなければならなかった。2030 年までの国際社会の課題設定をした
「持続可能な開発目標（SDGs)」は，「誰一人取り残さない（Leave No One
Behind)」を基本理念とする。その理念を説明する際に LGBT への言及が多
くみられるのは，上述の歴史を踏まえると，その意義が際立って感じられ
る。

8　ヘーガー・ハインツ（伊藤明子訳）『ピンク・トライアングルの男たち：ナチ強制収容所を
　生き残ったあるゲイの記録』（現代書館，1997)。

どのように取り組むのか

3 どのように取り組むのか

　国際法の視点からみると，人権の領域は，経済関係や安全保障の領域とは
異なり，国家間の相互主義が働きにくい。国家を拘束するはずの条約や慣習
国際法も，こと人権問題については，各国の義務違反に対して他国からの対
抗措置や制裁がほとんど期待できず，義務履行は各国の「良心」に大きく依
存する。国連が設立目的の一つとして，すべての人の人権享有の実現に向け
た国際協力を掲げ（国連憲章1条3項），1948年に国連総会が世界人権宣言を
採択して以後，国連を中心とする人権保障の取組はどのように展開してきた
か。二つの方向，すなわち，権利内容の明確化と履行監視制度の構築という
点から確認していく。それらの取組の中で，LGBTの人権はどのように扱わ
れてきたのだろうか。

(1) 権利内容の明確化

　1948年に採択された世界人権宣言は，当時の国際社会が合意していた人
権の内容を明文化したものである。しかしながら，国連総会決議として採択
されたこの宣言は，法的拘束力をもたなかった。このため，国連経済社会理
事会のもとに設置された国連人権委員会（現在は国連総会の補助機関である国連
人権理事会に改組）は，同宣言の採択直後から法的拘束力のある条約の起草に
とりかかる。いわゆる冷戦構造の折，自由権と社会権の扱い方や履行監視制
度について議論が紛糾し，1966年に自由権規約と社会権規約の二つを別々
に採択するに至り，ようやく法的拘束力のある包括的な人権条約が誕生し
た。この世界人権宣言と自由権規約，社会権規約は国際人権章典
(International Bill of Human Rights) として，国連の人権保障における中核的な
文書と認識されている。

　権利内容の明確化は二つの方向へと展開してきた。一つは個別の主体や
テーマに関する人権条約の生成である。人種差別撤廃条約，女性差別撤廃条
約，子どもの権利条約，障害者権利条約など，その対象と条約の数は現在も
広がりつづけている。条約の起草過程では，国連機関や国家のみならず，市
民団体も重要な役割を果たしてきた。もう一つは地域的な人権条約の生成で

191

第9章　LGBT と人権　世界人権宣言 70 周年を迎えて

ある。地理的に近接する国々は，歴史的，文化的，宗教的な背景を共有していることも多く，地域ごとに特徴をもつ条約が成立されていった。条約のみならず，宣言や原則，規則，指針など，法的拘束力をもたない文書も権利の明確化に重要な役割を果たしている。1993 年の世界人権会議で採択されたウィーン宣言および行動計画や，1995 年の第 4 回世界女性会議（北京会議）で採択された北京行動綱領などが好例である。

　これらの文書に書かれた権利は，裏を返せば，国家に課された義務の一覧でもある。条約等によって課される国家の義務は次の三つに分類される。一つは尊重（respect）の義務，すなわち，人々がすることを尊重し，不当に制限を加えない義務である。刑事罰などによる介入を控えること（消極的義務）だけでなく，人権の効果的尊重のための制度構築（積極的義務）も含まれる。もう一つは保護（protect）の義務である。国家は人々を人権侵害から守らなければならない。私人間の権利侵害を防止し，人権侵害の救済制度を整えることなどが求められる。三つめは充足（fulfil）の義務である。人々が自己の能力を発揮できる条件を整えるなければならない。教育や社会保障の充実，法執行官への人権教育などがこれに含まれる。[9]

(2)　履行監視制度の構築

　前述のとおり，人権に関する国際法には相互主義が働きにくい。権利内容を明確にすることも重要だが，それだけでは画餅に帰する可能性も高い。国連は，条約機関と国連機関を二本柱とする履行監視制度を構築することで，すべての人の人権享有の実現に貢献してきた。条約機関とは，各種の人権条約のもとに設置される人権専門家で構成された組織をいう。自由権規約委員会，社会権規約委員会，[10]人種差別撤廃委員会，女性差別撤廃委員会，拷問等防止委員会，子どもの権利委員会，障害者権利委員会などがこれにあたる。国連機関は専ら政府代表者によって構成されており，かつての国連人権委員

9　申惠丰『国際人権法（第 2 版）：国際基準のダイナミズムと国内法との協調』（信山社，2016）166-167 頁。

10　なお，社会権規約委員会のみ条約本体ではなく国連経済社会理事会（ECOSOC）の下に置かれている。

会や現在の国連人権理事会，国連人権高等弁務官事務所（OHCHR），国連女性機構（UN Women），国連難民高等弁務官事務所（UNHCR）などが人権を扱う中心的な機関である。人権専門家の組織である条約機関と政府代表の集まりである国連機関は，それぞれの特徴を活かしながら，人権の実現に向けて具体的な取組を展開している。

　例えば，個別国家の人権状況を向上させる取組がある。条約機関には，それぞれ国家報告制度を設けられている。締約国が4年から5年に一度ずつ自国の人権状況に関する国家報告書を作成し，条約機関との建設的対話（constructive dialogue）を通じて，条約の義務履行を確保する制度である。国連機関にも2006年，国連人権理事会に普遍的定期審査（Universal Periodic Review, UPR）という類似の制度が設けられた。4年半に一度，すべての国連加盟国が審査を受ける制度である。条約機関の国家報告制度と異なるのは，UPRの審査対象となるのが国家報告書だけでなく条約機関の勧告や市民社会の情報も含まれていること，さらに各国が勧告を出し合い，審査対象国が各勧告の受諾について意見表明する相互審査（peer review）方式が採用されている点である。条約機関と国連機関の特徴が適切に調整された審査制度といえる。また，国連人権理事会の特別手続（Special Procedure）による国別手続では，現在14か国が対象国となっており，特別報告者（Special Rapporteur）らと協力し，人権状況の改善に努めている。

　一部の条約には個人が条約機関に対して人権侵害を直接通報し，条約違反の有無を問う個人通報制度も設けられている。条約違反を認定された国家には，その具体的な人権侵害状況の改善が求められる。ただし，個人通報制度の利用は国家による選択議定書の批准や手続条項の受諾が前提となるため，すべての人が利用できるものではない。例えば日本は主要な人権条約を批准しているが，個人通報制度は一つも批准や受諾をしていない。また，国連機関である国連人権理事会にも具体的な事案を審査する手続はあるが，こちらは大規模な人権侵害に限定されており，利用頻度はそれほど高くない。

　さらに，個別のテーマごとに人権状況の調査・研究し，改善のための指針や勧告を提言する取組もある。条約機関は，条約の個別条文や特定テーマに

第 9 章　LGBT と人権　世界人権宣言 70 周年を迎えて

関する内容をまとめ，解釈指針としての一般的意見（General Comment）や一般的勧告（General Recommendation）を採択，公表している。国連機関，特に国連人権理事会の特別手続には，前述の国別手続と並んで，テーマ別手続が用意されている。現在 26 のテーマが設定されており，特別報告者らが積極的に報告書を公表している。

(3)　**LGBT について**

　現時点まで，LGBT 又は SOGI に焦点をあてた条約は，地域的なものも含めて，存在しない。確かに，2011 年の国連人権理事会決議をはじめ，ヨーロッパ評議会（Council of Europe, CoE）や米州機構（Organization of American States, OAS）においても，人権課題の一つとして認識する原則的な決議は複数採択されている。しかしながら，他の人権課題のように世界規模の討議機関である国連総会等において宣言（Declaration）や原則（Principles）などの形での権利内容の明確化は実現していない。

　このような現状を打開するために市民社会の側が作成した「ジョグジャカルタ原則（SOGI に関する国際人権法の適用に関する原則）」は，一定の重要性をもつ。2006 年に採択された全 29 原則は，既存の人権条約の文言にならいつつ，それらの権利が SOGI に基づく差別なく享有されるべきことを謳っている。各原則には，国家に課される義務も具体的かつ例示的に列挙されている。2017 年に採択された「ジョグジャカルタプラス 10」では，SOGI とともに性別表現（Gender Expression）や性的特徴（Sex Characteristics）が明記されるとともに，新たに 9 の原則が追加され，国家に課される義務も複数追加された。

　ジョグジャカルタ原則には二つの特徴がある。一つは，採択過程から導き出される権威性である。すなわち，市民社会の文書でありながら，原則の起草や採択には条約機関の委員を務める人権専門家や元国連高官が積極的に関与している点である。任務外の作業であるとはいえ，現役や元職として活動する国連の人権専門家が深く関与している事実は，この原則が単なる市民社会の文書とは言い切れないことを意味する。事実，内容の一部は国連人権高等弁務官や特別報告者が直接引用しており，オランダ，ベルギー，ドイツな

どの各政府が同原則の遵守を自主的に誓約するなど，国際的にも国内的にも具体的に活用されている。あくまで市民社会の文書として，国連の人権専門家らの任務外に作成された文書のため，国連の公式文書とはなり得ず，承認（endorse）決議の対象でもない。しかしながら，LGBT（QIA）ないしSOGI（ESC）に関する権利内容及び国家に課された義務を知るためには，現時点において不可欠の文書といえる。

　ジョグジャカルタ原則のもう一つの特徴は規範的正統性にある。SOGIについては，2000年以降に多くの国家報告制度で取り上げられるようになり，2010年以降は条約機関の一般的意見や一般的勧告でもSOGIが積極的に取り上げられるようになってきた。また，2006年に開始された国連人権理事会のUPRでは，多くの国の審査でSOGIに関する何らかの勧告が出されている。ジョグジャカルタ原則は，このような実行に裏付けられており，既存の解釈実践をまとめたものとして，いわば宣言的効果をもつ文書として位置づけられる。[11]

　国連による人権保障の履行監視制度の中で，2016年に初めてLGBTに焦点をあてた制度が構築された。国連人権理事会の特別手続によるSOGIに関する独立専門家の任命である。初代ヴィティット・ムンターボーン（Vitit Munterborn）氏は，上記のジョグジャカルタ原則採択会議の共同議長を務めた人物である。ムンターボーン氏が体調不良により辞任した後，任務はビクター・マドリガル゠ボルローズ（Victor Madrigal-Borloz）氏に引き継がれた。独立専門家による報告書は，各国への訪問調査や市民社会からの情報提供等も丁寧に取り上げながら，世界各地で生じているSOGIを理由とする差別や暴力，殺害行為，警察等の公権力による人権侵害など，幅広い問題を取り上げている。[12]

11　この点，2017年に採択された「ジョグジャカルタプラス10」は，論争のある発展途上の権利内容や国家の義務類型まで含まれており，規範的正統性の観点からは疑問が生じる。

12　U.N.Docs. A/72/172, 19 July 2017; A/73/152, 12 July 2018.

第9章　LGBTと人権　世界人権宣言70周年を迎えて

4 日本に対する改善勧告

　日本はサンフランシスコ講和条約が発効した1952年，国連に加盟を申請し，1956年の国連総会における承認を経て80番目の加盟国となった。国連への加盟は，日本が国連「憲章に掲げられた義務を受諾」（国連憲章4条1項）したことを意味する。すべての人の人権享有の実現を目的とする国連の活動に，日本も協力する義務を負う。日本は，移住労働者権利条約を除くすべての主要な人権条約を批准している。複数の条約機関には人権専門家も輩出しており，過去3回にわたり国連人権理事会の理事国を務め，理事国選挙の際には，国際的な人権基準の遵守について自発的誓約を行っている。日本国憲法98条2項でも「日本が締結した条約は……誠実に遵守すること」が求められており，人権条約に掲げられた権利内容を実現すること，及び，国連憲章や条約のもとにある履行監視制度に従うことは，国際法上のみならず，憲法上の要請でもある。

　これまでみてきたとおり，国連の黎明期に取り残されたLGBTの人権について，条約機関や国連機関による履行監視制度のもと，個別国家の人権状況の改善が図られている。日本はLGBTの人権について，どのような勧告を受け，どのように対応しているのか。[13]

(1)　自由権規約委員会

　2008年，自由権規約委員会は第5次国家報告書に対する総括所見（Concluding Observation）[14]において，はじめて日本に対してLGBTに関連する勧告を行った。[15]

13　国連勧告のより詳しい分析として，山下梓「性的指向，性別自認と人権：国連の最近の動向からみる日本の課題」『ジェンダーと法』15号（日本加除出版，2018）参照。

14　政府訳は「最終見解」を用いるが，これは同文書がFinal Commentという表題をつけていた時の訳語である。現在は統一呼称としてConcluding Observationが用いられており，文意に照らせば，「総括所見」と訳すのが適切であるため，本章ではこの訳語を採用した。

15　U.N.Doc. CCPR/C/JPN/CO/5, 18 December 2008.

日本に対する改善勧告

「29. 委員会は，既婚または婚姻していない異性カップルのみに適用され，婚姻していない同性カップルの公営住宅賃借を事実上妨げている<u>公営住宅法23条1項</u>や，<u>配偶者からの暴力の防止及び被害者の保護に関する法律</u>による保護から同性カップルの一方が排除されていることに例証されているように，<u>レズビアン・ゲイ・バイセクシュアル・トランスジェンダーの人々に対して，雇用・居住・社会保険・健康保険・教育・法によって規制されたその他の領域における差別</u>があることに懸念を有する（規約2条1項・26条）。

締約国は，<u>差別禁止の根拠に性的指向を含めるよう法律を改正する</u>ことを検討し，委員会の規約26条の解釈に沿って，<u>婚姻していない同居している異性カップルに付与されている利益が，婚姻していない同居している同性カップルに対しても同等に付与</u>されることを確保すべきである。」（下線筆者，以下同じ）

総括所見は，次に国家報告書を提出するまでに改善が望まれる内容について，委員会が政府に勧告する文書である。2008年の総括所見には二つの勧告が含まれている。一つは差別が禁止される事由として性的指向を法律に明記すること，もう一つは事実婚の異性カップルと同性カップルを等しく処遇することである。後者は，公営住宅法と配偶者からの暴力の防止及び被害者の保護等に関する法律（以下，「DV防止法」という。）を例示しながら，事実婚の異性カップルと同性カップルとの処遇の差異が自由権規約26条に違反するとの解釈を示したものである。

勧告を受けてまとめられた第6次国家報告書には，公営住宅法の現状について次のような記述がある。[16]

「326. 現行の公営住宅法23条1号については，公営住宅の入居者資格として同居親族を有することを規定しているものであるが，同号の規定は

---

16 U.N.Doc. CCPR/C/JPN/6, 26 April 2002.

197

第9章　LGBT と人権　世界人権宣言 70 周年を迎えて

今般の「地域の自主性及び自立性を高めるための改革の推進を図るための関係法律の整備に関する法律」の改正に伴って削除されている（2012 年 4 月 1 日施行）。

327．従って，上記の公営住宅法の改正に伴い，親族関係にない同性の同居を含め，同居親族による入居者資格の制限はなくなっている」（下線筆者）

いわゆる地方分権改革を推進する流れの中で，全国で画一的に定められていた公営住宅の入居・整備基準は，道路の構造に関する基準や保育所の設備・運営に関する基準などとともに，条例に委任されることとなった。結果，かつて公営住宅法に規定されていた同居親族要件が削除されたものである。いうまでもなく，同性カップルの入居を認めるための法改正ではなく，地方分権改革の中で，図らずも，要件が削除されたに過ぎない。実際，委任された自治体の条例は公営住宅法に定められていた入居要件を踏襲しており，同居親族要件は残されたままであった。2015 年に全国で初めて同性カップルにパートナーシップ宣誓書の交付を始めた世田谷区でさえ，区営住宅条例の同居親族要件を撤廃するのに 2 年を要した。公営住宅法の文言がなくなった今日でも，多くの公営住宅において，同性カップルの入居は制限されたままである。なお，DV 防止法の同性カップルへの適用可能性や差別が禁止される事由としての性的指向の法律への明記について，第 6 次国家報告書に具体的な言及はみられない。

自由権規約委員会は 2014 年，第 6 次国家報告書に関する次のような総括所見を公表した[17]

「11．委員会は，レズビアン・ゲイ・バイセクシュアル・トランスジェンダーの人々に係る社会的嫌がらせおよび非難についての報告，ならびに自治体によって運営される住宅制度から同性カップルを排除する差別規定

17　U.N.Doc. CCPR/C/JPN/CO/6, 20 August 2014.

についての報告を懸念する（規約 2 条・26 条）。

　締約国は，SOGI を含む，あらゆる理由に基づく差別を禁止する包括的な反差別法を採択し，差別の被害者に，実効的かつ適切な救済を与えるべきである。締約国は，LGBT の人々に対する固定観念及び偏見と闘うための啓発活動を強化し，LGBT の人々に対する嫌がらせの申立てを捜査し，またこうした固定観念，偏見及び嫌がらせを防止するための適切な措置をとるべきである。締約国はまた，自治体レベルで，公営住宅制度において同性カップルに対し適用される入居要件に関して残っている制限を除去すべきである。」

　後半にある公営住宅制度に関する勧告は，市民団体のシャドーレポートを通じて自由権規約委員会が得た情報に基づいている[18]。第 6 次国家報告書の記載が不正確ないし不誠実であったことは，シャドーレポートにより明らかにされた。

　より注目すべきは前半の勧告である。2008 年の総括所見が「差別禁止の法規定に性的指向を盛り込む」という特定内容であったのに対して，2014 年の総括所見はより強く具体的な措置を要請している。しかも，この勧告は，SOGI にとどまらず，包括的な反差別法の採択，及び効果的な救済や啓発活動，具体的な事案の処理や予防措置など，幅広い視点での対応も求めている。前回の総括所見の勧告が達成できていないため，より具体的に進むべき道筋が示されたのである。

　自由権規約委員会は，一般的意見において差別が禁止される事由に SOGI が含まれるとの解釈を示している。個人通報制度において性的指向を理由とする差別を認定した例も多く，日本を含む規約の締約国は，SOGI を理由とする差別の解消に向けて，国内法政策を進める義務がある。

18　Gay Japan News et. al., Human Rights Violations on the Basis of Sexual Orientation and Gender Identity in JAPAN, Shadow Report submitted to the Human Rights Council, August 2013.

第 9 章　LGBT と人権　世界人権宣言 70 周年を迎えて

(2)　社会権規約委員会

　社会権規約委員会は，2013 年，第 3 次国家報告書に対する総括所見において，次のような懸念を表明した。[19]

　「10.　委員会は，締約国が法改正を行う際，本規約の下の義務の遵守を確保しようと努力しているものの，規約の権利に関する限りにおいて，女性・非嫡出子・同性カップルに対する差別的規定が締約国の法制度に存在し続けていることに懸念をもって留意する（規約 2 条 2 項）。

　　委員会は締約国に対して，これらの人々を本規約の権利の行使及び享受に関連して直接的又は間接的に差別をしないことを確保するため，関連する法律を包括的に検討し，必要な場合には，改正することを要求する。」

　「同性カップルに対する差別的規定」とは，先述の公営住宅法を含め，同性カップルが人権享有主体として想定されておらず，事実婚の解釈からも同性カップルが排除されている現状を指す。社会権規約委員会は 2009 年に採択した一般的意見 20 において，規約 2 条 2 項には SOGI が含まれるとの解釈を示し，直接差別だけでなく，間接差別も含めて対処することを各国に要請している。日本に対する上記の勧告は，この解釈基準に基づくものである。

　規約 2 条 2 項は，そもそも独立規定ではない。「この規約に規定される権利」の無差別享有を義務づけるものである。したがって，労働（6，7，8条），社会保障（9 条），家族・母親・児童の保護（10 条），生活水準（11 条），健康（12 条），教育（13，14 条），科学・文化（15 条）などの個別の権利について，SOGI を理由とする差別なく享有できる社会制度が整っているか，検証が求められる。

(3)　女性差別撤廃委員会

　女性差別撤廃委員会が日本に対する総括所見において初めて LGBT に言

19　U.N.Doc. E/C.12/JPN/CO/3, 10 June 2013

及したのは2016年であった。「不利な立場にある女性」という項目のもと，次のような勧告が出された。

> 「46. 委員会は，アイヌの女性，同和地区の女性，在日韓国・朝鮮人の女性などの先住民族や民族的マイノリティの女性とともに障害のある女性，レズビアン・バイセクシュアル・トランスジェンダー女性及び移民女性といったその他の女性が複合的かつ交差的な形態の差別を引き続き経験しているとの報告を懸念する。委員会は特に，こうした女性たちの健康，教育，雇用へのアクセスが引き続き限られていることを懸念する。
>
> 47. 委員会は，締約国がアイヌの女性，同和地区の女性，在日韓国・朝鮮人の女性などの先住民族や民族的マイノリティの女性とともに障害のある女性，レズビアン・バイセクシュアル・トランスジェンダーの女性及び移民女性が経験している，健康，教育，雇用へのアクセス及び公的活動への参画とともに健康・教育サービスや職場での経験においても影響を与える，複合的かつ交差的な形態の差別を解消するための努力を積極的に行うことを要請する。」

女性差別撤廃条約は，「女性に対する（against Women）あらゆる形態の差別の撤廃に関する条約」であり，LGBTのうちG（ゲイ男性）は対象とならない。このため，LBT女性（レズビアン，バイセクシュアル，トランスジェンダーの女性）という言葉が用いられる。2010年に採択された一般的勧告28には，女性であることと交差性をもつ項目としてSOGIが明記されている。この勧告は，複合差別ないし交差性のある差別に関する文脈でLBT女性に触れており，一般的勧告28の解釈基準に基づく勧告と位置づけられる。本審査では，委員からLBT女性に関する複数の具体的な質問や疑問が投げかけられ

20　2013年の第6次国家報告書審査の折にも，LGBTに関連する議論は出ていたものの，勧告に盛り込まれることはなかった。

21　林陽子「『女性』とは誰か」秋月弘子他編『人類の道しるべとしての国際法』（国際書院，2011）269-271頁。

第9章　LGBTと人権　世界人権宣言70周年を迎えて

ており，根源的な視点の欠如を指摘するため，この項目に盛り込まれたもの
と考えられる。

(4)　子どもの権利委員会

　子どもの権利委員会が日本に対する勧告の中でLGBTに触れたのは2019
年が初めてである。総括所見では次のような勧告が出された。[23]

　「17.　委員会は，嫡出でない子に同一の相続分を認めた「民法の一部を
改正する法律」の改正 (2013)，本邦外出身者に対する不当な差別的言動の
解消に向けた取組の推進に関する法律の採択 (2016)，及び対話の際に挙げ
られた意識啓発活動に留意する。委員会はまた，強姦罪の構成要件を見直
し，男性にも保護を与えた刑法の改正 (2017) も歓迎する。しかしながら，
委員会は以下を依然として懸念する。

　(a)　包括的な反差別法が存在しないこと。

　(b)　嫡出でない子の非嫡出性に関する戸籍法の差別的規定 (特に出生届に
　　　関するもの) が部分的に維持されていること。

　(c)　周縁化された様々な集団に属する子どもに対する社会的差別が根強
　　　く残っていること。

　18.　委員会は締約国に対して以下を要請する。

　(a)　包括的差別禁止法を制定すること。

　(b)　嫡出でない子の地位に関するものを含め，根拠にかかわらず，子ど
　　　もを差別する全ての規定を廃止すること。

　(c)　アイヌを含む民族的少数者の子ども，被差別部落出身の子ども，韓
　　　国・朝鮮人 (Korean) 等の日本国籍以外の子ども，移住労働者の子ど
　　　も，レズビアン・ゲイ・バイセクシュアル・トランスジェンダー・イ
　　　ンターセックスの子ども，婚外子並びに障害をもつ子どもについて，

22　谷口洋幸「女性差別撤廃条約におけるLBT女性の権利」『国際女性』30号 (2016) 62-65
　　頁。

23　U.N.Doc. CRC/C/JPN/CO/4-5, paras.17-18.

意識啓発プログラム，キャンペーン，人権教育を含め，実質的に差別
を減少・防止するための措置を強化すること。」

　前述の女性差別撤廃委員会と用語は異なるものの，周縁化された集団
（marginalized group）の一つの例として LGBTI の子どもたちが明記された形
である。学校教育における LGBTI に関連する施策は，性同一性障害に主な
焦点があてられているとはいえ，日本国内の LGBT 関連施策では他の領域
より比較的多くの進展している。子どもの権利委員会が差別の解消や防止を
「実質的（in practice）」なものにするよう求めていることは，現在の進歩的に
見える教育分野の意識啓発や具体的な取組について，効果測定などをもとに
した再検討を迫るものである。また，身体的一体性（bodily integrity）や手
術・治療への同意が争点となるインターセックスについて，子ども期に密接
に関連する問題と位置づけられたことは重要である[24]。

(5)　国連人権理事会 UPR

　上記は条約機関の専門家委員会による勧告である。国際的な履行監視制度
のもう一つの柱である国連機関の人権状況審査でも，日本は LGBT に関連
する複数の勧告を受けてきた。

　2006 年に国連人権理事会の発足とともに開始された UPR は 2018 年に 3
回目のサイクルを終了した。日本はこれまで第 1 回審査（2008）では 1 か国
から，第 2 回審査（2012）では 5 か国から LGBT 関連勧告を受けている。い
ずれの勧告内容についても，日本は「フォローアップすることを承諾」し
た。これを受ける形で，第 3 回審査に向けた政府報告書には，法務省の人権
啓発活動における SOGI への明確な言及，2008 年の「性同一性障害者の性
別の取扱いの特例に関する法律」（以下，「性同一性障害者特例法」という。）の要
件緩和，国際的場面における LGBT の人権保障への積極的な関与などが盛
り込まれた[25]。もっとも，法務省の人権啓発活動の効果について明確な記述が

24　インターセックスと法律について，東優子・谷口洋幸「インターセックスの子ども」玉井
　真理子他編『子どもの医療と生命倫理』（法政大学出版局，2007）73-92 頁。

第9章 LGBTと人権 世界人権宣言70周年を迎えて

なく，性同一性障害者特例法の要件緩和は第2回審査の前の出来事であるなど，実質的に進展がみられたのは，国際的場面での積極的な関与だけであった。

　結果，2017年の第3回審査では，勧告総数の増加に伴い，LGBT関連勧告が13か国から出されることとなった。勧告内容は以下のとおりである[26]。

　「161.58.　ヘイトスピーチの禁止と合意なき性行動の処罰を明文化する観点から，女性，婚外子，民族的・国民的マイノリティ，LGBTI の人々に対する差別的な法規定を撤廃すること（メキシコ）

　161.59.　年齢，ジェンダー，宗教，性的指向，エスニシティ，国籍を含むあらゆる形態の直接および間接差別の禁止を確保する観点から，包括的な差別の定義を含む幅広く適用可能な反差別法を制定すること（オランダ）

　161.61.　年齢，ジェンダー，宗教，性的指向またはエスニシティを理由とするものを含む差別禁止法を制定し，ジェンダー平等を実現するために必要な措置を講じること（ノルウェー）

　161.63.　年齢，人種，ジェンダー，宗教，性的指向，民族的出自または国籍にもとづくあらゆる直接および間接差別を禁止・制裁するための包括的な反差別法を制定・施行すること（ドイツ）

　161.65.　性的指向・性自認を理由とする差別を含む国際的な義務・基準に沿った差別撲滅のための包括的な法律を制定すること（ホンジュラス）

　161.70.　性同一性障害者特例法の改正を含む，性的指向・性自認を理由とする差別に対処する措置をとること（ニュージーランド）

　161.71.　性的指向にもとづく差別の撤廃に関連する積極的取り組みを継続し，国家レベルで同性どうしの結びつきを承認すること（スイス）

　161.72.　LGBTI の人々の権利を保護・促進するための包括的な反差別法を導入すること（アメリカ）

25　U.N.Doc. A/HRC/WG.6/28/JPN/1, 31 August 2017.
26　U.N.Doc. A/HRC/37/15, 4 January 2018. 山下梓『ジェンダーと法』

161.73. 同性間パートナーシップの国家レベルでの正式な承認へと広げることを含め，いくつかの地方自治体や民間企業による性的指向・性自認を理由とする差別撤廃のための努力を推し進めること（カナダ）

161.74. 特にジェンダー，エスニシティ，皮膚の色，性的指向，性自認に関するあらゆる差別に反対する行動を継続的に実施すること（コロンビア）

161.75. 性的指向・性自認を含むすべての人およびあらゆる理由にもとづく差別からの平等な保護を提供するための包括的な反差別法の導入に向けて迅速に行動すること（アイルランド）

161.84. 人種，エスニシティ，性的指向，性自認にもとづく差別禁止法の導入を含め，ヘイトスピーチへの効果的な取り組みおよびマイノリティの権利保護のために更なる措置をとること（オーストラリア）

161.179. 同性カップルの場合も含め，すべての DV の通報を捜査すること（東ティモール）

第 3 回審査の勧告について，SOGI の問題にかかわらず，政府は反差別法に関連する部分はすべて「留意」した[27]。ただし，差別防止への措置に関する勧告のみ「フォローアップすることを受諾」している。立法はしていないが，人権啓発活動などで差別防止の「措置」は実行しているとの理解に基づく反応の違いと推測できる。同性パートナーシップや同性婚については「国レベルで同性婚を承認することは，我が国の家族の在り方に重大な影響を与えることから慎重な検討を要する」として，この部分を除いて「部分的にフォローアップすることを受諾」した。一方，性同一性障害者特例法の改正

---

27 UPR の勧告について被審査国は「受諾（accept）」「留意（note）」のいずれかの意思を表明する。日本は独自に「フォローアップすることを受諾（accept to follow-up）」「部分的にフォローアップすることを受諾（partially accept to follow-up）」「留意（note）」「受諾しない（not accept）」の 4 段階で意思表明を行っており，1 つめが「受諾」，残り 3 つを「留意」と位置づけている。UPR の制度設計において「受諾しない（not accept）」という選択肢を意図的に排除した経緯に照らすと，日本の意思表明方法には疑問が生じる。

第 9 章　LGBT と人権　世界人権宣言 70 周年を迎えて

及び DV 防止法の同性カップルへの適用については「フォローアップすることを受諾」した。相互審査制度のもと，国際的な場面で政府が他国からの勧告を明確に受諾したことは，国際的な誓約としてだけでなく，国内で LGBT の人権保障を進める根拠ともなり得る重要な意思表明である。

5　改善勧告の実施に向けて

　条約機関と国連機関は，それぞれの履行監視制度において，日本の LGBT を取り巻く人権保障の不十分さに懸念を示し，人権保障の実現に向けた複数の勧告を示してきた。最後に，勧告の中から主要な三つの争点を取り上げ，国内における国際的な人権基準の実現に向けた課題を検討する。

(1)　差別禁止について

　LGBT に関連する勧告のうち，初期から今日に至るまで長く多数の勧告を受けているのが SOGI に基づく差別禁止の法制化である。2008 年に初めて勧告に盛り込んだ自由権規約委員会は，何ら進展がない日本の現状に対して，続く 2014 年にはより踏み込んだ具体的な勧告を行った。2017 年の国連人権理事会における UPR でも，差別禁止法の文脈で LGBT ないし SOGI に関する勧告が出されている。日本はそもそも差別や人権侵害に関する法整備が手薄である。差別の定義や人権侵害の認定，救済措置等を一般的・包括的な形で定めた法律は今のところ制定されていない。現時点で包括的差別禁止法の制定に目処が立っていないどころか，政府は制定されていない状態を正当化してはばからない。この現状そのものが国際的な人権保障の文脈から問題視されており，その中には，当然のごとく LGBT ないし SOGI も含まれるはずなのにという勧告内容である。勧告内容と国内法の状況には，このように，その段階に大きなずれが生じている。人権擁護法案や法務省の人権施策，自治体の条例など，LGBT ないし SOGI を人権保障の議論に盛り込む実践は皆無だったわけではない。しかし，性同一性障害者特例法を除いて，LGBT や SOGI は法律上の明確な位置づけを獲得していない[28]。

　この状況を打開すべく提案されているのが，SOGI に関連する包括的な法

206

整備である。提案は大きく分けると「差別解消」と「理解増進」の二つの系列がある。

SOGI を理由とする困難リストを作成した LGBT 法連合会が論点を整理し，その提言に即する形で 2016 年に民進党（当時）などの野党四党から公表されたのが，「性的指向又は性自認を理由とする差別の解消等の推進に関する法律案」である。政府や行政機関はもとより，事業者や使用者による差別も禁止しており，合理的配慮の提供やハラスメントの防止など，男女雇用機会均等法や障害者差別解消法にならった規定が多く含まれている。また，支援体制の確立や審議会の設置など，差別解消に向けた具体的な手続も盛り込まれている。

一方，同じ時期に，与党である自由民主党が「性的指向及び性自認の多様性に関する国民の理解の増進に関する立法措置の概要」を公表した。ここで提案されている立法措置の内容は人権教育法（人権教育及び人権啓発の推進に関する法律）にならっており，施策の義務化そのものについて，努力義務も含め，慎重な姿勢が貫かれている。これは SOGI 差別を解消する前段階として，まずは一般社会における理解を促進することが必要との考えに基づく。地方自治体や事業者が取り組む契機や根拠にはなり得るものの，あくまで理念的な法律にとどまる。

もっとも，「差別解消」と「理解増進」という二つの系列は相反するものではない。一般社会における理解や認知が進まなければ差別は解消されないし，差別解消の手続がなければ，社会にはびこる偏見や固定観念は払拭できず，理解は進まない。法務省の人権施策や内閣府の男女共同参画事業として，既に 10 年以上にわたって LGBT ないし SOGI に関する理解の増進は図られてきた。しかし，その取組が不十分であったことは，前述の困難リストに挙げられた事例からも明らかである。現状を打開するためには，人権教育

28　なお，2019 年 6 月に成立した「女性の職業生活における活躍の推進等に関する法律等の一部を改正する法律」では，労働施策総合推進法にパワーハラスメント防止措置義務が規定されることなり，同法の附帯決議として，策定される防止指針に SOGI を理由とするハラスメントやアウティング防止を明記することが求められた。

法を強化する形で，行政機関等の取組に SOGI を含める法的根拠をもたせつ
つ（理解増進の系列），それと同時に，差別の解消に向けた手続や制度を構築
していかなければならない（差別解消の系列）。

　ただし，法案の内容から見れば，差別解消法案には理解増進の内容も十分
に含まれており，どちらが国際人権法上の義務に合致した法案かは明らかで
ある。理解増進のみでは国際的な履行監視制度のもとで出された勧告の要請
を全く満たせないだけでなく，LGBT への差別的な現状は国民の理解の不十
分さが原因であるという形で，人権侵害の責任を国民の意識に帰しているよ
うにもみえる。人権保障は，言うまでもなく，第一義的に国家の義務であ
る。理解増進が単なる責任転嫁でないことを示すためには，人権保障を実質
化していく国家の積極的姿勢が示されなければならない。[29]

(2)　同性間パートナーシップ／同性婚

　初期の勧告に含まれていたものの一つに同性間パートナーシップに関する
項目がある。自由権規約委員会は 2008 年，公営住宅法や DV 防止法を例示
しながら，事実婚の法的保障を同性カップルにも適用するよう求めた。公営
住宅法改正後も引き続き各自治体が同性同士での入居を不可としてきた現状
に対して，2014 年には同性カップルが実際に入居できる法改正を求めるに
至った。

　UPR の第 3 回審査に対する政府の反応は，日本の現状を明確に反映した
結果となった。数カ国からの同性間パートナーシップの法的保障に関する勧
告について，政府は受諾しない意思を表明した。「国レベルで同性婚を承認
することは，我が国の家族の在り方に重大な影響を与えることから慎重な検
討を要する」ことが理由として述べられている。ただし，東ティモールから
出された DV 防止法の同性間パートナーシップへの適用については「フォ
ローアップすることを受諾」しており，一貫性には幾分かの疑問が残る。

　同性間パートナーシップの法的保障は大きく三つに分類される。一つは事

29　より詳しくは，谷口洋幸「LGBT/SOGI に関する包括的な法整備の必要性」三成美保編『教
　育と LGBTI をつなぐ：学校・大学の現場から考える』（青弓社，2017）107-117 頁。

実婚の法的保障を同性間パートナーシップにも平等に個別適用していく形式である（事実婚型）。判例や行政の解釈による場合もあれば，法律の形で適用が拡大される場合もある。もう一つは婚姻とは異なる新しい制度を構築し，同性間パートナーシップの法的保障を確保する形である（別制度型）。婚姻は異性間のものと限定したまま，様々な法領域の問題を一括して制度的に保障するものである。最後の一つは婚姻そのものを同性間パートナーシップに拡大する形式である（婚姻平等型）。親子関係などを除く部分的な拡大に留まることもあるが，すべての保障内容が平等に認められていく傾向がある。この制度が採用されると，既存の婚姻は異性間パートナーシップのみに限定された異性婚と再定義される。

　このうち，国際的な履行監視制度のもとで勧告がなされるのは，一般的に，事実婚型の保障が実現できていない場合である。2008 年以降の条約機関の勧告は，基本的にこの解釈に沿っている。ただし，ヨーロッパ人権条約のもとでは別制度型も人権条約上の義務と位置づけられ，[30]米州人権条約のもとでは婚姻平等型まで条約上の義務として認識されている。[31]このような流れを背景として，UPR では国家レベルでの同性同士の関係性を保障する法政策の必要性について勧告が出されている。

　政府の対応が消極的であることは，先述のとおりである。しかし，この対応には，政治的・道義的な視点だけでなく，法的な観点から大きな疑問が生じる。2008 年に国連総会で「SOGI の人権」と題する 66 か国の共同声明が提出された際，日本は同声明の原案提出国の一つとして名を連ねていた。国連人権理事会で採択された「SOGI の人権」決議でも，ロシアやイスラーム諸国が反対票を投じる中，日本は 2011 年，2014 年の二度にわたり賛成票を投じている。2012 年に 11 の国と地域，及び人権高等弁務官と二つの国際NGO によって「LGBT コアグループ」が結成されたが，その構成国の一つ

---

[30]　Case of Oliali and Others v. Italy, European Court of Human Rights, Application Nos. 18766/11 and 36030/11, Judgment of 21 July 2015.

[31]　Corte International de Deroches Humanos, Identidad de Género, e Igualdad y No Discriminación a parejas del Misao Sexo, Opinión Consultiva OC-24/17, 24 November 2017.

第9章　LGBTと人権　世界人権宣言70周年を迎えて

は日本である。このような積極的取組に加えて，LGBTの人権保障に反対する目的で採択された「人類の伝統的価値観（traditional values）のより良い理解を通じた人権および基本的自由の促進決議」（伝統的価値決議）や「家族（the family）の保護決議」（家族決議）では，日本はいずれの決議にも反対票を投じた。伝統や文化を理由にLGBTの権利保障を停滞させる動きには明確に反対しているのである。

　ところが，同性間パートナーシップの法的保障に関する勧告への政府の対応は，国際的場面では自身が明確に反対している「伝統的価値観」の側の論理そのものである。国際的な場面でLGBTの国際的な人権保障に中心的役割を果たし，それに対抗する立場を明確に否定しているにもかかわらず，国内の人権状況審査において，そこで否定したはずの立場にたつ。このような二枚舌的な態度は，国際協調主義や「国際法の……誠実な遵守」を義務づける日本国憲法の精神に反するのではないか[32]。

(3)　性同一性障害者特例法

　性同一性障害者特例法は，2003年の制定当初から，人権の視点に基づく様々な批判を受けてきた。近年では国際的な人権の履行監視制度のもとでも取り上げられている。例えば，総括所見には具体的に盛り込まれなかったものの，2016年の女性差別撤廃委員会の日本審査では，同法の人権侵害性に関する多くの質問が投げかけられた。第3回UPR審査ではニュージーランドから性同一性障害者特例法の改正を含む勧告が出され，政府は「フォローアップすることを受諾」した。自由権規約委員会は，第7次国家報告書の提出に先立つ質問リストの中で，「生殖腺や生殖能力の剥奪，性別を確定する手術，婚姻していない状態などの性別再指定の法的承認要件が（自由権）規約といかに両立しうるのかの説明」を求めている[33]。自由権規約委員会の言葉使いからも，性同一性障害者特例法の各要件が国際的人権保障の文脈から大

32　より詳しくは，谷口洋幸「LGBT/SOGIの人権と文化多様性」北村泰三・西海真樹編『文化多様性と国際法：人権と開発の視点から』（中央大学出版部，2017）225-241頁。

33　U.N.Doc. CCPR/C/JPN/QPR/7, 11 December 2017.

きく疑問視されていることがうかがえる。

性同一性障害者特例法に規定される性別変更の要件については，それぞれの人権適合性が問われている[34]。このうち，国際的な人権保障の文脈で最も疑問視されているのが生殖腺摘除を定めた特例法3条4号である。2014年に世界保健機関（World Health Organization, WHO）をはじめとする六つの国際機関は，本人の意思に基づかない生殖能力の剥奪が人権侵害にあたるとの共同声明を発表した。その一形態として法的な性別変更の条件に断種手術を課すことを例示している。生殖能力を含めた人間の身体の一体性（bodily integrity）は基本的人権であり，国家が生殖能力の剥奪を強制することは許されない。直接的な場合はもちろん，間接的な強制にあたる場合も許されるものではない。ヨーロッパ人権裁判所も同じ論理に立ち，フランスにあった身体の不可逆的な変更という要件を人権侵害と位置づけた[35]。

ところが，日本の最高裁判所は2019年1月，特例法3条4号の要件について「現時点では，憲法に違反しない」との判断を下した[36]。生殖能力の要件は強制的な断種に相当し，人権侵害に該当するとの解釈で国際的な流れが一致した後にだされた判断だけに，世界に衝撃を与えた。もっとも，最高裁の合憲決定は，人権保障の文脈で4号が全く問題がないと述べたわけではない。法廷意見は「身体への侵襲を受けない自由」が人権であることを認めた上で，あくまで「現時点」での合憲性を述べたにすぎない。二人の裁判官による補足意見は，「違憲のうたがい」を指摘し，先述のWHO等の共同声明やヨーロッパ人権裁判所にも言及しながら，現状を問題視する。特に「性同一性障害者の性別に関する苦痛は，性自認の多様性を包容すべき社会の側の問題でもある」と断じた補足意見は，特例法の包括的な再検討を迫るもので

34　特例法が制定当初から人権侵害性をはらむことを指摘したものとして，谷口洋幸「性同一性障害者特例法の再評価：人権からの批判的考察」石田仁編著『性同一性障害：ジェンダー・医療・特例法』（御茶の水書房，2008）249-272頁参照。

35　より詳しくは，谷口洋幸「性自認と人権：性同一性障害者特例法の批判的考察」『法学セミナー』753号（2017）51-55頁。

36　最高裁判所2019（平成31）年1月23日第二小法廷決定裁判所時報1716号4頁。

第9章　LGBTと人権　世界人権宣言70周年を迎えて

ある。最高裁の極端な法令違憲判断回避の姿勢に鑑みれば，この決定はいわば違憲判断に踏み込む片足をあげた状態であり，実質的には違憲の判断といっても差し支えない段階に達している。

　特例法は国際人権の観点からみれば人権侵害の見本市である。司法が実質的に違憲であることを認めた今，ニュージーランドの勧告に「フォローアップすることを承諾」した政府が第7次国家報告書でどのような説明を行うか注目される。

6　おわりに—国際人権を使いこなす

　国連は，第二次世界大戦時のホロコーストのような歴史を繰り返さないために，人権保障のための国際的な枠組みを構築した。ところが，LGBTはその教訓の対象集団であった事実にもかかわらず，国際人権保障の歴史から取り残されていた。国連が世界人権宣言1条の自由・平等（Free and Equal）を取組のタイトルとして採用した理由はそこにある。2011年以降，LGBTないしSOGIに関する人権は国連の主要課題の一つとなった。

　日本は，LGBTコアグループに名を連ねるなど，国連による一連のLGBTの人権保障の議論に積極的な立場をとってきた。ところが，日本の人権状況審査では，SOGIに基づく差別禁止法の制定や同性間パートナーシップの法的保障，性同一性障害者特例法の改正など，様々な勧告を受けている。しかも，勧告はほとんど実行されず，むしろ，批判的な指摘を受けた現状について，自らが国際的場面で否定した論理を用いて正当化さえしている。

　世界人権宣言から70年を超えた今日，取り残されてきたLGBTの人権課題に積極的に取り組むことは，国際的な場面だけでなく，国内でも実現されなければならない。世界人権宣言は，「すべての人民とすべての国」（前文）が達成すべき共通課題である。人権を保障する義務は第一義的に国家に課せられているが，常に順調に義務が履行されるわけではない。国際的な履行監視制度では，市民社会からの情報提供も重要な役割を果たしながら，人権保障の実現が図られている。条約機関や国連機関の勧告の実現に消極的な日本

おわりに―国際人権を使いこなす

の現状を改善するために残されている手段は，LGBT の人権を含め，国際的
な人権保障の議論を市民社会が的確に理解し，活用していくところにあるの
ではないだろうか。

おわりに

　1997年に結審した府中青年の家事件は，日本の裁判所がはじめて性的指向にもとづく差別を明確に違法とした事件であった。性的指向という個人の属性は，異性愛であれ同性愛・両性愛であれ，等しく尊重され，尊厳をもって扱われなければならない。すべての人は生まれながらにして等しく人権の享有主体であり，属性や特徴で差別されてはならない。しかし，府中青年の家事件の雄弁な判決文にもかかわらず，現実はそれに程遠い。

　異性愛以外の性的指向のカミングアウトを社会は拒絶し，シスジェンダー以外の生き方を社会は容易に受け入れない。その社会は，一般市民の意識もさることながら，法という権力作用によって形成され，人々は法のあり方に左右される。国家にかせられる義務としの人権保障は，その意味で人々の生き方を直接的にも間接的にも規定する。立法は，尊厳と平等にもとづかなければならず，公共の福祉等による人権の制限はあくまで例外であり，人権保障と天秤に賭けられるものではない。行政は，人権の尊重を実現するシステムであり，特に自治体のように，人々の日常と密接なつながりをもつ場所では，日々の実践が結果と直結する。司法は，法を解釈適用する場であると同時に，立法のあり方や行政の実践を人権の視点から検証する最後の砦となる。

　本書は，LGBTという生き方をめぐり，法と社会のあり方を問うてきた。各章の分析に共通するのは，わたしたちの法と社会が無前提にひきうけてきた性別二元制・異性愛主義の問い直しである。一部の人々，すなわち多数派の性的指向や性自認をもつ人々のみを前提とした法と社会のあり方は，他の一部の人々，すなわち少数派の性的指向や性自認をもつ人々を法と社会の外側へと追いやる。ひとたび，少数派が内側に入ることを試みると，法と社会はそれを明確に排除するか，多数派のあり方への同化を求めるか，あるいは無視を決め込むかを選択する。しかも，そこで説明を要求されるのは，その境界線を越えようとする側のみである。境界線を保つことの意義はほとんど問われることはない。だからこそ，人権の視点をもって，法と社会がひいて

おわりに

きた境界線そのものを問い直すことが，いま求められているのではないだろうか。ここでいう人権とは，優しさや思いやり，他者への理解や共感といった道徳的な問いかけではない。人々が自分としての生き方を実現できる法と社会のあり方への問いかけである。

　本書の元になった連続講座は 2018 年 5 月から 12 月に開催された。その後，各章を執筆いただいてから刊行に至るまでのあいだにも，LGBT をめぐる法と社会はめまぐるしく変化している。「結婚の自由をすべての人に」訴訟が全国 5 つの裁判所で争われており，パートナーシップ認定制度をもつ自治体は 25 を超えた。世界保健機関（WHO）では性同一性障害の脱精神病理化が正式決定され，職場のハラスメント指針には SOGI ハラが明記される予定である。LGBT をめぐる裁判も増加し，法学の各領域でも LGBT は一般論題に数えられるようになってきた。一方，公人による同性愛嫌悪・トランス嫌悪にもとづく発言はあとを絶たず，SNS 上でのトランス排除言説の流布やメディアにおける品位を傷つける取り扱いなど，LGBT をめぐる現状は楽観視できるものではない。変わりつつある現実と変わらず存在する問題。そこに法はどのように作用しているのか。予断をもたず，問い直し続けたい。

2019 年 9 月

谷口　洋幸

著 者 一 覧

● 第 1 章担当
中川　重徳
弁護士

● 第 2 章担当
風間　孝
中京大学国際教養学部　教授

● 第 3 章担当
三橋　順子
明治大学非常勤講師・性社会文化史研究者

● 第 4 章担当
鈴木　秀洋
日本大学危機管理学部　准教授

● 第 5 章担当
石田　京子
早稲田大学大学院法務研究科　准教授

● 第 6 章担当
東　由紀
Allies Connect　代表

● 第7章担当
石田　若菜
駿河台大学法学部　講師

● 第8章担当
長島　佐恵子
中央大学法学部　教授

● 第9章担当
谷口　洋幸
金沢大学国際基幹教育院　准教授

LGBT をめぐる法と社会

2019 年 10 月 31 日　初版発行

編 著 者　谷　口　洋　幸
発 行 者　和　田　　　裕

発行所　日 本 加 除 出 版 株 式 会 社

本　　　社　郵便番号 171‐8516
　　　　　　東京都豊島区南長崎 3 丁目 16 番 6 号
　　　　　　Ｔ Ｅ Ｌ　（03）3953‐5757（代表）
　　　　　　　　　　　（03）3952‐5759（編集）
　　　　　　Ｆ Ａ Ｘ　（03）3953‐5772
　　　　　　Ｕ Ｒ Ｌ　www.kajo.co.jp

営 業 部　郵便番号 171‐8516
　　　　　　東京都豊島区南長崎 3 丁目 16 番 6 号
　　　　　　Ｔ Ｅ Ｌ　（03）3953‐5642
　　　　　　Ｆ Ａ Ｘ　（03）3953‐2061

組版・印刷　㈱亨有堂印刷所　／　製本　藤田製本㈱

落丁本・乱丁本は本社でお取替えいたします。
★定価はカバー等に表示してあります。
© 2019
Printed in Japan
ISBN978‐4‐8178‐4594‐8

JCOPY　〈出版者著作権管理機構　委託出版物〉
　本書を無断で複写複製（電子化を含む）することは、著作権法上の例外を除
き、禁じられています。複写される場合は、そのつど事前に出版者著作権管理
機構（JCOPY）の許諾を得てください。
　また本書を代行業者等の第三者に依頼してスキャンやデジタル化することは、
たとえ個人や家庭内での利用であっても一切認められておりません。

〈JCOPY〉　Ｈ Ｐ：https://www.jcopy.or.jp，　e-mail：info@jcopy.or.jp
　　　　　　電話：03-5244-5088，　FAX：03-5244-5089

同性パートナーシップ制度
世界の動向・日本の自治体における導入の実際と展望

棚村政行・中川重徳 編著
2016年12月刊 A5判 308頁 本体2,750円＋税 978-4-8178-4359-3

商品番号：40658
略　号：同パ

●弁護士、政治家、区役所職員や当事者など総勢19人が集結。諸外国の導入経緯、現行の法制度を紹介し、日本での先駆的な自治体の取組み、実践・理論、制度創設のエッセンスを析出。渋谷区条例・世田谷区要綱の制定過程にも着目し、実際の運用について実務的な資料も交えながら詳説。

同性婚や同性パートナーシップ制度の可能性と課題

新・アジア家族法三国会議 編
2018年6月刊 A5判 196頁 本体3,000円＋税 978-4-8178-4491-0

商品番号：40724
略　号：三国17

●台湾、韓国、日本において性的マイノリティの法的地位や人権侵害の現状や背景を探りつつ、同性婚など権利擁護のための取組みを取り上げ、今後の課題や方向性を議論することで、アジア型の同性パートナーシップ制度や同性婚を認めることの意義と課題について議論を深める。

第3版 予防・解決
職場のパワハラ セクハラ メンタルヘルス
マタハラ・SOGIハラ・LGBT
雇用上の責任と防止措置義務・被害対応と対処法

水谷英夫 著
2018年6月刊 A5判 320頁 本体2,900円＋税 978-4-8178-4490-3

商品番号：40537
略　号：パワハラ

●ハラスメント相談・訴訟に備えるための実践書。具体的事例、Q&A、判例を交えて解説。企業が行うべき「妊娠・出産等に関するハラスメント／セクシュアルハラスメント防止措置（厚労省告示、平成29年1月1日施行）」の内容を盛り込んだ、社内規定整備にも最適の一冊。

日本加除出版　〒171-8516　東京都豊島区南長崎3丁目16番6号
TEL（03）3953-5642　FAX（03）3953-2061（営業部）
www.kajo.co.jp